最高最善の人生を叶える

宇宙が導く易占いBOOK

Mitsumi
光海

ヒカルランド

はじめに

私たちは今、これまでとは大きく変化した新しい時代を生きています。

これまでの社会的な常識やルール、価値観がどんどん壊れて、新たなものへと置き換わっていく世界。

過去の経験則や価値観に基づいた判断は当てにならず、多種多様な価値観があふれる中で、何をすればよいのか、迷いの中をさまよってしまうことも多々あるでしょう。

このような先の見えない時代に人生を導く羅針盤となるのは、私たちのハート（魂）です。

しかし、ハートの声を聞くというのは、言うほど簡単ではなく、それが本当に魂からのメッセージなのか、それとも、自分の恐れやエゴからの言葉なのか、見分けがつかないときがあります。

そんなとき、本書でお伝えする易占いは、大いなる存在からのメッセージを受け取るのに役立つでしょう。

易で出す卦は、私情が入らず、客観的です。

また、易占いは、人生哲学の書である『易経』に基づき、深遠な宇宙という視点から、めまぐるしく変化するこの世をいかに生きるかについての指針を伝えてくれます。

「人生創造」のカギは、宇宙意識で生きることと、意図とエネルギーをどのように使うかです。

六十四卦を構成する天・沢・火・雷・風・水・山・地の八卦は、自然の中にあるエネルギーを示します。

だから、易で得た卦には、質問そのものや質問者が、今、どのようなエネルギーを放ち、どういうエネルギーの中に身を置いているか、困難を乗り越えるため、もしくは、望みを叶えるためには、エネルギーをどう使えばよいのかが示されるのです。

たとえば、「地」というエネルギーであるならば、コツコツと目の前のことに取り組みながら地味に過ごすのがよく、「風」ならば、軽やかに臨機応変に対処するのが適しています。

易を通して受け取る「答え」は、この宇宙意識からもたらされるものです。

「宇宙意識」とは、個人の利益や幸福を追い求めるだけではなく、人類、地球全体など、より大きな視点で世界を捉えるということです。

個を超えた宇宙意識で生きることは、波動を高め、視野を広げ、結果的に人生の創造をより簡単にするはずです。

易の卦を通して、ぜひ、宇宙の大いなる存在からのメッセージに耳を傾けてみてください。

それは、自然に個を超えた意識にあなたを目覚めさせるでしょう。

それによって、人生がどのように変化していくか、ぜひ、観察してみてください。

そうして、宇宙と一体となって、人生を創造していきましょう。

目次

PART 2 宇宙からのメッセージ　六十四卦……35

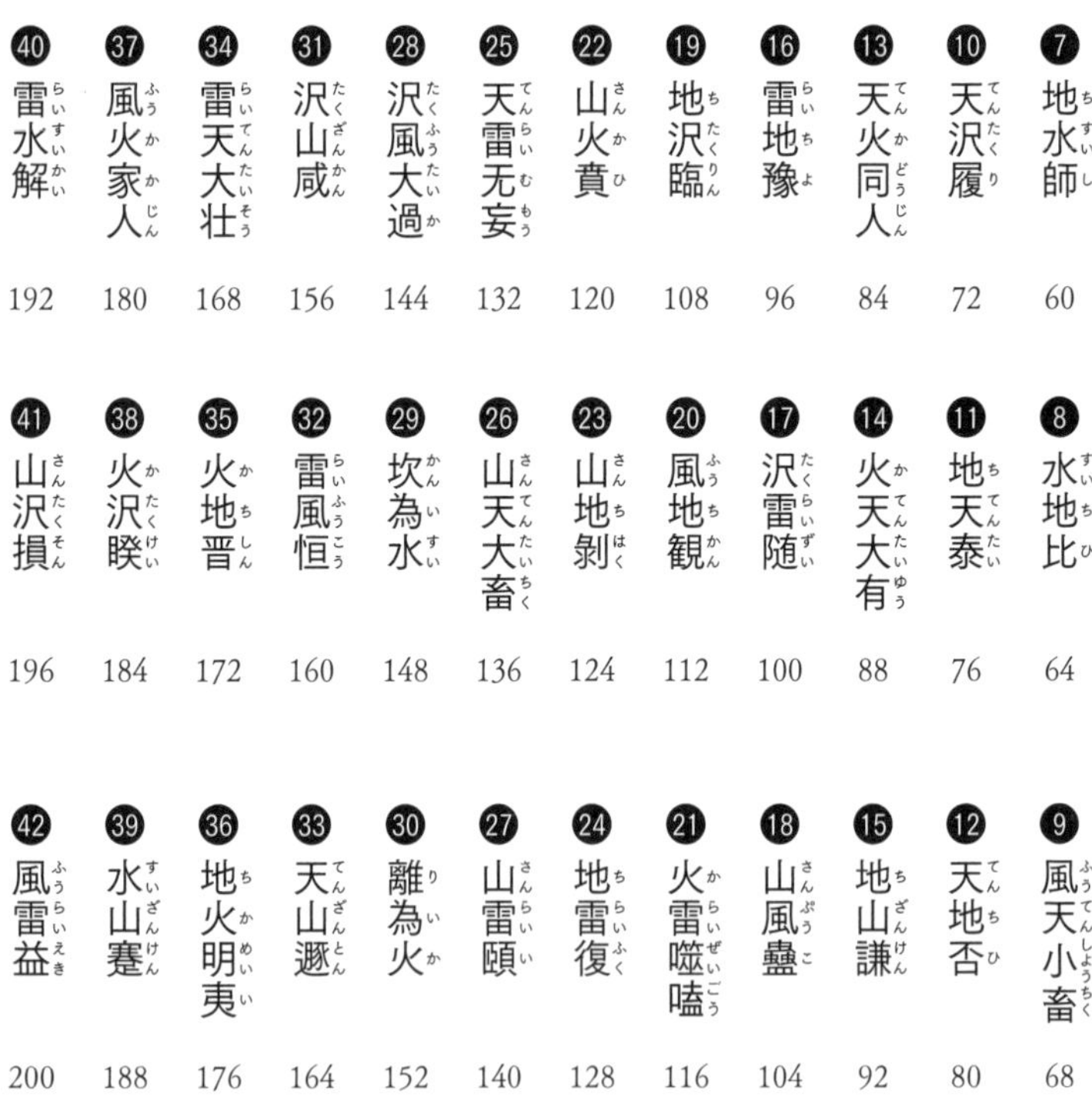

六十四卦一覧表

離（火）	兌（沢）	乾（天）	上卦／下卦
14 火天大有 p.88	43 沢天夬 p.204	1 乾為天 p.36	乾（天）
38 火沢睽 p.184	58 兌為沢 p.264	10 天沢履 p.72	兌（沢）
30 離為火 p.152	49 沢火革 p.228	13 天火同人 p.84	離（火）
21 火雷噬嗑 p.116	17 沢雷随 p.100	25 天雷无妄 p.132	震（雷）
50 火風鼎 p.232	28 沢風大過 p.144	44 天風姤 p.208	巽（風）
64 火水未済 p.288	47 沢水困 p.220	6 天水訟 p.56	坎（水）
56 火山旅 p.256	31 沢山咸 p.156	33 天山遯 p.164	艮（山）
35 火地晋 p.172	45 沢地萃 p.212	12 天地否 p.80	坤（地）

陽（硬貨の表）

陰（硬貨の裏）

※硬貨は「日本国」の表記がある方が表。

（例）

○ 上爻：表 ┐
● 五爻：裏　上卦
● 四爻：裏 ┘
○ 三爻：表 ┐
★● 二爻：裏　下卦
○ 初爻：表 ┘

※硬貨は下から上に順に並べる。
※種類が違う硬貨（★）の部分が変爻となる。

＝

上卦＝艮（山）
下卦＝離（火）
「22 山火賁（二爻）」のページを見る。

坤 （地）	艮 （山）	坎 （水）	巽 （風）	震 （雷）
11 地天泰 p.76	26 山天大畜 p.136	5 水天需 p.52	9 風天小畜 p.68	34 雷天大壮 p.168
19 地沢臨 p.108	41 山沢損 p.196	60 水沢節 p.272	61 風沢中孚 p.276	54 雷沢帰妹 p.248
36 地火明夷 p.176	22 山火賁 p.120	63 水火既済 p.284	37 風火家人 p.180	55 雷火豊 p.252
24 地雷復 p.128	27 山雷頤 p.140	3 水雷屯 p.44	42 風雷益 p.200	51 震為雷 p.236
46 地風升 p.216	18 山風蠱 p.104	48 水風井 p.224	57 巽為風 p.260	32 雷風恒 p.160
7 地水師 p.60	4 山水蒙 p.48	29 坎為水 p.148	59 風水渙 p.268	40 雷水解 p.192
15 地山謙 p.92	52 艮為山 p.240	39 水山蹇 p.188	53 風山漸 p.244	62 雷山小過 p.280
2 坤為地 p.40	23 山地剝 p.124	8 水地比 p.64	20 風地観 p.112	16 雷地豫 p.96

P A R T 1

易占いの基礎

易占いとは

易占いとは、古代中国の儒教の基本経典である「四書五経」の一つ『易経』を教本にした占いです。

『易経』には、この世界の森羅万象、ものごとの道理、「宇宙の理」が記されています。哲学、思想書であると同時に、国を治める君主やリーダーたちが学んだ「帝王学」の書でもあります。

古代の賢人や指導者たちは、その知恵を、自らの生きる指針のみならず、政治や経済、人事などに広く役立ててきました。

「易」とは、「変わる」という意味です。

そのため『易経』は、英語では「Book of Changes（変化の書）」と訳されています。

この書は、陰陽二つの元素の組み合わせから、森羅万象とその変化法則を説くものです。

ですから、易占いは得た卦によって、これから先の変化の兆しを読みとることができます。

それは、宇宙の原理原則に従って、宇宙の根源からもたらされたメッセージというべきものなのです。

易占いでわかること

森羅万象を読み解く易で占えることは幅広くあります。

今の運気から、仕事運、恋愛・結婚運、金運、健康運、人間関係、転居、未来の吉凶まで。「このままいったらどのような展開になるか」といった未来予測も可能です。

ただし、それは、せいぜい一年先くらいまでのことです。

なぜなら、易は潜在意識が伝えてくるメッセージであり、「その人が今の意識状態でいたならば」というのが前提だからです。

そのため、易の結果を見て、行動や指針、考え方を変えたならば、また未来の見通しも変わってくるのです。

ですから、進退について尋ねたり、今の自分の迷いや混乱に対する指針やアドバイスがほしいときに用いたりするのに適した占いです。

易占いオススメ三つの質問

易占いをするときは、次のようなことを問いかけるとよいでしょう。

1. 現状と問題点
今はどのような運気の中にいて、何が問題なのか？
自分の立場や、実力の有無など

2. 行動の指針
積極的に動くときか、控えめに過ごすときか？
何を大切にすべきか、頼れる人はいるかなど

3. 今後の見通し
このまま進んだらどうなるか？　この人との関係はどうなるか？
試験に合格する見込みはあるかなど

あくまでも見通しですので、それを踏まえて行動を変えれば流れも変わります。

易の歴史

易の歴史は古く、紀元前四〇〇〇年頃、古代中国で「三皇」と称される三人の名高い帝王のうち、伏羲（または、ふくぎ）が陰と陽、森羅万象の理論をもとに「八卦」を編み出したといわれています。

その後、やはり三皇の一人である神農が「六十四卦」を定め、紀元前一一〇〇年頃に周王朝の文王と息子の周公が、卦の説明文である「辞」を作成したとされます。

紀元前五〇〇年頃に孔子を中心とした学者グループが、これに解説「十翼」を加えて完成させたのが、今に伝わる『易経』です。

ちなみに、それに先立つ紀元前十七～十二世紀頃の殷の時代には、亀の甲羅を用いてひび割れた形によって占う「亀甲占い」が行われていました。

しかし亀甲は入手が難しかったため、紀元前十二～八世紀の周の時代には、草の茎を使って占う方法が編み出されました。これが易の筮竹のルーツとなります。

日本に易が伝わったのは、飛鳥時代（六〜七世紀）の頃で、遣隋使が易経を中国から持ち帰ったのがきっかけとされています。

平安時代には、占いとして貴族社会に浸透しはじめ、江戸時代に至って全盛を迎え、武士から庶民まで広く知れ渡っていきました。

易の宇宙観

易占いでは、「八卦」を二つ組み合わせた「六十四卦」をもとに、質問に対する答えを読み解きます。

易には、次のような、根本となる三つの考え方があります。

1．世界は絶え間なく変化する（変易）

「易」という字は変化を表しています。

天候や自然、社会情勢、人の心、人生など、世の中は絶え間なく変化するということです。

この変化こそが、万物を形成する根源力です。

易は宇宙を構成する「気」の変化を把握して解釈し、未来を占うものです。

2. 変化し、移り変わる世の中にも一定不変の法則がある(不易)

変化する世の中にも、変わらない法則や原理原則があるということです。

3. 一定不変の法則は陰と陽の二種類の気によって表される(易簡)

易の思想の核心は「変化とは陰陽(いんよう)の交替から生まれる」というもの。その陰陽を八通りに組み合わせたものが八卦です。

陰陽

易の基本になるのが「陰陽(いんよう)」の概念です。

陰陽の概念では、すべてのものを相対するものとして捉えています。

易の世界では、「陰」を中央が欠けた横棒(⚋)、「陽」を欠けない横棒(⚊)で表します。

この陰陽の組み合わせでできたものが「卦」です。

易の卦の解釈の中では、

・陽は、強いもの。立派なもの。大人（賢人、リーダー）など
・陰は、弱いもの、実力がないもの。小人（凡人、一般大衆）など

といった見方をすることもあります。

太極図

太極図（たいきょくず）は、

「天地万物、すべてのものは陰と陽のバランスによって成り立っている」

ということを示すシンボルです。

陰は女性的、暗い、冷たい、静的、消極的な要素を表します。

陽は男性的、明るい、温かい、動的、積極的な要素を表しています。

陰陽は対立するものであり、一方が極まれば、もう一方が生じはじめると考えられています。

太極図

円の中の黒い部分が「陰」で、白い部分が「陽」です。

黒の中に白い円、白の中に黒い円があるのは、完全な「陰」や「陽」は存在せず、陰と陽は表裏一体であることを示しています。

太極図の円の中の図は、白い魚と黒い魚が絡み合うように見えることから、「陰陽魚」とも呼ばれます。

魚の尾から頭まで、陰陽がそれぞれ広がっていく様子は、気が生じ、次第に盛んになっていき、それが大きくなると反対の気が生じることを表し、「陰が極まれば、陽に変じ、陽が極まれば陰に変わる」ことを象徴しています。

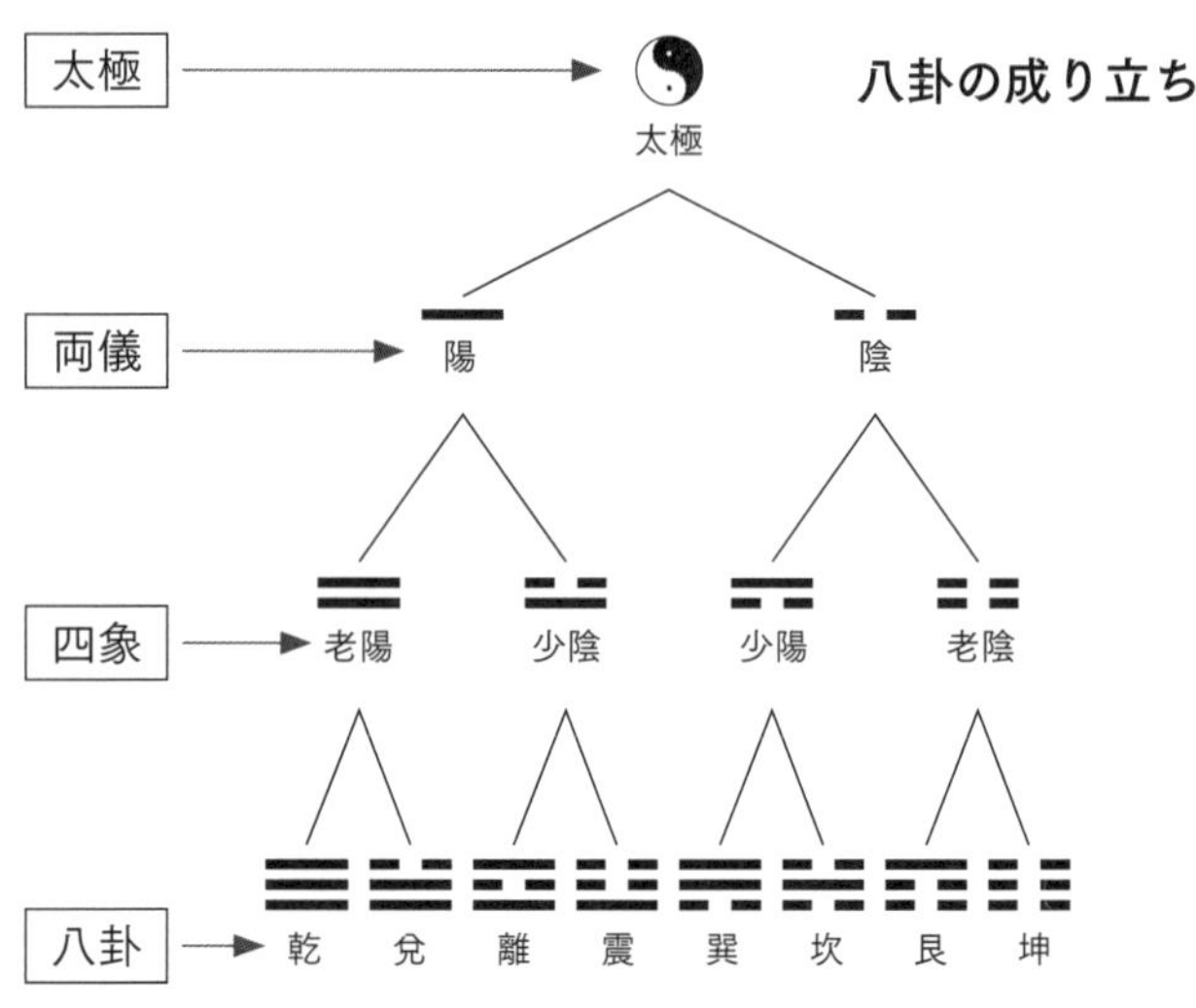

八卦

八卦とは、自然界の要素を八種類に分けたもののことです。

乾（天）・兌（沢）・離（火）・震（雷）・巽（風）・坎（水）・艮（山）・坤（地）から成ります。

易経では、宇宙（空間と時間）の根源に「太極」があり、それが「陰」と「陽」の二つ（両儀）に分かれ、それらが二分化されて四つの記号・形、すなわち「四象」となり、さらに「八卦」という八つの要素に分かれると考えます。

この八卦により、世界の森羅万象を表現することができるとされているのです。

六十四卦

「八卦」を二つ組み合わせたものです。

その組み合わせが8×8＝64となるため、「六十四卦」と呼ばれています。

六十四卦は、人生において、多くの人が遭遇するであろう出来事や、出会う人物、運気を象徴しています。

たとえば、水天需は「待つ」、風山漸は「嫁ぐ」、沢火革は「改革する」といったようにです。

易経には、六十四卦のそれぞれに「卦辞（かじ）」という説明文が記されてあり、それを読み解くことで、その卦の意味やアドバイスを得ることができます。

宇宙に質問を投げかけ、そのときに得た六十四卦のどれか一つが、今、質問者はどのような状況の中にいて、どのような立場や運気なのかを示し、このまま進んだら未来にどのようなことが起きるか、どのように対処すればよいのかといった指針やヒントをもたらします。

爻

爻とは、易の卦を表現する際に使用される棒記号のことを指します。

下から順に初爻、二爻、三爻、四爻、五爻、上爻と呼ばれます。

爻は陽と陰に分かれ、━が陽、╍が陰を意味し、それぞれ陽爻、陰爻といいます。

陽爻を数字の九、陰爻を数字の六で表し、下から初九（陽爻）、初六（陰爻）、九二（陽爻）、六二（陰爻）、九三（陽爻）、六三（陰爻）、九四（陽爻）、六四（陰爻）、九五（陽爻）、六五（陰爻）、上九（陽爻）、上六（陰爻）と呼ぶこともあります。

爻は、時の流れや立場や人体など、さまざまな事柄を表します。

時の流れは、初爻から上爻へと進み、初爻は始まったばかりの状態、上爻は事態が終わりに来ていると判断します。

初爻から三爻までを内卦（下卦）とし、四爻から上爻までを外卦（上卦）とします。

内卦を自分や内側、外卦を相手や外側と見て、得たのが初爻から三爻までなら、まだ内部で物事が進行中、問題は自分の側にあると読むこともあります。

立場や地位は、初爻が一番低く、上爻が高い位と見ますが、上爻は会社でいえば会長職となり、五爻が最も高い「君位」とされます。

人体は、初爻は足、上爻は頭や首となり、下から上に行くにつれ対応する体の部位が上昇していきます。

爻と対応項目

上爻
物事の終わり、完結
人体：頭、首
家族：祖父母
会社：会長

五爻
人体：胸、背中
家族：父
会社：社長

四爻
人体：腹
家族：母
会社：重役

（陰爻）⚋ ← 上爻
（陽爻）⚊ ← 五爻
（陰爻）⚋ ← 四爻
外卦（上卦）

（陽爻）⚊ ← 三爻
（陽爻）⚊ ← 二爻
（陽爻）⚊ ← 初爻
内卦（下卦）

三爻
人体：股、腰
家族：兄、姉
会社：課長

二爻
人体：脚部
家族：自分自身
会社：係長

初爻
物事の初期
人体：足
家族：妹、弟
会社：平社員

変爻

コインを使った易占い（29ページ参照）を行う際、一つだけ種類の違う硬貨が出た爻のことを「変爻」と呼びます。

これから先の未来や状況などを占うときの参考にします。

たとえば、五枚の十円玉と一枚の百円玉を振って、「⓫地天泰」を得たとします。

そのとき、百円玉の位置が下から二番目であれば、変爻は二爻となります。

易経では卦辞と同じく爻にも、一つひとつ「爻辞」という説明文が記されています。

地天泰の二爻の爻辞は、

「荒を包ぬ。馮河を用う。遐遺せず。朋亡ぶれば中行に尚うことを得」

現代日本語に置き換えると、

「人に対して寛容に、思い切って決断し、行動すること。

視野を広く持ち、隅々まで配慮を怠らず、私情にも流されず、公平な態度でいたならば、

万事安泰で名誉を得る」

という意味になります。

変爻

⓫地天泰

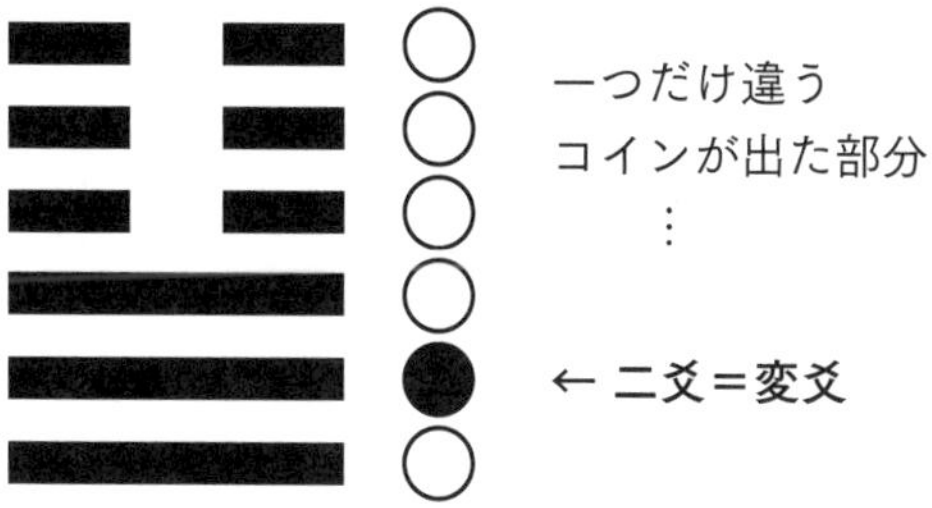

これを今の自分の状況に当てはめて、今後の流れやすべきことを解釈していきます。

（※本書では、気軽に易に親しんでいただくために、各卦の「変爻」のページでは、易経の爻辞そのままではなく、現代日本語での意味・解釈を紹介しています。

しかし、オリジナルの爻辞にも、指針やアドバイスのヒントとなる情報がたくさんありますので、もっと深く易を知りたい方は、易経をお読みいただくことをおすすめします。）

また、変爻の陰陽をひっくり返して、別の六十四卦（之卦［しか］）を作り、先の見通しを占うこともあります。

変爻と之卦については338ページで詳しく解説していますので、ご覧ください。

易占いのやり方

日本で一般的に行われている易は、周王朝の時代に確立した「周易（しゅうえき）」という方法です。

周易による占いは、筮竹（ぜいちく）を使って行います。

八卦の要素である「乾・兌・離・震・巽・坎・艮・坤」をベースに占いますが、正式なフルセットで行う本筮法（ほんぜい）はとても時間がかかるため、中筮法（ちゅうぜい）や略筮法（りゃくぜい）と呼ばれる省略式の方法で行うことが一般的です。

略筮法では、五十本の筮竹を使って一回目に導き出された「内掛」、二回目に導き出された「外卦」を合体させて「大成卦（たいせいか）（本卦（ほんか））」を出し、さらに三回目に導き出された「変爻（動爻）」を合わせた結果に基づいて解釈します。

筮竹を使わずに、サイコロやコインで代用して占うこともできます。

筮竹

六枚のコインを使う易の立て方

ここでは、最も手軽にできる六枚の硬貨を使った易の立て方をお伝えしましょう。

●準備するもの

占い用のコインである必要はなく、お財布に入っている硬貨で十分です。
同じ種類の硬貨を五枚、違う種類のものを一枚用意します。
オススメは十円玉五枚、百円玉一枚の組み合わせです。

日本の硬貨を使う場合は、
・日本国と書いてある面が表（陽）
・「10」など数字が書いてある面が裏（陰）
となります。

●占う前の準備

何についての答えを得たいのか占う目的をハッキリさせる。

（参考：「宇宙から答えが返ってきやすいたずね方」332ページ）

●やり方の手順

1. 姿勢を正し、頭のてっぺんの中心部に意識を向けて、深呼吸をして精神統一をします。
2. 両手で六枚の硬貨を包み、ハートチャクラ（胸と胸の間）の前に持っていきます。
3. 宇宙もしくは易の神様に向けて聞きたいことを問いかけます。
4. 問いかけ終わったら、もういちど頭のてっぺんに意識を向けて、「無」になってから、硬貨を包んだ両手を八回振ります。

※「無」になるとは、何も考えず、頭のてっぺんを空っぽにした状態です。

5. 終わったら、片方の手の上にコインをひとまとめにして、一番上の硬貨から順番に、下から上に並べていきます。
6. 並べた硬貨の裏表（陰陽）と、一枚だけ異なる種類の硬貨が出たところ（変爻）をチェックして、紙に書き出します。
7. 10ページの「六十四卦一覧表」で当てはまる卦のページを調べて、その卦と変爻の解説を読みます。

六枚の硬貨を使って易を立てる

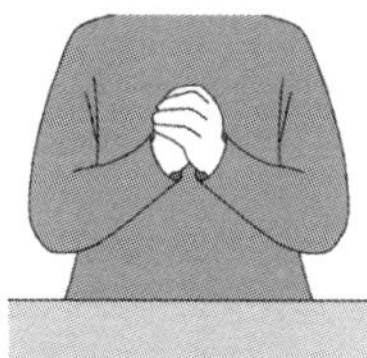

❶硬貨を両手で包み、ハートチャクラに持っていき、聞きたいことを問いかける。

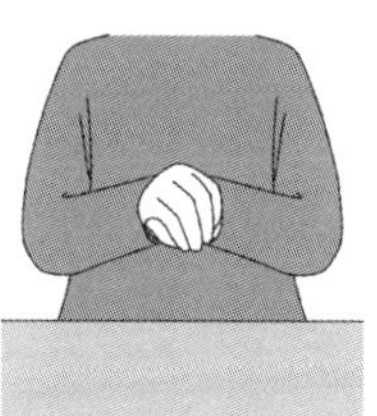

❷無の状態になってから、八回、硬貨を振る。

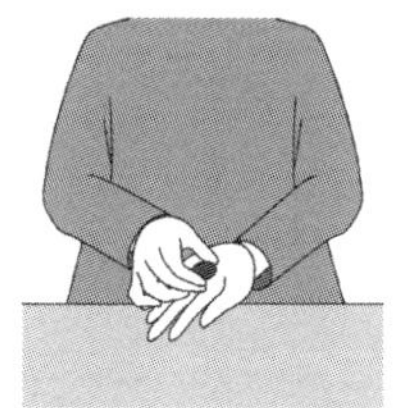

❸片方の手のひらに硬貨をまとめる。

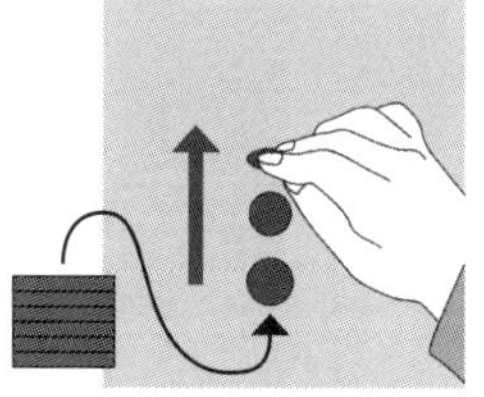

❹上の硬貨から順に、下から上に並べていく。

表　日本国十円　陽 ——
裏　10　陰 ― ―
裏　10　陰 ― ―
裏　100　陰 ― ―★変爻
表　日本国十円　陽 ——
表　日本国十円　陽 ——

❺硬貨の陰陽と変爻の場所をチェックして、当てはまる卦を調べる。

★光海先生の公式サイト「Cosmic Insight」では無料で易占いができます。
外出先でコインが用意できないときなど、ぜひご活用ください。

イーチン（易占い）https://synastryhouse.com/page-201/

未来は変えられます

易占いで得た今後の見通しや未来は、絶対的なものではありません。

なぜなら、未来も人生も完全に決まっているのではなく、人間が選択し、行動することで創られていくものだからです。

「易は変わる（変易）」という言葉通りに、易の結果も変えることができます。

宇宙は常に変化しています。

私たちの意識、思考、行動が変われば、未来もこれまでの予測とは異なるものになります。

易のメッセージを受け取って、今までとは異なる視点で物事を観たり、

「そうか、そういうことか」

と気づきを得たりすることによって、それが可能になるのです。

そして、それこそが易占いの真の目的です。

単に「うまくいく、いかない」を占って、一喜一憂したり、依存したりするためではないのです。

卦や爻によっては、かなり厳しいモノもあります。

グサッと心に突き刺さったり、目を背けていた事実を突きつけられたりするようなこともあるでしょう。

でも、それは、今のあなたや占った人に必要な気づきを与えるためのものです。

あなたをとりまく環境や状況を見渡し、今、どんな在り方やスタンスを選べば、宇宙や世界と調和するのか、バランスを得ることができるのかを見つめ、それをもとに、自分自身を見直してみましょう。

そして、一つ行動を変えれば、未来もまた変わってきます。

PART 2

宇宙からのメッセージ六十四卦

1

乾為天（けんいてん）

乾（天）×乾（天）

キーワード

強力な天のパワー

易経の言葉

乾（けん）は元（おお）いに亨（とお）る、貞（てい）に利（よろ）し

宇宙からのメッセージ

・飛躍と成功を後押しするパワーがあります
・正しい道を進めば願いは叶うでしょう
・おごり、慢心、高望みは失速のもと

卦の意味

昇り龍の旺盛なエネルギー

乾為天は、天を意味する「乾」が二つ重なった卦で、強い天のパワーに満ちています。

この卦は、六爻すべてが陽から成る全陽の卦です。陽は力強く、剛健なものを象徴し、この卦では、その陽を龍にたとえています。

六つの陽爻は、六頭の龍が群れをなして、天高く大空へ昇る姿。非常に強く盛んなエネルギーを持ちます。

キーワードは、剛健、壮大、創始、拡大、発展、飛躍、多忙、スピード、自信過剰、やりすぎ、高望み、進退に苦しむ、横暴、常人には凶。

このパワーを使えば、飛躍や成功も可能ですが、単純に、良い運気と一言では表現できません。

強力なパワーを使いこなすには、それ相応の器が要るからです。

自分の器を見極めて能力を使いこなす

この卦を得たときは、非常に大きな力強いパワーが渦巻いています。

大きな器を持つ君子（立派な人）であれば、龍が風と雲とを得て天に昇るごとく、頭角を現し、地位や名誉、飛躍と拡大のチャンスをつかむことができるでしょう。

しかし、凡人にはエネルギーが強すぎて、そのパワーをうまく使いこなせない場合があります。成長のための試練が訪れることも。

勢いに乗って進んだはいいが、やりすぎや自信過剰で、どうしていいかわからなくなったり、欲を出しすぎた結果、かえって損失を招いたりする場合もあるでしょう。

上昇運だからといって、背伸びした計画ではなく、実力相応のことをしっかりと継続することが大切です。

・・・✦・・・

この卦を活かして最善の未来を創る方法

・・・✦・・・

天の時を得て大きな視野で謙虚に動く

この卦は、天（宇宙）の卦です。天の時（タイミング）を得て、「天意に沿う」ことで大きく飛躍することができるので、正しい心と動機で事に当たることが不可欠です。

つまり、私利私欲ではなく、社会全体や多くの人が幸せになるような願いや目的を持つことが大切で、それに伴う行動をすることです。

陽は男性エネルギーの象徴ですから、自ら、積極的に動くこと。

ただし、行き当たりばったりではなく、しっかりした目標設定をして、それに基づき、地道に努力を重ねることです。

勢いに乗って大きな成功を収めても、うぬぼれや油断は禁物。謙虚な姿勢とひたむきさをキープしましょう。

✳**恋愛・結婚**　すべてが陽から成る卦ゆえ、交わらず一方通行になりがち。高望みや一方的な意見の押しつけが良縁の障害に。男女とも、色気不足が相手を遠ざける原因になるので、ロマンチックな服装や雰囲気、柔らかな物腰を心がけて。結婚生活は女性が強すぎて男性にとって居心地の悪い家庭になることも。多忙によるすれ違いや不和にも注意。

✳**仕事**　能力や力量相応のことなら順調だが、それ以上のことに手を出すのは危険。事業拡大は負担増につながり、苦しい状況を招きそう。万事控えめに足元を固めることに注力を。この卦は「位(くらい)あって禄(ろく)なし」で、高い評価や地位を得ても、財政面や物質面での利益はあまり期待できない。

✳**金運**　金銭面はダイナミックに動くとき。大きく入って、大きく出ていき残りにくい。散財にも注意。

✳**対人関係**　お互いにプライドが高く、相手に合わせようとしないため、万事、折り合いがつきにくい。共に高い理想や目標に向かう場合は、精神面でのよき理解者に。自己主張が強すぎると、不満を招くので注意。相手は積極的で活動力あふれる人。でも、実力が確かなものかを見極める必要はありそう。

✳**願望**　私利私欲ではなく、社会全体や多くの人が幸せになるような正しい願いはスピーディに叶う。

✳**住居**　転居は良くも悪くもないとき。物件は、身の丈に合わない、ハイソな街でリラックスできないなどの可能性あり。無理は絶対にしないこと。

✳**健康**　エネルギッシュに活動しすぎて、精神的に疲弊しやすい。腫れたり、膨張したりは病気のサインなので要対処。

✳**学問**　やる気はあるので、実践に結びつければ成績は向上。ただし、少し良くなったからといって、慢心すると成績ダウン。努力を継続することが大切。試験運も良好だが、実力を過信し、高望みしすぎないように。

✳**開運のヒント**　時流を読む、神社、仏閣、龍の絵、龍の置物、高級品、ブランド品、白くて丸いもの。

変爻

宇宙が教える今後の展開

初爻 地下にもぐる龍

今はまだ、力も弱く、タイミングも整っていません。行動しても思うような結果にはなりにくいとき。静かに身を潜めて、準備をしながら、チャンスを待ちましょう。

○○○○○●

二爻 地上に現れた龍

上昇運。表に出て、積極的に活動する段階。地上に出たばかりでそこまでの力はないので自分を過信せず、強くて立派な人、尊敬している人を見習い、導きとサポートを得ることで成長し、願いが叶っていくでしょう。

○○○○●○

三爻 日々努力し、反省を繰り返すこと

勢いに乗って進みすぎると危険な状態が待ち受けるとき。日々、努力し、行動を振り返りながら、実力を高めていけば、トラブルに巻き込まれる心配はありません。

○○○●○○

四爻 大きな川の淵に移った龍

少し前進したものの、そこから先に思うように進めないかもしれません。力不足や不安や迷いを感じることも。無理をせず、慎重に進んでいけば大丈夫。諦めず継続を。

○○●○○○

五爻 天高く昇った龍

龍が天高く舞い上がるような最高の運勢。大願が成就し、才能が開花して大きく飛躍。トップに上り詰め、リーダーとして手腕を発揮するなど、輝かしい展開に。

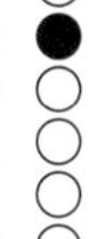

上爻 昇りすぎてしまった龍

調子に乗って物事をやりすぎ、困った状態になる危険が。おごりや自己過信、独善的な態度で周囲の人から反感を買うことも。自分の限界を知り、立ち止まるときです。

●○○○○○

坤為地

坤(地)×坤(地)

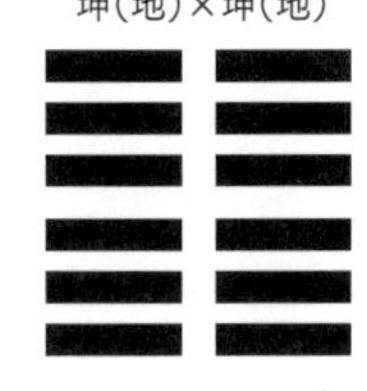

キーワード

万物を育む大地

易経の言葉

坤は元いに亨る。牝馬の貞に利ろし。君子往く攸あり。先んずれば迷い、後るれば主を得る。西南朋を得るに利ろし、東北朋を喪うも、貞に安んずれば吉

宇宙からのメッセージ

- 受け入れること、従うことで万事うまくいきます
- 目上の人、信頼できる人についていきましょう
- 何事も焦らず、時間をかければ大きな実りを得ます

卦の意味

何事ものんびり周りに合わせるとき

坤為地は地が二つ重なったすべてが陰から成る卦です。

大地は万物を育みます。大地に蒔かれた種が芽吹き、大きな花を咲かせるには、太陽の光、天から降り注ぐ雨水のように、天の恵みが必要です。

それらは、積極的に行動して、自ら手に入れるものではなく、タイミングも量も天の配剤。

ですから、この卦を得たら、牝馬がのんびり草を食むように、万事において、周りの環境や人に合わせながら、受け身で物事を進めるのが吉。逆に、単独で、人に先んじて行動すれば迷いが生じます。

尊敬できる人に素直に従い、周りの人と協調しながら事を進めれば、草木が成長するように自然なプロセスを経て物事が進展していきます。

独力ではなく頼れる人についていく

心が定まらず、あれこれ迷いがちな、世話苦労が多い運気の中にいます。

占った事柄に対して、当事者一人で何とかしようとしても、力不足です。

というのも、この卦はすべてが陰爻から成るため、物質的な欲や目先のことにとらわれ、判断を誤り、余計に悩みが深まることになるからです。

望む結果を得るには、強力なリーダーに従うことと、周りのサポートが不可欠です。ですので、そのような人を見つけることから始めましょう。

あなたが信頼し、ついていきたいと思える人物を見つけ、その人に従い、縁の下の力持ちに徹することです。

・・・✦・・・

この卦を活かして最善の未来を創る方法

・・・✦・・・

受け身が吉だけどできる・できないは見極めを

何事も受け身が吉なので、周りの人のサポートが必要だと感じても、自ら求めるよりも、自然な形でやってきたものを受け入れたり、相手のアドバイスに素直に従ったりしたほうが好結果につながります。

攻めよりも守りに徹し、新規なことへのチャレンジや大きな方針転換をするよりも、現状を維持しながら、しっかりとした土台を育むことです。

また、人から助けや面倒な事柄を求められやすいときでもありますが、できる限り協力しましょう。

しかし、頼まれてもいないのにお節介を焼いたり、手に負えないような無理難題を引き受けたりすることはありません。できること、できないことの見極めはしっかりと。

✳**恋愛・結婚**　お互いに受け身の姿勢で、相手の様子をうかがっている状態で、なかなか進展しづらい。何かと相手をサポートしたり、世話を焼いたりしながら、好きという思いを伝えて。結婚は、時間をかけてお互いのことをよく知った上で結論を。時期やプロポーズは、相手主導のほうが吉。結婚後は穏やかで安定した家庭を築けそう。

✳**仕事**　停滞気味。転職や転業にも不向き。現状維持と受け身が吉と出るので、今までの仕事を継続し、頼まれ事に献身的に取り組むと、将来の発展や成功につながる。自分から進んで企画や提案をしてリーダーシップを発揮しようとすると、余計な苦労をしょい込むことになるので避けて。開業・開店は、周りから請われる場合のみにすべきで、単独で行うと苦労や悩みの種に。周囲との協力体制をしっかり整えること。

✳**金運**　過度な節約や出し惜しみはかえって損につながる。長く使える良品や、周りの人のオススメは、ぜひ入手を。資産運用は手堅いやり方で。時間が有利に働き、元本割れのない金融商品を選ぶと吉。相場は低く横ばい状態。時間はかかるがやがては上昇の見込み。失せ物は時間をかければ見つかる。

✳**対人関係**　良好。頼れる人や力になってくれる人がたくさん出現。良い関係を築きたい人には献身的に尽くしたり、サポートやフォローを。

✳**願望**　時間はかかるが、従順＝受け身の姿勢で大いに叶う。

✳**住居**　多少の不満はあっても現状維持が吉。できる限り移転はせず、不用品の断捨離で家のスッキリ化を。増改築は可。

✳**健康**　意欲の低下、胃腸、腹部の疾患、皮膚病に注意。ストレスを溜めずにマイペースに過ごすこと。病状は進行も治癒も、ゆっくり。

✳**学問**　思うように成績が上がらず、手ごたえを感じにくいが、諦めずコツコツ努力することが大事。自己流ではなく、先輩や先生からのアドバイスをしっかり聞きながら取り組んで。

✳**開運のヒント**　受け身、従順、パワフルな人についていく、周りの人からの恵みを受け取る。

変爻

宇宙が教える今後の展開

初爻 問題は芽のうちにつむ

初めは小さなことが、大問題に発展する可能性があります。気になることは早めに対処。新たに始めたことが悩みの種になることもあるので慎重に。

二爻 素直で徳を持てば成功

目上の人に認められて、信頼を得、順調に進展していきます。望みも叶うでしょう。欲を出さず、素直かつ正しい心がけで過ごすこと。

三爻 才能を隠して、正道を守る

才能があっても、今は人に従うべきとき。能力を誇示せず、目立たず騒がず、言われたことを真面目にやっていると、やがてチャンスが到来します。

四爻 目立たず、やりすぎず

今は上の人に従うべき。下手に力を発揮しようとすれば、つぶされることも。目立たなければ、褒められることもなければ、罰を受けることもないでしょう。

五爻 謙虚にしていれば大吉

誠実さや補佐的な能力が認められて、立場が良くなりそう。自分の力を誇示せず、謙虚な姿勢を貫けば、さらなる幸運やチャンスに恵まれます。

上爻 戦うと痛い目にあう

強い者に従うべきときに、自分の立場を忘れて自己主張したり、対等に張り合おうとすれば、争い傷つくことに。一歩引いて冷静になりましょう。

3

水雷屯

坎(水)×震(雷)

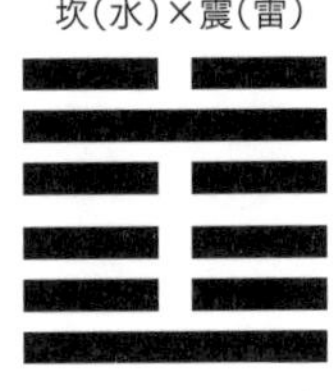

キーワード

芽生えの苦しみ

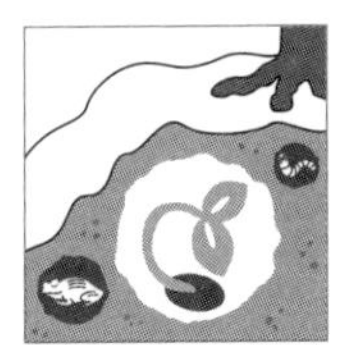

易経の言葉

屯は、元いに亨る、貞しきに利ろし、往く攸あるに用うる勿れ。侯を建つるに利ろし

宇宙からのメッセージ

- 何かを生み出すときには苦しみがつきものです
- 一人でしようとせず実力のある人の力を借りましょう
- むやみに動かず時を待ちましょう

卦の意味

芽吹きの春をじっと待つ

「屯」は伸び悩むこと。

この卦は、早春に厚く積もった雪(水)の下から若芽（雷）が必死に出ようとしている姿です。しかし、雪の重みに芽吹くことができずに立ち往生しているのです。

キーワードは、芽生えの苦しみ、伸び悩み、困難、試練、生みの苦しみ、希望、自重して時を待つ、創生の悩み。大きな目標や望みがあってもすぐに叶えることは難しいときです。

しかし、冬が終わり、春が来れば、雪が解けて、自然に草木が芽吹きます。目先半年でも我慢すれば物事は自然にスムーズに動き始めます。

動くと困難にあうという意味があり、止まって無事。

悩みや障害が自然に消えるのを待ちましょう。

③水雷屯（すいらいちゅん）䷂

無理はせず時の到来を待つのがベスト

この卦を得たときは、何かを始めるに当たり困難が多く、行き悩むことがありそう。大きな可能性を秘めているものの、簡単にはいかず、生みの苦しみを感じるときです。

無事に誕生したら、大きな喜びに包まれるような素晴らしい可能性を孕（はら）んでいますが、氷に覆われた大地から若芽を出すのは容易ではありません。無理に進もうとしても大変な苦しみにあうことになります。

気温が上昇し、氷が解ければ、種が芽吹くことができるように、積極的に進むのを控え、無理せずタイミングを待つべきです。

もし、すでに行動しているのであれば、結果が出るのにもう少し時間がかかることを覚悟しましょう。

・・・✦・・・

この卦を活かして最善の未来を創る方法

・・・✦・・・

どうしても動く必要があるときは代理を立てる

うまくいかないことを頑張って進めるよりも、いったん退き、アイデアを練り直したり、できる準備をしておいたりするとよいでしょう。

成功の可能性は十分あるので、諦める必要はありません。

見方を変えたり、計画を改善したりして、再チャレンジすると違った結果になることもあります。

どうしても、今しなくてはいけないことがあれば、誰かに代理でやってもらうのがオススメです。

結果を求めて先を急がなければ、春が必ずやってくるようにチャンスは訪れます。

そのときを忍耐強く待ちましょう。

運勢

✳**恋愛・結婚**　タイミングが合わなかったり、邪魔や横やりが入ったりとスムーズにいかない暗示。今は相手に積極的な気持ちはなさそう。無理にアプローチせず自然体で接して。良き理解者を得るとチャンス到来。結婚も最初はうまくいかず、苦労しそうだが、時間をかけて向き合えば、次第に良い関係に。

✳**仕事**　悩みや苦労の多いとき。実力不足やタイミング違いで思うような成果が出しにくい。独力では伸び悩むので、実力者に引き上げてもらって。新規事業は努力を重ねれば、あるときからうまくいき出し、大きく実る。就職・転職は、面接など正攻法ではなく、コネや紹介にツキあり。信頼できる人の意見に耳を傾けると良い選択ができる。

✳**金運**　厳しいが、いずれ好転するので忍耐を。先々入ってくる当てがあっても、借金は凶。この卦は特に、移動中や乗り物の中など、家の外での金品盗難に注意。大事なものは肌身離さず保管を。相場は時流や環境が合わず上昇しづらいが、じっと待つこと。失せ物は誰かと一緒に探すとよい。

✳**対人関係**　誤解や不仲で悩むことも。実力のある人と一緒に協力することが悩み解決の糸口に。自分から積極的に人の世話やご縁つなぎをするのも幸運のカギ。

✳**願望**　悩み、苦しみの後に叶うことになる。簡単には叶わないが、素直さ、従順さ、受け身の姿勢で成就。

✳**住居**　今の住まいに悩みが出てきそうだが、転居や新築は十分情報を集めてからに。物件を占った場合、将来性はあるが今はタイミングではない。

✳**健康**　初期の段階では病名がわかりにくく長引きがち。消化不良、胸のつかえ、腎臓の不調、下痢、耳鳴り、性病、ホルモンバランスの乱れ、てんかん、足の痛み、歩行困難、冷えに注意。

✳**学問**　伸び悩む。頑張ってもなかなか成果が出ないが、地道な努力は必ず報われ、大きな花を咲かせる。諦めずに忍耐強く取り組んで。試練を乗り越えた後は大いに発展性あり。

✳**開運のヒント**　長期的視点、時を待つ。

③ 水雷屯（すいらいちゅん）

変爻（へんこう）

・・・✦ 宇宙が教える今後の展開 ✦・・・

初爻（しょこう） 大きな石のようにどっしりと

新しいことをしたい、何かを創造したいという意欲はあるもののまだまだ力も弱く、タイミングも合いません。すぐに動かず様子見を。

○○○○○●

二爻（にこう） 妥協せず本当の願いを求め続けて

目標になかなか届かず、楽なところで手を打ちたくなりそう。妥協で安易なほうに流されず、本当に望むものへと向かっていくと好結果。

○○○○●○

三爻（さんこう） 危険を感じたら迷わず引き返す

案内人なしに獲物を追って山へ入ってしまうように、甘い見通しで進むのは×。望む結果にはつながりません。危険を感じたらすぐに引き返すこと。思い違いも起きがち。執着は手放して。

○○○●○○

四爻（よんこう） 選択肢が多くて悩む

進退に迷うとき。困難だが選択肢はあるという、ある意味、贅沢な悩み。人から求められたことや年下の人の意見を聞くとうまくいきます。

○○●○○○

五爻（ごこう） 大きな挑戦はNG

実力があってもタイミングが合わずに思うように進みません。小さなことならどうにかなりますが、リスクのあることや思い切ったことをしてもうまくいかないでしょう。好機が来るのを待って。

○●○○○○

上爻（じょうこう） マインドの転換で開ける

悩みを解決しようと動いてもうまくいかない。協力者もいない。でも、悩みが解決するのはもうすぐ。方針はそのままで考え方を変えると道が開けます。

●○○○○○

4

山水蒙

艮(山)×坎(水)

キーワード

霧の中

易経の言葉

蒙は亨る。我童蒙を求むるにあらず。童蒙我を求む。初筮は告ぐ。再三すれば瀆る。瀆るれば則ち告げず。貞に利ろし

宇宙からのメッセージ

- 望みを叶えるのに十分な知識や知恵がありません
- 自ら動いて先生を探し求め謙虚に教えを乞いましょう
- 迷いがクリアになるまで動くべきではありません

卦の意味

迷いの霧の中で師を求める

山に水っ気のある霧がかかって、峰も谷もハッキリと見えない状態。それが、山水蒙のイメージです。

「蒙」は、蒙昧。物事の道理に明るくないことを意味します。易経の「童蒙」とは、幼児のように物事の分別がつかず、迷いが出ている状態です。

キーワードは、無知、幼い、稚拙、初心者、ハッキリしない、見通しが悪い、迷い、思慮不足、教育、才能を育てる、生きていくための智恵を育む。

まるで霧の中にいるように、物事がハッキリと見えず、見通しが立たない状況を表しています。

むやみに動くと状況が悪化しますが、信頼できる師に教えを乞い、導いてもらえば、道は開けることも暗示されています。また、教育や学びに関わることでもよく出やすい卦です。

霧の中で導いてくれる師を求める

この卦を得たときは、山の中で霧にあったように、状況がハッキリせず、迷いも多いときですが、わからないまま、当てずっぽうで進むのはよくありません。

どの方向へ進むべきか、その答えを自分から求めていくときです。

しかし、自分で考えるにも知識や経験が不足していますから、独りで判断するのは避けたほうがよいでしょう。

立派な師を、受け身ではなく、自ら求め、探し出して尋ねること。そうすれば、導きを得ることができます。

その際には、神様に問いかけるように誠実な気持ちでいれば正しい答えを得ることができるでしょう。

この卦を活かして最善の未来を創る方法

易の言葉を真摯に受け取る

この卦が出たら、気をつけたいことがもう一つあります。

迷いの中にいるからといって、易占いで得た答えが気に入らないからと、何度も同じことを占うのはNGです。

そのような態度では、正しい助言を受け取ることはできなくなります。

それが、易経の言葉にある「初筮は告ぐ。再三すれば瀆る。瀆るれば則ち告げず。貞に利ろし」です。受け取った答えをよくよく吟味して、今すべきことを見定めましょう。

また、誰に師事するかは慎重に検討すべきでしょう。必ずしも人から学ぶのではなく、書物や動画などのツールでもかまいません。

心に響き、感銘を受けるものを探すことが人生を開くきっかけとなるときです。

＊恋愛・結婚　先の見えない関係で相手の気持ちがわからず、不安なとき。この人でいいのか迷いも生じそう。相手を見る目が曇っているので、自分一人で判断せず、洞察力の鋭い人や信頼できる人に相談して意見を聞くとよい。結婚は、相手や家庭生活についてわかっていない部分が多そう。気持ちだけで一気に進めようとせず、もっとお互いの理解を深めて。相手の気持ちを占った場合は、あなたとの関係で迷いや不安がありそう。

＊仕事　先行きが不安定。見通しが甘く、このまま進めていっても良い結果は出ない。わからないところや曖昧なところは、上司や専門家に尋ね、アドバイスに従いながら進めると吉。今のうちに、仕事上で必要なスキルを磨いておくと、将来のキャリアアップが期待できそう。

＊金運　不安定。うまい話や儲け話には裏があるので、絶対に乗らないこと。お金のことで悩みがあれば、信頼できる人に相談を。失せ物は力になってもらえそうな人と一緒に探して。子供が失くした可能性も。

＊対人関係　相手についてよく理解できていないところがありそう。自分で勝手に判断したり、決めつけたりせず、周りの人の評価や意見も聞いてみて。相手との関係についても誤解があるかも。

＊願望　独力で進めようとしても叶えるのは難しそう。良き指導者を得て、助言に従い、努力すれば実現する。

＊住居　不具合や使い勝手が悪いところがありそう。自分で直すより専門家のアドバイスを聞いてから対処を。転居は不透明なところがありそうなので見合わせるほうがベター。

＊健康　なんとなく体調が悪かったり、原因不明の不調がありそう。内部で病気が進行している可能性もあるので、精密検査を受けてみて。名医を探して治療に当たると吉。

＊学問　勉強の仕方や自分の弱点をよくわかっていない可能性あり。良き指導者を探し求めて、教えてもらうこと。言われた通り素直に、が大事。

＊開運のヒント　学ぶ、教育、研鑽する。

変爻

・・・✦ 宇宙が教える今後の展開 ✦・・・

初爻 ルールを決めてから始動

現状に対して認識不足で見通しもはっきりしない。物事を始めるに当たっては規律をもうけ、厳格な態度で臨むべきです。甘い気持ちで行えば、罰を受けるような結果になるでしょう。

二爻 人の相談には親切に対応

寛大な態度で、未熟な者を受け入れ、しっかりと導くことができれば自分にとっても、相手にとっても良い結果になるでしょう。人の相談には親身に乗ってあげると吉。

三爻 お金目当ての人に注意

お金目当ての女を妻にしてしまうような危険なとき。金銭目的の人が近寄ってきたり、不正を働くような人が側に来がち。金銭トラブルにも注意。結婚話も進めないほうがベター。打算で動かないことです。

四爻 無知蒙昧の愚に苦しむ

知識も経験も浅く、正しい判断力もない状態で、周りの人の助言にもろくに耳を傾けず、結果、孤立無援な状態に。頑固な態度を改め、優れた指導者を見つけ、謙虚な気持ちで教えを乞いましょう。

五爻 子供のように素直に学ぶ

素直に学ぼうという姿勢があり、良き師も得られ、迷いや不安も消えていきそう。謙虚に先輩や先生、教えてくれる人に従い、尊敬の心を持って。学問、教育、入試などは好結果の予感です。

上爻 相手に強く出すぎない

人間関係の争いが起きやすいときです。強気に出て相手を打ちのめすようなことはやめて、もめ事を回避する努力を。ほかのこともやりすぎないよう控えめに。

5

水天需（すいてんじゅ）

坎（水）×乾（天）

キーワード

恵みの雨を待つ

易経の言葉

需（じゅ）は孚（まこと）あり。光（おお）いに亨（とお）る。貞吉（ていきつ）。大川（たいせん）を渉（わた）るに利（よ）ろし

宇宙からのメッセージ

- 気長に待てばうまくいき焦って進めば障害にあいます
- 計画を立て、準備が整ったら動くときです
- ゆっくり待って信念をもって動けば叶います

卦の意味

「待つ」ことが最優先

「需」は、待つという意味。この卦は、水が天の上にあり、雨が降るのを皆で待っている状態を示します。

雨はいずれ降りますが、自分の手でそのタイミングをコントロールすることはできないのがもどかしいところです。

渡し舟を待っている状態でもあり、動き出すタイミングを見計らっていることも意味します。

つまり、この卦が出たら、物事を進めるタイミングを見極めるために、「待つ」ことが重要なのです。

逆に、気長に待てば、自然に物事が成就するという意味もあります。

キーワードは、待つ、辛抱、時期尚早、進めば困難にあう。実力を蓄え、エネルギーをチャージしながら、チャンスを待つべきときです。

待つ＆準備することで物事が自然に進展する

この卦を得たときは、物事が停滞したり、思うように進展しなかったり、焦りを感じやすいときです。

しかし、物事が進まないのは、計画自体が悪いのではなく、今がそのタイミングではないからです。

まだ、準備ができていないのに焦って事を進めようとすれば、障害が出てきたり、思うようにいかず、悩んだり、苦しむことになります。

じれったくなって、無理に事を進めようとしたり、手近なところで手を打ったり、方針を変えたりするのはよくありません。

じっと我慢し、その間にできる準備や調査、スキル磨きなどをしておくのがよいでしょう。

・・・✦・・・

この卦を活かして最善の未来を創る方法

・・・✦・・・

成長のための試練にはどんと構えて

機が熟せば、停滞していたことが動き出し、また、希望に合った物や人が出てきたりもします。

水は艱難（かんなん）（困難にあって苦しむこと）を意味するため、大きな試練に見舞われることもありますが、それは必要な学びであり、順調に計画を進めるためのプロセスの一つです。

慌てふためかずに冷静に対処して、解決するのを待ちましょう。

ただし、待つといっても何もしないのではなく、知識や情報を得る、人脈を作る、体調を整える、スキルを高めるなど、自分を磨くのを忘れずに。

心身に良いものを食べることも大切です。

✳**恋愛・結婚**　お互いのタイミングや気持ちがピッタリくるのに少し時間がかかりそう。焦って無理に進めようとしてもうまくいかないので、時が来るのを待って。結婚も、誰かの反対や、相手の気持ちの揺れ動き、どちらかにほかに気になる人がいるなどの理由で、すぐにはまとまりにくい。積極的に動かずに、状況を静観したうえでお互いの気持ちが一致するまで待つのがベスト。

✳**仕事**　積極的に物事を進めるときではなさそう。計画は準備をしっかりした上で、最善のタイミングを見極めて行うこと。無理やり始めるのではなく、情報収集やスキル磨き、協力者探しに力を注ぐとよい。転職も今がタイミングではない。もう少し今の仕事を続けるのがオススメ。

✳**金運**　長期の投資や貯蓄には良いときだが、いきなり始めずに、情報を集めたり、計画を立ててから着手すると、より成果が期待できる。一攫千金狙いで飛びつくと痛い目にあう。失せ物は、諦めないでしばらく待つと出てきそう。

✳**対人関係**　時間をかけて、信頼関係を育てていくと吉。急接近したり、相手のことをよく知らないのにこういう人と決めつけると誤解が生じる。ゆっくりと距離を縮めて。連絡がないときは、自然に来るのを待っていたほうがよい。

✳**願望**　強い志を持ち、機が熟すのを待っていれば、いずれ叶う。焦らず、信じて、受け身の姿勢でいるのが吉。

✳**住居**　引っ越しや移転、家の新築、増改築は、タイミングではないのですべて見合わせて。お金を貯める、いろいろな物件を見て回るなど、ゆったりと準備を。

✳**健康**　頭痛や中耳炎、耳の病気、胃腸の病気、肺の疾患などに注意。治療を急ぐと体に負担がかかるので、焦りは禁物。

✳**学問**　結果や成果がすぐに出なくても実力を磨くことに重きを置くこと。経験を積んだり、基礎を重ねることで、段々と力がついてくる。

✳**開運のヒント**　待つ、準備、計画、信念を持つ。

変爻

・・・✦ 宇宙が教える今後の展開 ✦・・・

初爻 ひたすら待てば大禍なし

慌てず、騒がず、今まで通りの日常を守り過ごすなら問題ありません。積極的に物事を進めたり、リスクがあることに手を出したりせず、チャンスが来るのを静かに待ちましょう。

二爻 口論を避けて良い結果に

何かとトラブル含みで、思うようにいきません。動じず、どっしりと構えておけば、困難は去り、良い結果につながるでしょう。口論は避け、ネガティブな言葉を口にしないようにしましょう。

三爻 「身から出たサビ」に注意

自分の言動が原因で災厄を招きやすいとき。ジッと静かにして、謙虚な姿勢を保つこと。水難や盗難、病気に注意。用心深く過ごしましょう。万事、進めるのは凶。

四爻 ピンチだけれど脱出可能

危険や困難に足を踏み入れてしまっています。現状を固く守れば、困難から抜け出せます。ピンチに陥ったとしても諦めないで。素直な姿勢が福を招きます。

五爻 ゆったり待てば、チャンス到来

思うように進まなくても、思慮深く、心穏やかにゆったり待つことができれば、チャンスを引き寄せます。待ったかいがあったというような流れになるでしょう。

上爻 思わぬ賢人三人の客がある。吉

トラブルに陥っても、賢く力ある人物の力を得て、窮地を脱することができます。三人の智恵者や有力者に出会える暗示。独断ではなく、人の力を借りて。人の才能を尊重しましょう。

6

天水訟

乾(天)×坎(水)

キーワード

争い背き合う

易経の言葉

訟は孚有りて窒がる。惕れて中すれば吉。終われば凶。大人を見るに利ろし。大川を渉るに利ろしからず

宇宙からのメッセージ

- どんなに自分が正しいと思っても争いごとは避けましょう
- このまま進むとトラブルの予感 いったん退いて吉
- 自分を押し通すと凶と出ます

卦の意味

争いを避けることが運気アップのカギ

天水訟の「訟」は「訴え」で争いのことです。

「天」は上へ上へと昇ります。逆に、「水」は低いほうへと流れます。よって、両者は交わることなく離れ離れになっていくので、この卦は「背き争う」ことを意味します。

また、「天」は強気、「水」は険しさを示します。そのため、ぶつかり合いも生じやすいのです。

キーワードは、背き合う、争い、訴訟、論争、裏切り、目上への反逆、和解すべきとき。

争いは、お互いに消耗し疲れるだけです。だから、どんなに自分が正しいと思っても、最後まで戦う姿勢を貫くのではなく、妥協してでも、和解することが吉、という意味も暗示されています。

不本意でも妥協して和解を

この卦を得たら、争いが生じたり、トラブルに巻き込まれたりしやすいときです。

運勢的には、心が休まらず、万事が思うようにいきません。相手にも自分にも損失や後悔が発生します。

どんなに自分に誠意があり、正論を訴えたとしても、周りの人から反感を買ったり、難題が起きたりもします。

人との対立はとにかく避けること。不本意であったとしても、妥協すれば、結果的に自分の意見が通ることもあります。

また、希望は通らないときで、今していることやしようとしていることは、のちのちトラブルにつながるか、うまくいかない暗示のため、行動や考え方を見直す必要があります。

・・・✦・・・

この卦を活かして最善の未来を創る方法

・・・✦・・・

やむを得ず争うときは有識者に間に入ってもらう

自分の言い分を主張したいようなことも起こりやすいですが、結果的には自分の地位や名誉を傷つけたり、恥をかくようなことになりがちです。

自分の言い分を通そうとせず、和解の道を探りましょう。

もし、どうしても、争わなくてはいけないときは、有識者や優れた人に間に入ってもらい、公の場で自分の要求を明らかにし、判断してもらうとよいでしょう。

大きな冒険に出るようなことをしても、何も得るものはないので見送りましょう。

とにかく絶対に無理はせず、謙虚かつ控えめに過ごすべきときです。

✳**恋愛・結婚**　お互いの意見や考えが合わず、ケンカしがち。相手は「自分は絶対に正しい」と思っているので、あなたから歩み寄りを。話し合いを重ねても一致点を見出せない場合は、次第に心が離れていく予感。片思いの人は、ライバルがいそう。結婚は争いごとが原因となり離別のおそれあり。当事者同士では解決できない問題が生じ、調停や裁判などに発展する可能性も。紹介やお見合いの話は、のちのち争いや問題が出やすいので見送ったほうが吉。

✳**仕事**　職場のもめ事、派閥争い、取引先とのトラブルに注意。自分の意見が正論でも、職場にいづらくなる、評判が下がるなど、自身が傷つくことに。不本意でも相手の言い分を受け入れ、妥協や協調をしたほうが、結果的にスムーズに進む。転職はトラブルのもと。退職をめぐって上司や同僚と気まずくなる、競争や争いの多い職場に縁ができるなどの暗示。

✳**金運**　欲やお金が原因でトラブルが起きそう。一見魅力的な儲け話も、損失や人間関係の亀裂につながる。甘い誘惑には耳を貸さないのが一番。投資話にも注意。相場は価格と価値が見合わず不安定な状態。失せ物は、人に貸したまま、もしくは盗難の場合もありそう。警察に被害届を出すと戻ってくる可能性も。

✳**対人関係**　争いの気配。お互いの利害が一致せず、簡単には和解できなそう。手段を選ばず相手が攻撃してくる可能性も。裏から手を回したり、弱みを見せようものなら、そこを突かれてしまいそう。真っ向勝負をしてかなう相手ではないので、全面対決は避けること。

✳**願望**　手違いが多く叶えるのは難しい。状況に合わせた目標設定に変更する必要がありそう。

✳**住居**　希望した条件のところが見つかりにくい。賃借、契約に関する争いごとに注意。移転は見合わせたほうがよい。

✳**健康**　体力的に無理をしていて、バランスが崩れそう。診断間違いや薬の不一致に注意。

✳**学問**　試験は競争が激しく、望むような結果を得るのは難しそう。

✳**開運のヒント**　和解、妥協。

変爻

•••✦ 宇宙が教える今後の展開 ✦•••

初爻 早々の和解が吉

経験も知恵も浅く、口論や争いをしても、主張が全部通る見込みがありません。言い分が少しでも認められたら、事を長引かせず、折れて和解する姿勢を見せれば、結果的には吉。

二爻 無理に戦わなければ周りの人も巻き込まない

自分の言い分を強く主張したり、強気で事を進めたりすると、周りの人も巻き込み、損害を受けることに。訴えを取り下げ、無理をしなければ大丈夫。

三爻 現状維持が幸せにつながる

不満があっても、これまで通りの道を貫いていれば、多少危ないことがあってもいずれは良い結果になるでしょう。自分から進んで新しいことをしたり、周りに乗せられて何かをしたりしても成功しません。

四爻 自分の立場をわきまえる

強気で戦おうとしても、立場が弱く勝てません。我を張らず、相手の意見を尊重し、調和する姿勢を見せて。自分を過信せず、謙虚な姿勢で事に当たりましょう。

五爻 立派な人の調停あり

強くて優れた者が、反目する両者の言い分を平等に聞き、調和に導いてくれそう。そのことで、自分の主張や訴えが通り、物事がうまくいきます。争いが解決し、調和が取れるでしょう。

上爻 強引な勝ちは代償も大きい

最後まで争う姿勢を変えず、たとえ勝利を得たとしても、人に恨まれたり、後から心配事が出てきたりして苦労の種となりそう。苦労した割には得る物は少ない。結果、トラブルが三回続く気配も。

7

地水師

坤(地)×坎(水)

キーワード

戦いのとき

易経の言葉

師は貞し。丈人は吉。咎なし

宇宙からのメッセージ

- 勝つための正しい戦略を立て力ある人に率いてもらいましょう
- 勝ち目がないなら戦わない方法を考えましょう
- 人生の正念場ですあなたの立ち位置を明確にしましょう

卦の意味

有能な司令官を立て、戦に勝つ

「師」は師団の師、軍隊や戦、戦争の意味。「地」は大衆。「水」は困難、険しさを示します。

「水」(☵)の真ん中の陽爻は、大衆に押され、統率する将軍となって戦いに赴くこと、大衆が困難や苦労の中で戦っていることを表しています。

キーワードは、集団の争い、戦争、民衆を率いて争う、民衆を指導する。

集団を動員するための大義名分と、集団を率いるしっかりとした賢い司令官が必要であることも示す卦です。

戦争は好んでするものではなく、民衆を苦しめる暴徒を征伐するためにやむなく行うが正道です。

優れた人物が軍隊を率い、民を動員するための大義名分を持つのでなければ、負けは必定です。

トラブル回避のために頼れる人物に助言を求める

この卦は、争いや険しさを意味します。そのためこの卦を得たときは、いさかいやごたごたが多かったり、重大な責任を担ったりと世話苦労が絶えない状態です。

このようなときは、孤立を避け、周囲の人を味方につけ、人と協調するのがよいのです。さらに、力量があり、頼れる人物に、良きアドバイスをもらうことで道が開けます。

また、一人の男性をめぐって複数の女性が争う象なので、恋愛や結婚での争いや困難は、特に生じやすいときです。

新しく出会った人や片思いの人も、すでに恋人や強力なライバルがいるなど、一筋縄ではいかなそう。

この卦を活かして最善の未来を創る方法

戦うのならとことん策を練って

一方で、実力があり、リーダーの器である人がこの卦を得たら、難題を解決するために、周りを率いて行動するときです。

独善的なふるまい、利己的な考え方では、周りの理解を得られず、戦いに勝てません。関わる人たちにとって最善の方法は何かということを第一に考え、細かいところまで配慮をして、戦略を練り、慎重に事に当たることです。

優れた人物だけではなく、目下の人からの苦言にも耳を傾けることと、感情的な判断をしないこと。

また、そもそも勝てない争いには手を出さないこと。不利を悟ったら潔く退くのも大切です。

✳**恋愛・結婚**　三角関係や多角関係の恋になりやすく、トラブルや争いに発展することも。安易な気持ちで複雑な関係に進むのは避けて。結婚は正式な形ではなく、同棲や内縁関係になりやすい。相手の浮気が原因で争い事が起きやすく、関係を保つのに苦労しそう。

✳**仕事**　競争が激しく、問題が起きやすいとき。しっかりした対策を立て、対処していく必要があるが、秘密裏に物事を進め、外部の人に内情を知られないように気をつけること。職歴や年齢にかかわらず、実力のある部下を登用して、リーダーになってもらうと事態を打開できる。

✳**金運**　利益はあるときだが、欲を出すと損をする。人に奪われたり、狙われたりしやすいので、贅沢や華美な買い物は控え、地味にしていること。また、お金の分配をめぐってもめることも。あなたが与える側なら公平を心がけて。失せ物は出にくい。盗まれた可能性も。

✳**対人関係**　身内のことで悩んだり、争いに巻き込まれたりしやすいとき。まずは感情的にならずに、努めて冷静を保ち、戦って勝ち目がある相手なのか見極めること。やむを得ず戦うことを選択した場合は、しっかりした人にアドバイスをもらってから行動するとよい。

✳**願望**　心配事が多く、大望には手が届きにくい。力ある人の良きアドバイスやサポートを得て、しっかりと戦略を練れば、分相応な願いなら叶う。人間関係を円滑にすること。

✳**住居**　近隣トラブルで苦労しそう。転居しても再び引っ越すなど落ち着きにくい。新築、増改築などは見送り、時期を待つべき。土地の購入は吉。

✳**健康**　食中毒や消化不良、下痢、月経不順、耳や腎臓の病気、冷えによる不調に注意。小さなことでも絶対に甘く見ず急変に気をつけて。

✳**学問**　行き当たりばったりではなく、対策と計画が必要。加えて、正しい指導者の導きを得れば、成績向上や合格の見込みも。入試は一点でも多く取るための戦略を。

✳**開運のヒント**　戦略を練る、アドバイスをもらう。協調する。

変爻

•••✦ 宇宙が教える今後の展開 ✦•••

初爻 最初が肝心

事を行うに当たって、最初の取り決めが大切。安易に取りかかると失敗する。何事もある程度目的を達成したら、欲張らずにそこでやめましょう。恋愛トラブルは粘らず、退くのが吉。

二爻 良き導き手に出会える

有能な司令官＝導き手が中心にいるので吉。そのアドバイスや引き立てによって、眠っていた才能や本来の実力を発揮し、良い結果や地位を得られます。王のように立派な人から三回または三つ褒美や吉事を受け取れそう。

三爻 戦うと痛い目にあう

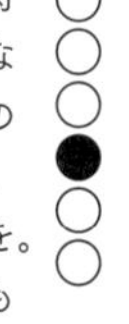

力不足なのに、前進したい気持ちだけは強いとき。分不相応なことや、小さなことでも人との争いは大きな痛手になるので、積極策はやめて、ジッと我慢を。自慢や才能をアピールするのもやめるべき。

四爻 安全地帯にとどまって

対抗や対立は避け、守りに徹するのが吉。万事において進まず、一歩引くことで道が開ける。仕事や恋愛など、手に負えないと感じたら、退き、静観すること。

五爻 トラブルは頼り先次第

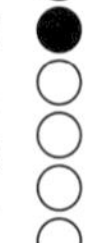

邪魔やトラブルに対処するには、しっかりした優秀な人物に指揮を任せること。実力不足の人に任せると悲惨な結果に。情に流されず、周りの人の力と才能をしっかりと見極めましょう。

上爻 成功のほうびは適正に

これまでの努力が成就し、決着がつく。功労者に地位や権限を授ける際は、未熟な者に力を与えないこと。重要な物事を頼む場合は、適した人を選ばないとトラブルになります。

8

水地比（すいちひ）

坎（水）×坤（地）

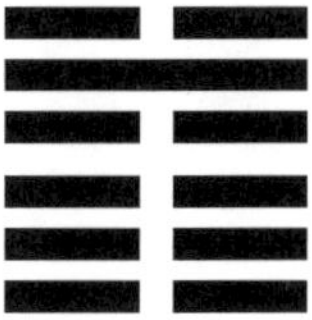

䷇

キーワード

水が大地を潤す

易経の言葉

比は吉。筮に原ね、元永貞にして咎なし。寧からざるもの方に来る。後夫は凶

宇宙からのメッセージ

- 親しむことが幸運を呼び込みます
- あなたにとって価値があり永く親しめるものを見極めること
- グズグズしているとチャンスを逃します

卦の意味

ふさわしいものと親しむことで運が開ける

「比」とは親しみ寄り添うこと。この卦は、大地の中に水が吸い込まれ、なじむ姿を表しています。

水を含み、潤いのある大地は、さまざまなものを育みます。だから、人や物事と親しみ、和合すれば、発展し、良い結果を得ることができるのです。

この「親しむもの」には、趣味や学び、仕事なども含まれます。

易経の言葉の「筮に原ね」は、よく確かめるという意味です。親しむ対象はよくよく見極めましょう。

あなたにとって有益と判断したならば、スピーディに親睦を深めることが大切です。なぜなら、あなたが親しもうとする対象はほかの人にとっても魅力的だからです。

「後夫は凶」、つまり、ぐずぐずしているとチャンスを逃してしまいます。

親しみ助け合って、孤立を避ける

この卦を得たら、「親しみ、助け合うこと」が重要なポイントとなります。

単独で進めたり、周囲と調和せず、孤立したりすると不利を招きます。

この卦は陰が五つで、陰は女性を示すため、協力する相手は主に女性（的なもの）となります。

人やモノと親密になるということは、「親しむことが大切」といっても、誰とでも仲良くするのがいいわけではありません。

人やモノと親密になるということは、世話や苦労も増え、労力もそれなりにかかります。だから、この卦には、何かと手間がかかり、忙しくなるという意味もあります。

だからこそ、あなたにとって親しむべき価値があるモノをしっかり見極めることが大切なのです。

・・・✦・・・

この卦を活かして最善の未来を創る方法

・・・✦・・・

決めたら、スピーディに！

この卦は、君主の位である五爻が力ある陽爻で、ほかは全部、民衆を示す陰です。

あなたが親しむ相手は、人気があるモノで、みんなが憧れ、尊敬や信頼を得るような人、高く評価されているものとなるでしょう。

みんなが憧れるような人や、欲しがるものはライバルが多く、競争も激しくなります。

だから、ほかの人に取られる前にさっさと行動することが大切なのです。

しかし、いくら魅力的でもあなたに合わないものとは永く親しむことができません。たとえば、物件や土地を購入するときに明らかに予算オーバーでは親しみ続けるのは難しいでしょう。

また、打算や下心がある人も近づいてきます。特に遅れてくる人はそういう傾向があるので、警戒したほうがよいでしょう。

✳恋愛・結婚　恋愛も結婚も順調に進みやすいとき。ただし、相手はかなりモテる人なので、ぐずぐずしているとチャンスを逃して、他の人に取られてしまうおそれも。決めたら素早くアプローチして。片思いの人は、協力者を得ることが成就につながる。グループ交際から恋が発展することもあるが、その中にライバルがいる可能性も。

✳仕事　取引が活発になり、忙しい時期。手間や面倒事も増えそうだ、同僚や上司と協力し、連携しあえばうまくいく。事業の拡大や大きな計画は、どれだけ強い協力者がいるかが結果を左右する。就職はライバルが多いので、強いコネを得るか、担当者と親密になると有利。親しい人から紹介された仕事も吉。

✳金運　何かと交際にお金がかかりそうだが、親睦を深めるための出費は惜しまず。利益や儲け話はアテにならないが、人と協力し、人からの援助を得られれば、金運もアップ。まとまったお金が必要な時は協力者を探すとよい。失せ物は出やすい。見つからない場合は、人が大勢いたときに盗まれたか、親しい人が持っていった可能性あり。

✳対人関係　良好。周囲と親しみ、仲良くすることができる。グループや仲間内では、和を大切にし、協力し合うこと。一対一なら、何かと相手を助け、奉仕精神を発揮することで良い関係を築ける。飲み会などは遅れていくと不利。最初から参加を。

✳願望　交友関係を広げ、親しくなれば、紹介などを通じて叶う。皆にとって最善の願いを。

✳住居　移転、新築ともに問題なし。親しみを感じる家や間取りで、近所の人たちと協力し合えそうな地域が吉。

✳健康　病気と親しみ、長期化する暗示。働きすぎによる慢性疲労や、暴飲暴食、胃痛、消化器系、胸の痛み、肋膜、腎臓、性病に注意。

✳学問　独学よりも勉強会などに参加して、同じことを学んでいる人と積極的に交流を。仲間と一緒に切磋琢磨すれば向上の予感。

✳開運のヒント　ご縁を大切にする、親交を温める、人が手を差し伸べたら、素直に応じる。

変爻

宇宙が教える今後の展開

初爻 誠の交友で望外の吉が到来

親しい友人や協力者を得て新しいことが始まりそうです。最初は不利な状況であっても、誠実さと真心で人に接し、努力を重ねていけば、思いがけない幸運に恵まれます。

二爻 親和力を正しく活かす

みんなが親しくなりたい人や物事と調和しやすい、恵まれた立場にいます。積極的に仲良くするとよいでしょう。受身の姿勢より主体性をもって選ぶと吉。ただし調子に乗ると、災難を招く人も引き寄せるので注意。

三爻 親しむべき相手ではない

親しもうとしている相手や事柄に問題があるため、手間ひまをかけても報われなそうです。損害を受けないために、関わる相手の見直しをしましょう。

四爻 今まで親しんでいたものよりもっと良いものが

すぐ近くに素晴らしい人やものがあるので、協力し親しむと吉。視野を広げ、これまで馴れ親しんできたことよりも、自分が成長できそうな新しい人や物事との関係を深めれば、良い結果に。

五爻 寛容な心で接して

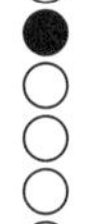

人から慕われ、尊敬されます。来る者拒まず去る者追わずで、寛大な心で人と付き合えばスムーズに物事を進められます。世話や苦労も将来の利益に。

上爻 仕切り直しが必要

ここぞというタイミングでグズグズしていて遅れをとってしまい、人や物事と親しむことができず孤立してしまいそう。もう一度最初から出直しましょう。

9

風天小畜（ふうてんしょうちく）

巽（風）×乾（天）

キーワード

力を蓄える

易経の言葉

小畜（しょうちく）は亨（とお）る、密雲雨（みつうんあめ）ふらず。我（わ）が西郊（せいこう）よりす

宇宙からのメッセージ

- 少しの間、立ち止まるとき動かず、力を蓄え、時を待って
- 何かと邪魔が入りますが、最終的には希望は叶います
- 間もなく状況好転の兆し変化をキャッチし、柔軟な対応を

卦の意味

物事が動くまでもう少しかかる

「小畜」は少しとどめること。

陽爻の中に一つだけ陰爻が入っており、その影響で、少しだけ陽の動きが止まり、前進できない状態にあります。

キーワードは、少しとどまる、蓄える、足踏み状態、小さな障害、学ぶ、修練、チャンスを待つ、臨機応変、焦ると不利、ストレス、欲求不満、憂鬱。

しかし、一つだけの陰では、長くとどめておくことはできません。つまり、もう少し待てば、物事は動き出し、チャンスがめぐってくることを暗示しています。

進まないときは様子を見て、実力を蓄えたり、準備をしたりして、機が熟すのを辛抱強く待ちましょう。

他家を継いだり、男性が他家へ婿入りしたりすることを暗示する卦でもあります。

待ちの時間を活用して実力を蓄えるべし

　この卦を得たら、前進したいのにそれを止められるなど、何らかの問題が生じて、期待するような流れにならないときです。

　しかし、この状況はそう長くは続きません。ほどなくして動き出すので、無理に事を進めようと焦らないことです。

　少し待つことがうまくいくカギです。

　ただし、ボーッと遊んで待つのではなく、実力を蓄えたり、お金を貯めたりなど、希望を叶えるために必要なものを蓄積しておきましょう。待つ時間はそのためであったりします。

　また、現状を見直して、改善が必要であれば、それに対処するのもよいでしょう。

この卦を活かして最善の未来を創る方法

風の臨機応変力をうまく使う

　風天小畜の「風」は、どんなところにも入り込む柔軟さや、従うこと、相手の懐に入り込むことを意味します。

　そのため、自分を抑え、相手の希望や周囲の状況に合わせることで、自分の希望も叶っていきます。

　また、「天」は進むことを意味します。だから、行動は臨機応変に。周りの状況や人に合わせて、対処することが大事です。

　自分の思い通りになりにくい時期のため、精神的に不安定になったり、ストレスを溜めて心身の不調が出たりしやすい傾向にもあります。

　物事への執着や、こうでなくてはいけないといった思い込みは手放し、結果オーライでいきましょう。

✳**恋愛・結婚**　とんとん拍子にはいかず、タイミングが合わなかったり、うまくコミュニケーションが取れなかったり。少し待てば接近するきっかけを得られ、チャンスが到来。結婚もすぐには話を進められないが、相手の希望を尊重して合わせていけば、まとまる可能性はあり。相手に対してちょっとした不満やひっかかるところがあるなら、結婚は避けるべき。

✳**仕事**　思うような結果を出せず、希望が通りにくいときだが、焦りは禁物。スキルを高め、文章力やコミュニケーション力を磨いておくと、近い将来役立ちそう。仕事の拡大や新規事業に乗り出すのはもう少し待って、必要に迫られてからにすべき。小さな改善に取り組むのはよい。

✳**金運**　小さく蓄えるという意味から、お金が少しずつ貯まる、または小さな利益を得られる暗示。欲張らないことと、少額の積み立てをするなど、コツコツ貯めることが財産形成への近道。失せ物は盗難の可能性ありだが、品物は戻ってきそう。

✳**対人関係**　親しいようでも、関係が一時的に疎遠になったり、連絡が途絶えたりすることが。そういうときは無理せず距離をとること。相手の意向に合わせることがうまくいくカギ。

✳**願望**　妨害されたり、邪魔されたり、待たされたりしそう。それでも諦めず、叶えようという意志を持ち続けるならば成就。やり方や細かいことにこだわらず、臨機応変に状況や人に合わせて対処していく柔軟さを持つことが大切。

✳**住居**　苦労や悩みあり。引っ越しはすぐには移れず、待たされる。物件や土地の購入は、いったん止まって、ほかを探すなど、様子を見るのが吉。

✳**健康**　風邪を引きやすく、長引きやすいので、しっかりと休むことが大切。ストレスや鬱、倦怠感にも注意。原因となっていることから少し離れること。

✳**学問**　やる気や意欲に欠け、成績が伸び悩みがち。成果が出なくても、努力を続ければ急に成績が上昇するような展開になるので、投げ出さないこと。

✳**開運のヒント**　待つ、相手に合わせる、発信する、ＳＮＳ。

変爻

•••✦ 宇宙が教える今後の展開 ✦•••

初爻 本道からそれたことを戻す

急いで事を行おうとすると損失や妨害を招く。思うように進めないことがかえって良い結果につながります。本来の道からそれていることを元に戻す、復帰、復縁、復学、復職などは吉。

○○○○○●

二爻 正しい人に助けられる

周りの人のアドバイスや友人の助けによって誘惑を断ち切り、本来の目的に戻ることができます。行動するには時機を待ち、人の手を借りること。何事も控えめに行動することが吉。

○○○○●○

三爻 内部分裂に注意

目先のことに心を奪われ本来の目的が果たせません。内部分裂、夫婦間のもめ事や、パートナーに前進を阻まれるようなことも。無理に動かず実力を磨いて。交通事故にも注意。

○○○●○○

四爻 真心や誠意で危機を回避

無理をしなければ、悪いものや膿が出て、危機を脱します。あなたの真心を周囲に伝えれば、悩みも解決するでしょう。目上の人の助けもあり、努力も報われそう。

○○●○○○

五爻 喜びを隣人と分け合う

喜びも楽しみもみんなで分かち合いましょう。周囲の人と助け合って行動すれば、うまくいき、少々利益も得られそう。自己中心的に行動すると運気ダウン。

○●○○○○

上爻 足るを知るが大事

目的を達し、十分な恩恵を受けたのにもかかわらず、まだ満たされず、進もうとしています。しかし、高望みは禍(わざわい)につながります。今あるものの中で行うこと。足るを知ることが大切。

●○○○○○

10

天沢履(てんたくり)

乾(天)×兌(沢)

✦キーワード✦

危機迫る

易経の言葉

虎(とら)の尾(お)を履(ふ)む。人(ひと)を咥(くら)わず。亨(とお)る

宇宙からのメッセージ

- 先人の知恵や教訓から学ぶことが望みを叶えるカギ
- 目上の人や先輩には礼を尽くすこと敬い、従うことで幸運に
- 力ある人を喜び楽しませて味方につけましょう

卦の意味

先人を敬い、ピンチをチャンスに変える

「天」は強い男性、「沢」はか弱い少女を表し、剛健な者に柔弱な者が従っている象です。

易経の「虎」とは、上の立場の人や力ある者のこと。古代中国で「虎の尾を履む」は、大変に危険なことのたとえです。

キーワードは踏む、礼儀、先人に従う。この卦を得たら、大きな危険が迫っているおそれがあります。

しかし、それに対処するには、自分だけの力では弱いので、力ある人に従うことが重要です。

自分の力や能力はまだまだであることを十分自覚し、先達に教えを乞い、礼儀をわきまえましょう。

謙虚な姿勢で事に当たれば、困難や危険を乗り越えて、物事を達成することができると説く卦です。

前方注意！先に潜む危機を見極めて

この卦を得たときは、虎の尾を踏むような危険な状態が潜んでいます。

当事者が今しようとしていることを成就させるためには、この先、さまざまな困難や危険がありそう。特に、当事者にとって苦手なことに挑み、ものの見方、考え方を成熟させる必要があります。

しかし、今はまだ、自分の未熟さや正しい判断力がないことに気づけていません。そのため、自分にはできると勘違いして、物事を甘く見てしまいがち。それが危険を招くのです。

ですから、まずは、今の状況や自分の計画に、どんなリスクが潜んでいるのかを見極めましょう。

この卦を活かして最善の未来を創る方法

年長者に頼って吉 おもてなしは十分に

リスクを覚悟で行うと決めたなら、年長者やその道の実力者に従い、学びながら、取り組むことです。間違っても、自己流や独自の判断、もしくは同じように未熟な人たちだけで、物事を進めてはいけません。

また、人間関係には十分注意が必要。目上の人や実力者に教えを乞うには、礼を重んじ、ルールや約束は厳守することが必須です。

天沢履の「沢」は悦びの意味。若い女性が年配者の気分を良くして、楽しませることを示します。そのように相手を立てれば、ピンチを切り抜けられ、無事を得るのです。

また、危険なものと対峙しているときなので、無理は禁物。自分にはどうしようもなければ、戦うよりも逃げたほうがベターです。

✳**恋愛・結婚**　年齢差カップルなど、立場や性質にギャップがある人と縁ができそう。対等に付き合うのは難しいが、一方が相手を立てれば危機回避。「女子裸身の象」といわれ、肉体関係も示すため、心よりも体でつながる関係になりやすく、色情面でトラブルが出がちな点に注意。

✳**仕事**　実力者からバックアップを得られるが、甘えすぎや虎の威を借るような態度は立場を危うくする。おごらず謙虚な姿勢で。取引先は、虎を相手にするように慎重に。下手（したて）に出て相手を喜ばせ、楽しませることが良い結果につながる。お世話になった人にはお礼をして、義理をかかさないことが好結果と出る。

✳**金運**　愛嬌を振りまいて、人を良い気分にさせれば、少額ならお小遣いや臨時収入が舞い込みそう。儲け話には要注意。失せ物は高いところを探してみて。

✳**対人関係**　目上の人にかわいがられ、引き立ててもらえる。日頃から感謝を忘れず、礼を尽くして。実力のある人に従えば、チャンスが開ける。言葉や金品、お礼などで相手を喜ばせ、良い関係をキープ。約束は必ず守ること。

✳**願望**　危険や難題にぶつかるが、目上の人の指導やアドバイスに素直に従えば、未来が開けてくる。

✳**住居**　物件を慎重に吟味して、リスクをしっかり見極めた上であれば、進めてもよい。詳しい人に話を聞くなど、自己判断は避けること。リフォームなどは実績のある信頼できる業者に依頼を。

✳**健康**　暴飲暴食、冷え、虫歯、口腔内、肺や胸部の病気、生理不順、性病に注意。自己判断をせず、実力のある医師を選択すること。

✳**学問**　良い指導者につき、アドバイスをきちんと守って進めれば、実力が伸びる。試験は、ヒヤッとすることがあったとしても良い結果に。甘く見ずに周到な準備で臨んで。

✳**開運のヒント**　挨拶、お礼状、力ある人の助言、礼儀正しさ、素直さ。

変爻（へんこう）

・・・✦ 宇宙が教える今後の展開 ✦・・・

初爻（しょこう） 飾らずありのままの姿で

マイペースに自分らしくひたむきに行えば問題はありません。周りの目を意識したり、作為的なことをしたり、欲を出したりするとうまくいきません。

二爻（にこう） 心静かに正しい道を守る

地位や名誉、誘惑に心を惑わされず、淡々と自分の道を静かに守っているならば、問題はありません。目立ったり、急進したりするのは避けましょう。

三爻（さんこう） 身の程知らずで危険にあう

身の程知らずで気だけ強く、才能や実力が十分ないのに前進すると、一時期はうまくいっても、結果的には危険な目にあう。自分に甘く、人に厳しくならないように注意。また、そのような人にも気をつけましょう。

四爻（よんこう） 慎重に進めばOK

危険や困難に直面しているが、能力や従順さがあるため、問題にはならず、結果的には希望も通ります。目上の人を立て、誠実にふるまうことが大切。

五爻（ごこう） 正しい決断なれどリスク大

今しようとしているのは正しいことですが、独断専行は危険。自分の考えを絶対と思い込んだり、過信しすぎたりせぬよう周りの人に相談しながら、無理をせず進みましょう。

上爻（じょうこう） 過去の教訓を活かす

これまでの経験を振り返れば、おのずと方針は決まります。過去の教訓を活かすことが大切。成功者のやり方を踏襲したり、他人の意見を参考にしたりすると大いに成功します。

地天泰（ちてんたい）

坤(地)×乾(天)

キーワード

安泰

易経の言葉

泰（たい）は、小往（しょうゆ）き大来（だいき）たる。吉（きち）にして亨（とお）る

宇宙からのメッセージ

- 人との交流でお互いにないものを補いましょう
- バランスが大事 偏ると安定が崩れます
- どんな人にも寛大な心で接しましょう

卦の意味

天地交わり平和な状態

「泰」は安泰、天下泰平を意味します。

この卦は、天と地の気が交わった状態を示します。男女の関係、人と人との関係がうまくいくときで、意思の疎通も良好です。

大吉を意味する卦の一つですが、安泰なのは、他人との関係が良好であり、協力や協調を得ることができるからです。

それがすべての幸運の基盤になっていることを忘れず、周囲の人との調和、バランスを心がけることが大切です。

キーワードは、安泰、安定、調和、平和、和合、協調、現状維持、男女の交流、怠慢、油断。

何事も安泰ゆえに平和ボケしやすく、油断によってつまずくことも。好運に甘え、過信して野心を出すと挫折につながるので注意しましょう。

すべてが安泰
この状況をキープして

この卦を得たときは、順調に物事が進んでいきます。

気の合う仲間に恵まれたり、良い出会いがあったり、意中の人と、相思相愛になれることも。

それまで抱えていた悩みから解放され、穏やかな幸せを感じることができるでしょう。

しかし、安泰は永久に続くわけではないため、さらに上を目指すより、安定した状況をいかに維持させるかを考えて行動するときです。

特に四爻以降の爻を得た場合は、注意が必要。好調さに慢心していたり、怠け心が顔を出していたら自分を戒め、気をひきしめましょう。

この卦を活かして最善の未来を創る方法

人との交流で
天地のパワーを得る

この卦は、天と地の気が交わることによって、万物を生み出すパワーを得て、安定や安泰を得ることを示しています。

人と交流・協力して、他者から自分にないものを得て、反対に、相手が求めているものを自分から差し出す。そのようにお互いの力やエネルギーを交換し合えるからこそ、幸福を得ることができるのです。

ですから、相手から奪うことばかり考える、身内や特定の人ばかりを大事にする、人に厳しく自分に甘いといった不公平な態度や行動では、人間関係の調和は崩れていきます。

また、相手が善人ではなかったとしても、寛大な態度で接することも幸運をキープするカギとなります。

運勢

✳**恋愛・結婚**　バランスが取れた相手とスムーズに意思疎通ができるとき。意中の相手とも親しくなれそう。カップルは二人の気持ちがぴったり合って仲睦まじく過ごせる。穏やかすぎて退屈したりマンネリ化しやすい点には注意。結婚は良縁。お互いの釣り合いも取れ、平凡だが穏やかな家庭を築くことができる。子宝にも恵まれそう。できちゃった婚の可能性も。

✳**仕事**　安定運。発展や拡大のときではないので、冒険的な取り組みは慎むのが賢明。現状維持が吉。職場の人間関係や取引先を大事にすると安泰。高い給料はあまり期待できない。

✳**金運**　収支のバランスが取れ、現状は安定。ただ、ずっとこのままとは限らないので、余裕があるうちに蓄えを。将来のために、余裕資金で資格を取ったり、資産になるものを購入するのも吉。お金の貸し借りはトラブルのもとなので避けること。失せ物は下にあるものが上にあるなど、本来の定位置とは違うところを探すと出てきそう。

✳**対人関係**　調和し、良好な関係を築ける。人に対しては寛大さと公平さが大事。身内や仲間だけでなく、苦手な人にも親切に。

✳**願望**　周りの人の協力を得て叶う。無理せず、正しいやり方ですると大いに有望。目的のためには手段を選ばない、といった態度は凶なので改めること。

✳**住居**　現在の家でしばらくは穏やかに暮らせそうだが、徐々に問題や不満が出てくる暗示も。将来的な転居やリフォームについても考えておくとよい。新築については現状維持が吉。

✳**健康**　バランスの取れた食事や睡眠で健康を保つこと。これらが崩れると不調になりやすい。既往症は体に居座りやすい。胃腸の病気や肺、呼吸器系、腹部の膨張などに注意。

✳**学問**　努力や勉強量に応じた結果となる。成績が上がっても慢心するとすぐ結果に響くので、一定量をコツコツと続けること。

✳**開運のヒント**　人とのご縁を大切にする、親交を温める、人が手を差し伸べたら素直に応じる、相手の立場に立って物事を考える。

変爻

宇宙が教える今後の展開

初爻 同志と結束して進めば吉

単独行動では力不足で、好結果は得られません。周囲と協力して、一致団結することでうまくいきます。仲間の一人が能力を認められると、みんなも一緒に引き上げられて良い方向へと進んでいきます。

二爻 寛容、大胆、公平に

人に対して寛容であり、思い切って決断し、行動する。視野を広く持ち、隅々まで配慮を怠らない。私情に流されず、公平な態度でいたならば万事安泰で名誉を得ます。私情に流されたり、身内びいきはしないこと。

三爻 正道を守る

安泰の極み。順調だった運気にちょっとした陰りが見え始めるとき。怠けることなく誠実に努力を重ねれば、大きな問題にはならず幸福な結果を得ます。食べることには困らない暗示も。

四爻 目下の人から教えを受けて

今の状況に一人で対処するには力不足。立場に関係なく、実力のある人につき、素直に従い誠意をもって対応すべき。部下、仲間の力を借りましょう。さらに上を目指すより現状維持に徹して。

五爻 使えるものは活用する

積極的な活動は控え、守りの姿勢で過ごすのが吉。謙虚な姿勢で目下の人と協力したり、使えるものは何でも活用すること。このようであれば、大きな福を得られます。

上爻 安定の崩壊

安泰だった状況に乱れが生じ、財産や信用、権威などを失うおそれ。挽回に躍起になると崩壊を早める。過去に固執せず、静観しながら、新しいものを築く努力を始めましょう。

天地否（てんちひ）

乾(天)×坤(地)

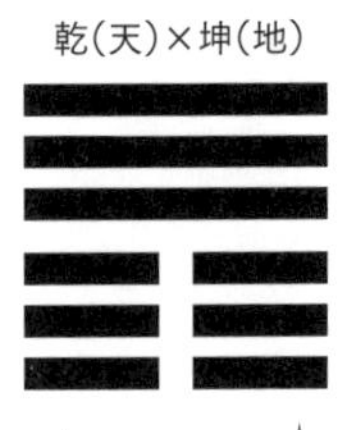

キーワード

塞がって通じない

易経の言葉

否は之れ人に匪ず。君子の貞に利ろしからず。大往き小来たる

宇宙からのメッセージ

- 運気は八方塞がり 無理は禁物です
- 目立つと厄介なことになります とにかく地味に控えめに
- 今はダメでも時間が経てば 光が見えてくるので焦らないこと

卦の意味

万事、八方塞がりで打つ手なし

「否」は塞がって通じないこと。天地がそれぞれ本来の場所にあるだけで、お互いの気が交流せず、物事が生み出されない不毛な状態です。

また、天は上へ、地は下へと逆方向に向かうため、人との不和も多く、孤独を感じやすいでしょう。

キーワードは、塞がる、不和、分離、失敗、失意、失業、失恋、損失、破産、倒産、陰謀。

まともなことをしようとしても邪魔や反対にあうなど、常識が通用しないとき。正論を言っても伝わりにくいため、万事無理せず、控えめに過ごし、悪事には関わらないことが大切です。

四大難卦の一つで八方塞がりを意味しますので、難題に飛び込まず、離れた場所から様子を見ているのがよいでしょう。

⑫ 天地否（てんちひ） ䷋

何をしてもうまくいかない困難のとき

この卦が出たときは、物事に閉塞感が満ちている状態です。

何かを進めようとしても、思うように前進できません。また、何も生み出すことができず、不毛な結果になるでしょう。

易経もこう語っています。

「天地否のときには人の道がまともに行われない。君子がいかに貞正を守って事を行おうとしても、行えない。大人（たいじん）が追い出され、つまらぬ小人（しょうじん）がのさばっているときだからである」

これは、正しいことや常識が通じないことを意味し、立派な人ではなく、悪人や実力のない人がのさばっているときだということを意味します。

・・・✦・・・

この卦を活かして最善の未来を創る方法

・・・✦・・・

とにかくおとなしく控えめに

天地否のときは、積極的に行動するのは避け、万事控えめに過ごし、チャンスを待つ姿勢が大切です。

能力を発揮しようと提案をしたり、周りの人に良かれと思って何かをしても攻撃されたり、足をひっぱられることになるのでお節介は禁物です。

無理に進むと苦しむことになるので、方針を改め、別の角度から物事を見たり、こだわりを捨てるなど柔軟になりましょう。

すぐにはうまくいかなくても時間をかければ、状況が変わり希望が見えてくることもあります。

天地否は⓫地天泰へと向かうため、最初は苦しくても、上の爻になると希望や光が見えてくるのです。

✳**恋愛・結婚**　男女を表す天と地の気が交わらないため、意思疎通が困難で、お互いが別々のほうを向いている状態。カップルは、気持ちが離れているので、このままだと疎遠になりそう。対話を増やしてお互いに理解し合う姿勢を持つこと。シングルの人は出会いに恵まれにくい。行動や生活を変える必要あり。結婚も邪魔があり、まとまりにくいが、時期を待てば成就のチャンスも。忍耐を。

✳**仕事**　社内の意思疎通がうまくいかず、業務停滞や業績悪化のおそれ。上司と部下の分裂状態の解決には、相手の立場をそれぞれが理解し合えるよう交流の場を持つこと。失職や事業継続が困難になることも。時期を待つか、停滞の原因を調べて取り除いて。就職・転職を占ったなら、採用は難しい、もしくはその仕事はやめたほうが無難。

✳**金運**　お金の流れが停滞。収入アップや良い循環は期待できない。入ってくるお金を当てにして浪費すると後で困るかも。余剰資金の範囲で買い物を。失せ物は置き忘れか落とし物の可能性。出にくい。

✳**対人関係**　積極的に相手に歩み寄ったり、自分を変える姿勢を見せないとうまくいかない。自分の価値観、ポリシーを相手に押し付けても相手は離れていくだけ。

✳**願望**　天と地の気が交わらず、八方塞がりのため成就は困難。時期を待てば、塞いでいた障害が取り除かれるが、半年、一年と時間が必要。

✳**住居**　引っ越しは、見送ったほうがベター。物件は、換気や空気の通り、衛生状態が良くなく、住んでも家からの良いパワーに恵まれない。

✳**健康**　下半身の滞りによる血行不良や便秘、下腹部、足の衰えに注意。これまでの過労や不摂生が表面化する。運動不足の人は体を動かし、働きすぎの人は休みをとって。

✳**学問**　思うように成績が伸びない。障害や原因を取り除いて。入試も難多し。別のやり方を検討するか志望校の見直しを。

✳**開運のヒント**　玉ねぎ、リンパマッサージ、下半身をきたえる。

変爻

…✦ 宇宙が教える今後の展開 ✦…

初爻 正道を進む人と協力して

一人で行動するには力不足なようです。ただし、志の良くない人と行動を共にするとトラブルの気配があるので注意して。正しい道を進む人と協力すれば、多少は良い結果を得られます。

○○○○○●

二爻 力量に応じて動く

人並みの力量の人は優れた人物に従い、分相応の行動をしましょう。逆に、能力のある人は現状の停滞を受け入れて焦りを捨てるとよいでしょう。専門外のことへの手出しは凶です。

○○○○●○

三爻 恥を隠してもダメ

上の人に媚びたり、弱点や悪事をひた隠しにしたり……このような状態では信用を失い恥をかくことになってしまいます。無理や背伸び、打算的な行為はやめて、行動を改めることです。

○○○●○○

四爻 仲間と共に進めば開運

これまで塞がっていた運気に明るい兆しが見えてきました。でもまだ独力では難しい。状況の流れを見ながら、仲間と行動すればうまくいきます。真摯な姿勢で無理をしないこと。

○○●○○○

五爻 停滞からの脱却、慎重に

停滞し、苦しかった状況から抜け出し、安定や平穏を取り戻しつつあります。前進できるときですが、油断すると、再び塞がってしまうことも。警戒しながら、進みましょう。

○●○○○○

上爻 滞りから解き放たれる

塞がれていた運気が終わるときです。これまでの悩みが解消し、努力が報われそう。ただし、すべての望みを叶えるのは厳しそうです。ほどほどで満足することが幸運のカギです。

●○○○○○

13

天火同人

乾（天）×離（火）

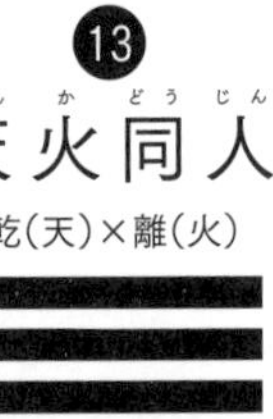

キーワード

同志と和合する

易経の言葉

同人野に于てす。亨る。大川を渉るに利ろし。君子の貞に利ろし

宇宙からのメッセージ

- 志を同じくする人たちと集まって心を合わせましょう
- 仲間と公明正大に事に当たるなら大きな冒険も大丈夫
- あなた自身に強い勢いがあるときではないので協力が大事です

卦の意味

同志と力を合わせて高みを目指す

「同人」は志を同じくすること。

この卦は、上が「天」で、下が「火」。天は君子、火は太陽を表しますが、どちらも上方にある存在で、尊大さや目立つ力の象徴です。

このように、天と火には一致点が多く、ここから、同志、仲間といった意味が生じます。

「同じ志を持った者同士が、広々とした野原のように公正であれば通じる」と易経にあるように、この卦を得たら、単独で行うより、誰かと協力して、ともに上を目指すことで輝きます。

キーワードは、同志、協力一致、公平無私、公共。

また、天は健やかさ、火は明るさを表すため、公明正大（公正で私心のないこと）であることが重視されます。

仲間たちと一致団結し大きな目標に向かっていく

この卦を得たら、仲間や同志と心を合わせること、そして、それを公平無私の気持ちで行うことが幸運を招くキーとなります。

特にカギを握るのは人間関係です。自分は自分、人は人ではなく、周りにいる人たちの中で、気が合う人や志が一致する人を見つけ、その人とともに目的に向かうのです。

人と協力するには、自己中心的で己の利益ばかり追うような態度ではうまくいきません。また、裏工作や隠し事をするような人とは本当の仲間にはなれません。

お互いに、本音で話せ、裏表なく付き合えるような人と協力し、一致団結して事に当たることがポイントです。

・・・✦・・・

この卦を活かして最善の未来を創る方法

・・・✦・・・

悪ノリ、仲違いに注意して協調する

「赤信号みんなで渡れば怖くない」とばかりに、群れることで大胆になって、倫理や法に反したり、しっかりとした考えを持たずに、人と同調するような態度は停滞のもとです。

人と協力することと、流されることをはき違えないように注意。確固とした自分のポリシーや意志を持ち、それを貫ける人と協力しましょう。

また、この卦は、五つの陽の卦が一つの陰を取り合う象なので、恋愛、試験、仕事など、何事においても競争は激しいと判断します。

また、グループや仲間内の分裂や闘争には十分注意が必要です。

私的なことより公的なことがうまくいくので、共同事業は成功しやすいでしょう。

✳**恋愛・結婚**　同じ趣味やグループ交際から恋が始まる予感。積極的に友達の輪を広げて。地位や実力のある人とも縁ができやすいが、人気者ゆえライバルとの熾烈な戦いがありそう。友達と同じ人を好きになることも。成就のためには、はっきりとした意思表示が大事。また、二人きりになる機会が少なく進展に時間がかかる場合も。カップルは趣味や理想、考え方が一致して好相性。結婚は同じ仕事や同じ夢を持っている人だとうまくいきやすい。

✳**仕事**　同業者との協力や、同僚や仲間とのつながりを密にしておくと順調。ただし、大きく広げるときではない。自営業であれば、協会などに所属するとよい。人と協力する一方で、内心は皆、有利な地位を得たいがために熾烈な争いも生じやすい。裏工作や人を出し抜くような態度は周りの信頼を失い、凶と出るので、公平かつ協調姿勢を貫くこと。公共事業にツキがあり、公務員も適職。

✳**金運**　交際費がかさむが、そのためのお金は都合がつきそう。どんぶり勘定にせず、日々の入出金を意識すればピンチ回避。失せ物は人に貸した結果、どこかへ行ってしまった可能性が。探せば出ることが多い。

✳**対人関係**　誰にでも分け隔てなく接し、明るく本音で付き合うと開ける。特定の人に肩入れしたり、えこひいきするような態度はＮＧ。

✳**願望**　独力ではなく同志と協力すればうまくいく。私利私欲よりも、全体のことを考えた願いが通達する。

✳**住居**　引っ越し運はまずまず。良い仲間に恵まれそうだが、もっと良い物件も。陽当たりの良い間取りや人を招けるような家にするとよい。

✳**健康**　伝染病、のぼせ、目のかすみ、心臓病、高血圧に注意。高熱や胸の痛みは軽視せず、検査を。

✳**学問**　一人で黙々と頑張るよりも仲間と勉強会を開いて教え合うと、やる気アップ＆弱点克服。試験は倍率が高く、競争が激しそう。油断せず励むこと。

✳**開運のヒント**　一致団結、グループ活動。公的な活動。

変爻

・・・✦ 宇宙が教える今後の展開 ✦・・・

初爻 外の世界に出てみる

今までの世界から一歩外に飛び出しましょう。我を張ったり、閉塞的にならず、心を開いて、広く人と関わると吉。入門や入学にも良いタイミング。共同事業もうまくいきます。

○○○○○●

二爻 身内ばかりとの交際は×

特定の人、目上の人とばかり親密に交際すると、周囲からねたまれて、人気を失いがち。排他的な態度や人の好き嫌いを露骨に出さず、広く公平に人と関わることを大切にしましょう。

○○○○●○

三爻 野心旺盛だがチャンスなし

他人が羨ましいが、付け入るスキがない。無理に人と競うことは考えず、和合の姿勢を保ちましょう。策略を立てたり、小細工しても実行するチャンスがないままで終わりそうです。

○○○●○○

四爻 悟って手を引けば吉

今、あなたがしている行為は間違っています。自分の欲望を理解して抑えることができれば正しい道へ立ち返れます。ダメなものには早めに見切りをつけ、やり方を変えれば利益あり。

○○●○○○

五爻 最後には解決の吉運

最初は妨害があり、うまくいきませんが、最後には仲間を得て解決し、安心できます。信念を持って努力し続ければ、難問も切り抜けることができるでしょう。

○●○○○○

上爻 孤高な状況をうまく活かす

社交運が衰退中ですが、かえって自分の好きなようにできるとき。都会よりも地方に住んだり、人のいない田舎で仕事をするほうが満足いく結果になりそうう。リタイアも吉です。

●○○○○○

14

火天大有

離(火)×乾(天)

キーワード

輝く太陽

易経の言葉

大有は元いに亨る

宇宙からのメッセージ

- 絶頂期。やるなら今です！
- パワーがあるうちにどんどん進めてあなたの才能、魅力を大いに発揮しましょう
- 価値ある物を買って持ち続けると将来大きな財産になりそう

卦の意味

輝く太陽のように運気最高調！

「火」は太陽。天空高く、太陽がさんさんと輝く姿を表す卦です。

太陽が万物を照らしているため、明るく見通しが良く、これまでの行いや努力が正しく評価されます。何かと注目を集めたり、地位や名声を得ることもあるでしょう。

一方で太陽の明るさによって、すべてが白日の下に晒されます。正しいことと同様、嘘や不正も明るみに出ることになるので、陰でこそこそ裏工作すると自分の首を絞めることになります。

お天道さまに恥じない行動を取ることで、希望は通達するでしょう。

強運ですが、時間が経てば、太陽はやがて沈みます。運の勢いも徐々に衰えてくるので今という好機を存分に活かすことが大切です。

日が昇っているうちにガンガン行動する

この卦を得たときは、順調に物事が進んでいるときです。やること成すことうまくいき、希望も通るという恵まれた状況の中にいます。ただし、それがいつまでも続くわけではありません。

時間とともに運気に陰りがさしてくるため、チャンスを得たら、怖れず、思い切って行動しましょう。そして、得られるものはしっかりと手に入れることです。

現在の好調さを維持するための努力も欠かせません。「大有」の強運は、火の明智と知恵と洞察力、天の積極性と行動力によりもたらされるからです。

あなたの能力や魅力を活かすべく、積極的に行動しましょう。

この卦を活かして最善の未来を創る方法

絶好調でも周囲への配慮を忘れずに

吉運を活かすには、周囲の状況や人の真意をしっかり見据えることも大切です。

この卦は、五つの力強い陽爻と、一つの陰爻でできており、その陰は、君子の位（五爻）にあります。これは力強さの中に謙虚さや穏やかさを秘めていることを意味します。

繁栄の中にいても、おごらず柔和な姿勢を保ち、公平無私の姿勢で人と協力すれば、幸運を保つことができるでしょう。

外見ばかり飾り立て中身がないとかえって苦しむことも。内部の充実を図りましょう。

「大有」は大いに所有するという意味です。高額な物や株など将来の資産になりそうなものを手に入れる好機。大切に持っておきましょう。

✳**恋愛・結婚**　情熱的な恋が盛り上がるとき。関係を進展させたい人は、スピーディに話を進めると吉。時間をかけてじっくり育てようとすると恋が冷めてしまうことも。この人でいいか占ったなら、結婚は決断のとき。この人でいいか占ったなら、最高の相手。相手は、あなたを素晴らしく魅力的な人だと思って好意を感じていそう。情熱を態度で表すとよい。

✳**仕事**　地位や名誉を得て、名をあげるチャンスが到来。新規開拓や未経験のことにチャレンジするのも吉。それによってスキルが磨かれたり、得意先や取引先を得ることができそう。積極的に業務に取り組めばよい成果をあげられ、大きな利益も見込める。

✳**金運**　収入が増えたり、豊かになれる絶好の機会。臨時収入も期待できそう。「大いに有する」の意味から、買い物にもたいへん良いとき。前から欲しかったものを買ったり、才能を磨くために自己投資をしたりすると、将来大きな実りで返ってくる。失せ物はすぐに見つかる。

✳**対人関係**　明るく、賢く、楽しく盛り上がれる人と付き合える。嘘偽りなく、誠実に関わり、協力し合えば、たいへん良い関係に。一方で、お互いに見栄を張っている部分もあるかも。それに気づいてしまうと、トラブルや決別につながることも。等身大の自分を飾らず見せて。

✳**願望**　叶う。自分自身や周りの人、運気を信頼して目的に向かい堂々と行動を。ただし、油断と慢心は禁物。努力の継続を。

✳**住居**　ずっと持ち続けたい最高の物件に出会える。ただし、資金計画は無理なく立てること。日当たりのよい家や人気のあるエリアが特に吉。

✳**健康**　健康運旺盛。だが、体調不良の人は、大いに所有する卦ゆえ、病気も持続しやすい。炎症や熱中症、やけど、高熱など、火や熱、心臓、眼に関わる病気には注意。

✳**学問**　能力を高め、才能を開くチャンス。有名な講師や良い指導者との出会いで成績向上。試験運も良好。これまでの頑張りが報われる。

✳**開運のヒント**　ショッピング、高級品、日当たりのよい場所。

変爻

・・・✦ 宇宙が教える今後の展開 ✦・・・

初爻 害あるものを避ける

好調運ですが、勢いに乗って余計なことをしがち。害あるものに関わらず、今あるものに感謝して進んでいけば、問題はありません。新規のことに手を出すには時期尚早。才能を磨き、内部の充実を。

二爻 大いなる才能を役立てる

優れた能力を持ち、目上の人や上司からの厚い信頼を得られるでしょう。持っている力をしかるべきことに使えば、難しいことでも素晴らしい成果と大きな利益を得られそうです。

三爻 自分の才能を世に捧げる

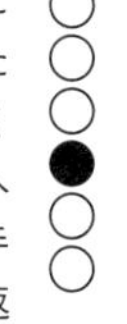

素晴らしい才能や豊かな金銭に恵まれ地位を得るが、自分のためだけに使おうとするとうまくいきません。与えることや人への協力を進んでしましょう。手みやげやプレゼントなども見返りは期待しないこと。

四爻 有力者でも謙虚に

優れた才能と知恵を持っていますが、それを前面に押し出すと、周囲の嫉妬や反感によって足元をすくわれがち。勢いがある運気なので目立たず謙虚かつ控えめにしていれば、問題ありません。

五爻 誠意をもって周囲と接して

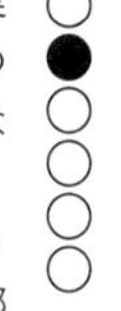

周囲の人や強運の後押しで、実力以上に評価されがち。地位のわりに金銭的なものに恵まれないことも。誠実に親交を深め、日々研鑽し、威厳を保ちましょう。力不足を感じたら有能な部下を起用すると吉。

上爻 天からの助けがある

あなたのしようとしていることは神の意志と一緒です。天から助けを受けとるような大きな幸福を得られるでしょう。思い上がらず、謙虚な姿勢で事に当たりましょう。利己的にならず周りからの信頼を大切に。

15

地山謙（ちざんけん）

キーワード

謙虚に慎み深く

易経の言葉

謙（けん）は亨（とお）る。君子（くんし）終（お）わり有（あ）り。吉（きち）

宇宙からのメッセージ

- 低姿勢でいることがうまくいくカギ
- 自分の力を誇示せず控えめにしていれば願いは叶います
- 欲を出すとうまくいきません 今あるものに目を向けて

卦の意味

有能な者は才を隠して吉

「謙」は謙遜、謙虚、へりくだること。

この卦は本来は高くそびえ立つ「山」が「地」の下にあります。

これは、実力のある尊いものがその力を誇示せずに謙虚でいることを示しています。

キーワードは、謙遜、謙虚、低姿勢、公平、欲を出さない。

内面の充実した知恵や才能を表面に出すことなく、低姿勢で謙虚な気持ちで過ごせばうまくいくという意味です。

この卦は、一陽五陰の卦で、一人の男性（陽）に五人の女性（陰）が群がり、特に人体で股に当たる三爻が陽となっています。

そのため、「男子裸身の象」と呼ばれ、一人の男性に複数の女性がいるなど、異性問題が起こりやすいときでもあります。

地味に謙虚に過ごすとき

この卦を得たら謙虚に地味に行動するときです。

たとえ、人の上に立つような実力者であったとしても、身を低くして粛々と過ごしているとよいでしょう。

自慢をしたり、ことさら自分をアピールするようなことは避け、縁の下のサポート役に徹し、感謝を忘れなければ自然に周りの人に認められ発展していきます。

公平であることも大切で、特定の人を引き立てる行為もトラブルのもとです。貪欲さや傲慢な態度も運気下降の原因となります。

ただし、謙虚さとは、卑屈になることではありません。自分にダメ出しをして、自虐的な態度をとるようなことは避けましょう。

この卦を活かして最善の未来を創る方法

何かを蓄えるには最適！

「山」は本物の力や財産、不動産を意味します。ひっそりとそういったものを蓄えるときでもあります。

金銭もスキルも、むやみに人にしゃべらずコツコツ蓄積に励めば、将来大きな富につながっていくでしょう。

内面に良いものを持っていても、地に覆い隠されていることから、人に認められづらく、もどかしい時期です。

焦らず、くさらず、淡々とやるべきことを続けて。

我欲を抑え、優れた実質を持ちながら、人の下にとどまりましょう。

豊かで富んでいても、おごらず、謙虚でいれば、やがてその実力を発揮し、永くその富を保つことができます。

✳**恋愛・結婚**　魅力や存在感を発揮しにくく、出会いや進展のチャンスが少ない。お互いに消極的でそのままで終わってしまうことも。男性は周りに女性が多くモテるが、それがトラブルのもとに。身近な人とは安易な気持ちで関係を持たないほうが無難。女性は仕事や勉強が忙しく、縁を遠ざけやすい。恋人とのすれ違いにも注意。結婚は相手と釣り合いが取れていなそう。相手が男性なら財産や地位を持っていない可能性も。迷いがあるなら進めないほうが吉。

✳**仕事**　実力や能力が表面化しにくい。人から認められず、自分よりも能力のない人に使われる立場になることも。しかし、次第に力を発揮できるようになるので、耐え忍び、スキルや実績を積むこと。人より抜きんでようとしたり、特定の部下だけを可愛がったりする態度は立場を悪くする。転職はすぐには難しい。機会をうかがい、準備して。

✳**金運**　へそくりや隠れたお宝に縁あり。ひっそりと財産を作り始めると将来大きく実る。失せ物は、ごちゃごちゃした物の下に埋もれていそう。

✳**対人関係**　謙虚かつ低姿勢で接することが、人とうまく付き合うカギ。マウントを取ろうとするより、むしろ相手に取らせるぐらいが吉。ただし、媚びへつらうのはNG。そのうち、力関係も変わってきそう。特定の人をひいきすると、人間関係を危うくするので気をつけて。

✳**願望**　謙虚な姿勢で事に当たれば、叶う。初めはうまくいかなくても、次第によくなり、チャンスを得る。

✳**住居**　移転や引っ越しは絶対ダメというわけではないが、取り立て良いこともなし。慎重に見極めを。

✳**健康**　表面は穏やかに見えても、内面に問題があることも。検診や検査を怠りなく。胃腸系、性病、泌尿器系、腰痛などの持病化にも注意。

✳**学問**　一つの科目を集中的に行うのではなく、バランスよく取り組むと吉。試験で実力を一〇〇％発揮するのは難しそう。

✳**開運のヒント**　蓄財、へそくり、控えめ、低姿勢、才能、財産など隠す、ひけらかさない。

変爻

・・・✦ 宇宙が教える今後の展開 ✦・・・

初爻 謙虚に進めば大事も成就

低姿勢で、サポート役に徹し、素直に教えを乞えば、大冒険に出ても乗り切れます。傲慢な気持ちで進むと先行き不透明に。無理せず、努力を重ねて未来に備えることが将来の成功につながります。

二爻 慎んで出世のチャンス

謙虚さで名声がとどろく。おごらない態度が先輩や上司の目に留まり、引き立てられます。出会った人や物が成長や発展の大きな後押しに。物心両面で恵みがあります。将来大きく実るものを手に入れる暗示も。

三爻 責任や苦労を背負いながら力を活かす

自分の力を周りの人のために役立てれば、苦難の中でも力を発揮し、結果が出せるでしょう。おごり高ぶることもないので人から慕われ、物事が着実に進みそうです。

四爻 謙虚さ発揮でうまくいく

実力のある人よりも上の立場になりやすいので謙虚さを発揮することでうまくいきます。慎み深くし、自分が前に出るより、目上の人の顔を立てると吉。攻めより守り、前進よりも現状維持に徹すること。

五爻 邪魔者には断固対処を

控えめになりすぎず、積極的に出るとき。富がなくても、徳があり周りの人に慕われます。それでも嫌う人がいれば時には断固とした態度も必要。特に従わない者には強硬に立ち向かってよし。

上爻 手が届く範囲で取り組んで

謙虚な態度が評価されますが、大きなことを成すほどの力はありません。身の回りのことをする程度なら、近しい人の力を借りて実行ＯＫ。目標達成はほどほどのところで満足すること。

16

雷地豫

震(雷)×坤(地)

キーワード

地上に春が来る

易経の言葉

予は侯を建て師を行るに利ろし

宇宙からのメッセージ

・これまで力を出し切れなかった人も積極的に行動すれば好機を摑めます

・チャンスに恵まれ喜びが多いときでも、浮かれすぎに注意

・何事もあらかじめ準備しておくとうまくいきます

卦の意味

春になって喜び、浮かれ、楽しむ

冬の間は潜んでいた雷が、春になって地上に奮い出る象です。

「豫」は予定、予想、予言、予測など、「あらかじめ」することを意味します。

長い冬が終わり、春になると、人も生物も植物も、動き出します。「春になったら、これをしよう」と冬の間に計画を立て、準備をしておけば、スムーズに活動でき、嬉しい結果にもつながります。

キーワードは、喜び、楽しみ、予め、準備して進める、余裕、油断大敵。

躍動感、解放感が得られるときですが、遊びや喜びにうつつをぬかして、怠け心が顔を出しやすく、気がゆるみやすい点には注意が必要。

せっかくの良い運気に水を差さないように、積極的に物事を行いながらも、調子に乗りすぎないことが大切です。

好機到来！ 計画を実行に移して

この卦を得たら、これまでの努力が報われる、才能が花開くなど、喜びを感じられることが起こる兆しがあります。

かねてからの計画を実行に移すタイミングでもあり、怠け心に打ち勝って、自分を奮い立たせて行動を起こせば、嬉しい結果につながるでしょう。

易経の「師を行るに利ろし」の「師」とは戦争のこと。この卦を得たら、勝負に出てもよいと伝えています。それくらい、今は勢いがあるときです。

ただし、戦う前にはあらかじめ、十分、策を練ること。

綿密に計画を立て、実行するのならば、十分に勝機があります。

この卦を活かして最善の未来を創る方法

喜び楽しみながら 素直に動くとうまくいく

「地」は従順さ、素直さを、「雷」＝震は動くことを意味します。つまり、素直に動く＝周りの人や流れに従って、無理をせずに動くからこそ、うまくいき、喜びや楽しい結果を得るのです。

無謀な賭けは避け、道理に沿って動くことが大切です。

そうやって成功を得ても、慢心したり、退屈さを感じて、奇をてらった行動をすると、調子が狂って、好運を逃すことも。

油断せず、気を引き締めるためにも、高い理想や希望を掲げて、努力を続けましょう。

また、ここでいう「喜び」は、その場限りの享楽的なものの場合も。快楽にうつつをぬかさず、遠い未来に目を向けて過ごすことが大切です。

✳恋愛・結婚　情熱的な恋が始まりやすいが、男性は周りに女性が多く、目移りしがち。享楽におぼれやすく、浮かれ楽しんだ結果、自分で自分の首を絞めるようなことをしやすいので、くれぐれも身を慎むこと。カップルは、ぜひ二人の将来について話をしてみて。それが楽しそうなものならば、結婚に向けて動き出せる可能性も十分あり。

✳仕事　計画を立てて実行に移したことがヒットしたり、戦略が当たりやすいとき。一方で、調子に乗ったり、慢心して大きく出たりして、今まで得た利益を減らしてしまうようなことも。無理はしないこと。今までしてきた仕事に飽きて、マンネリ感を覚えることも。怠け心で手を抜くと運気がダウンするので、新事業の検討や新規開拓などで、刺激とやる気をキープして。適職を占った場合は、デスクワークや内勤よりも、外回りの仕事やフットワーク良く動くことを求められるものが吉。

✳金運　予算を決めたり、事前に下見をしておくことで良い買い物ができそう。お酒の席や浮かれ騒いでいるときに大事なものを失くさないよう注意。

✳対人関係　レジャーや趣味で楽しく盛り上がれる間柄になれそう。調子に乗って、なれなれしくしすぎると関係悪化の懸念も。親しき中にも礼儀ありを心がけて。

✳願望　喜び楽しみながら、あらかじめ準備し、計画的に進めていくとよい。浮かれ過ぎず、筋道を立てて、道理に沿って行動すれば、実現のチャンス到来。やることをリストアップしておくと吉。

✳住居　移転は支障が多い。今、住んでいる場所にパワーあり。引っ越しするより、今の環境での充実を心がけると開ける。

✳健康　活動的に動けるので、体調は良し。胃腸や消化器系の急病に注意。暴飲暴食は避けて。気分の上下で精神的な疲れも。

✳学問　努力が形となって表れやすい。実行可能な計画を立てて、その通りに進めていくと順調に成績が伸びる。

✳開運のヒント　新製品、動く、活動する、レジャー、楽しむ、予定表、計画する、予測する。

変爻（へんこう）

・・・✦ 宇宙が教える今後の展開 ✦・・・

初爻（しょこう） 人の恩恵に寄りかかると凶

誰かの真似事や才能ある人の力によって悦びを得ている状態。それにうつつをぬかしていませんか？　地に足をつけて、ほかの人や何かを当てにせず真の実力を磨くための努力をしましょう。

○○○○○●

二爻（にこう） 石のように堅く我が道を貫いている

嬉しいことが起きても、浮かれることなく、自分の道を貫けています。周りが楽しみにおぼれているときでも冷静に物事を見ているのでチャンスをつかむ。我が道を行く姿勢が好結果に。

○○○○●○

三爻（さんこう） 身の丈わきまえずで危うい状態

欲に翻弄されて、人を羨み、自分の真の姿や実力を直視できなければ、後悔することになってしまいます。人を当てにせず楽しみにおぼれず、希望に向かって精進すること。

○○○●○○

四爻（よんこう） 同志と集い、大事を成し遂げる

順調に進み、喜び楽しむ結果につながりやすいとき。同じ目的の人と集まり協力すれば、大事の実現も可能。周囲の嫉妬に注意。疑いを持つのは凶。自分も疑われるようなことは避けて。

○○●○○○

五爻（ごこう） ふがいない自分に負けないで！

喜び楽しむ目下の者に圧倒されて、自分の非力を嘆きたくなるかも。自分の意見に固執せず、才能ある人の意見を取り入れましょう。酒におぼれて健康を害しやすいので注意。

○●○○○○

上爻（じょうこう） 楽しみに耽（ふけ）っては、運勢は暗たん

浮かれすぎが続くと仕事や健康面で大きなダメージ。心を入れ替え、節度を守れば、大きな失敗には至りません。生活態度や悪いところはすぐ改めること。何かと変更事項も出てきがち。

●○○○○○

17

沢雷随（たくらいずい）

兌(沢)×震(雷)

キーワード

人と時に従う

易経の言葉

随（ずい）は、元（おお）いに亨（とお）る貞（てい）に利（よ）ろし。咎（とが）なし

宇宙からのメッセージ

- 正しいものに従えばうまくいきます
- 自分の考えで動くよりも周囲についていったほうがスムーズ
- こだわり、欲は捨てると吉

卦の意味

誰かに従うことが喜びを招く

「随」は従う、随行すること。「雷」は動くこと、「沢」は喜び。「喜びに従って動く」という意味の卦です。

キーワードは、追随、随行、年上の男性が若い女性を追う、独断専行はNG、喜んで従う。

先頭に立って進むより、誰かに従って行動するのがよく、時流や状況に合わせることで幸運を得ることができる運気です。

ただし、単に周りの人の意見に迎合すればよいというわけではありません。自分の本来の道を守りながら、信頼できる人についていくのがベストです。

また、性急さは悔いを招きます。自分のやり方へのこだわりや、自己主張も避けたほうがよいときです。

周りに合わせることで開運を引き寄せる

この卦を得たときは、時流、周りの状況、信頼できる人に従うことが良い結果を招きます。

自我を抑え、事を急がなければ、問題もなく無事に過ごせます。

目先の利益や楽しみだけを見て判断したり、浅い考えで動くと悔いを招くので、周りの様子や、これからの世の中の流れをよく見極めることが大切です。

前に進もうと無理をせず、一息つくときでもあります。ゆっくりと力を蓄えるとよいでしょう。

移動や移転、転勤などの話も出やすいときで、素直に引き受けることが吉と出ます。

・・・✦・・・

この卦を活かして最善の未来を創る方法

・・・✦・・・

何についていくかはじっくり判断する

沢雷随の場合、付き従う人やモノは、正しく、善であることが重要です。

相手にむやみに従うのではなく、物事を明確に見て、正しく理解すること、その判断を焦らずにすることも大事です。

また、この卦が出たときは、家の中や人里離れたところにひきこもっているよりも、人の中や都会におもむき、時流に乗ったり、周りの人々についていきながら過ごすことが吉と出るときです。

計画を進めるにしても、方針や予定を決めすぎないこと。状況や流れ、周りの意見やオススメなどを聞きながら進めていったほうが良い結果につながります。

運勢

✳**恋愛・結婚**　二人の気持ちが通じ合うとき。男性が女性を追いかける象なので、女性は、「絶対この人と」「こういうタイプの人がいい」という決めつけはやめて、アプローチされたらとりあえずデートしてみると、意外と好相性ということも。結婚もうまくいく。親や周囲の意見には耳を傾け、受け入れるほうが運気アップにつながる。

✳**仕事**　順調に進められる開運期。時流に合った商品や宣伝方法にすると伸びやすい。勤め人は上司や会社の方針に素直に従うと吉。新規のことを始めたり、事業を拡大させるチャンスもある。就職や転職は、人にすすめられた会社がオススメ。報酬などの条件は、相手が提示したものに従うとうまくいきそう。

✳**金運**　人についていくことで利益を得られる。今、流行っているものや、この先の時流などを読むことが金運アップに直結。資産形成は信頼できる人に相談してアドバイス通りにしてみるのがよい。失せ物は、遊びや仕事中に失くした可能性があり、なかなか出てこなそう。

✳**対人関係**　グループや仲間内では先頭に立つより、楽しみや喜びを提供してくれる人についていったほうが盛り上がる。一対一の関係でも、自分から積極的に希望や要望を出すより、相手からの提案に乗ったほうが良い結果になりそう。

✳**願望**　そのときの時勢や状況に合ったやり方で叶えることを考えて。独力で進めるより、有力者に従うことで好機到来。

✳**住居**　引っ越しや移転は、そうせざるを得ない状況のときのみ進めると吉。引っ越し先は、人からすすめられたエリアや物件が有望。

✳**健康**　良好だが働きすぎや遊びすぎに注意。病気は治りにくい暗示。早めの処置を。呼吸器や消化不良、性病の可能性も。

✳**学問**　信頼できる先生や学力の高い人に従えばグングン成績も上昇。流されやすいときなので、目先の喜びにうつつをぬかさないように注意。試験は合格できる可能性が高い。

✳**開運のヒント**　トレンドに乗る、ブーム、流行り物。

17 沢雷随

変爻

宇宙が教える今後の展開

初爻　役割が変化する兆し

転勤や転職など、仕事や役割、方針の変化がありそう。正しい道を守っているので福を得られます。交友関係の広がりでいろいろな話が舞い込みチャンスも増加。新規の取引もうまくいきそう。

二爻　つまらない人に関わり大事なものを失うおそれ

目先の利益や楽しみ、身近な人に心を奪われて大事なことや大切な人を失う危険あり。あなたにとって本当に大切で価値あるものをしっかり見極めましょう。小利は捨て大利に目を向けて。

三爻　立派な人に従っていれば、求めるものが得られる

より高いレベルで先々物事を観て、立派な人や目上の人に従うと、望みが叶う。ただし、目の前の小さな楽しみや利益を諦めることに。あなた自身も変化します。

四爻　欲に従って動くと×

実力も周囲の支持もあり、望むものを得られる。しかし、勢いに乗ってやりすぎたり、調子に乗ると失敗を招きます。謙虚な姿勢で賢く正しい道を進みましょう。不正や誘惑には乗らないこと。

五爻　誠意をもって善に従う

周囲の人や部下から信頼を得て良い結果を得ます。善なることに従うなら、思い通りに事が運びそう。行動するときは信頼できる人と協力を。方針を決めるときは誠実で信用できる人の意見を採用すると吉。

上爻　従うのは苦しいが相応の報酬も

何かにしばられたり、自分の意見が言えず不満が溜まりそうですが、信頼できる相手に従っているのであれば問題なし。神仏や祖先を祀ると見えない加護を得ます。願い事に無心に取り組むと思いがけない喜びも。

18

山風蠱

艮（山）×巽（風）

キーワード

腐敗を取り除く

易経の言葉

蠱は元いに亨る。大川を渉るに利ろし。甲に先だつこと三日。甲に後るること三日

宇宙からのメッセージ

- 徹底的に内部の膿（問題）を出し切ることでピンチがチャンスに
- 三日前から準備し三日後に終わるようにスピーディに行動を
- 思い切った改革を断行すれば新しいものが生まれます

卦の意味

内部に腐敗があり、崩壊へと向かう

「蠱」の字は皿の上に三匹の虫が乗り、食い散らかしている姿。腐るという意味です。

風が山に遮られ、よどみや腐敗を生むと同時に、山の下に風が吹き、それによって土台が崩れてしまっている様子を表す卦です。

キーワードは、腐敗、崩壊、不正、内部改革、再生。この卦が出たときは、どんなに表面が良く見えても、内部は腐敗し、混乱を極めている状態です。問題を抱えており、争いごともあるでしょう。

問題を放置するとどんどん状況が悪化。自分のこれまでの行いを猛省し、気を引き締めて物事に取り組んで。

内部にある膿を出し切るための改革を徹底的に行い、新しい風を呼び込むことで、最後には立ち直れます。

内部が腐敗でボロボロ 徹底改革を！

この卦を得たら、表面的には良く見えても、内部に大きな問題を抱えています。

だから、最初にすべきは、冷静に過去を振り返りること、そして、内側にある悪いものや膿は何かを見つけ出し、徹底的に取り除くことです。

この卦は、崩壊と再生を意味しますので、今まであったものがダメになり、失われることもあります。でも、内部の腐敗を取り除いてこそ再生できるので、現状に執着せず、問題を撤去することにフォーカスしましょう。

何を手放せばよいかわからないという人は、内部はすっかり腐っていますので、必要最低限の骨組み以外はほとんど捨て去るぐらいの気持ちで取り組むとよいでしょう。

この卦を活かして最善の未来を創る方法

膿を迅速に出し切れば、チャンスに変わる

この卦は、腐敗や崩壊を意味しますが、チャンスも示します。

身内の者や関係者が集まることでの葛藤や騒動も起きやすいときですが、その一方で、腐った豆から納豆が出てくるように、新たなものが生まれ、動き出すようなこともあるのです。

問題と向き合い、徹底的な内部改革を行えば、運命は大きく好転します。

そのためには、迅速な行動が求められます。易経に「甲に先立つこと三日」とある通り、行動の三日前にはすべての準備を整え、「甲に後るること三日」とあるように三日以内にはすべてを終えるべきです。

✳**恋愛・結婚**　隠れた問題が波乱を呼ぶ。一見順調そうに見えるカップルも、どちらかに隠し事や悩みがあるかも。勇気を出して真実を見つめ、関係改善に乗り出して。三角関係など不毛な関係にも思い切ってメスを。結婚話も、借金や二股など、あなたが知らない事実が出てきたら、解消してから入籍を。相手の気持ちは表面的な態度とは異なり、何かしら不満を抱えているかも。よくよく話し合って。

✳**仕事**　仕事のやり方、職場環境、プロジェクトの進め方などに問題があり、今のままでは悪い方向へと進んでいく暗示。問題を突きとめ、自分の行動や在り方を徹底改革することで、停滞や崩壊を防いで。刷新の過程で、新発見や新発明など思いがけない副産物も。情報停滞の暗示もあるので、伝わるべき人に話が伝わっているかも見直して。小さなことでも早めに対応することで、スムーズに仕事に取り組めるはず。

✳**金運**　お金の使い方や生活態度を改めないとピンチ。欲を出さないことが運気アップのカギ。不要品の処分や引き出しの整理などで気を入れ替えるだけでもお金の流れが良くなる。生活を圧迫するような保険やローンの返済は面倒でも見直しを。失せ物は隠れた場所にある。

✳**対人関係**　腐れ縁。特に目上の人。災難やトラブル、相手の尻ぬぐいに奔走することに。言いにくいことでも言わないとさらに問題が大きくなりそう。

✳**願望**　内部にある膿を出し、徹底的に改革したのちに叶う。それなしには成就しない。

✳**住居**　内部の構造や土台など、見えない部分で問題の暗示。気になるところは早めに修繕を。転居や改築も隠れた問題に注意。通風が悪い物件は避けて。

✳**健康**　気になるところはしっかり調べて早期に治療を。決して甘く見ないこと。遺伝的な体質・病気にも十分警戒。

✳**学問**　目先の楽しみに心を奪われてやる気がダウン。目標を立て直し、勉強の妨げの除去を。入試は親の出身校に縁あり。

✳**開運のヒント**　部屋の片づけ、空気の入れ替え、虫干し、断捨離、浄化。

変爻(へんこう)

…✦ 宇宙が教える今後の展開 ✦…

初爻(しょこう) 問題は小さいうちに対処を

腐敗の始まり。問題が小さいうちに早めに解決しましょう。相続や人のあとを引き継いで誰かの過ちの後処理をすることも。放置せず、コツコツと取り組めば解決。子供や身内が頼りになります。

二爻(にこう) 穏便に後始末する

腐敗が少し進んだ状態です。何とかしようと強引な態度に出ると、周囲と対立しそう。正論であっても押し通すようなことは避けて柔軟な姿勢で穏便に対処しましょう。母親が絡む問題が起きがち。

三爻(さんこう) 腐敗がかなり進行中

混乱や腐敗を取り除くために強硬手段に出て、周りに批判されそうです。でも、少し後悔することはあっても断固とした姿勢で行えば、やがて問題は解決するでしょう。

四爻(よんこう) 改善の先のばしは凶

今ある問題を放置したままでいると、状況はますます悪化し、恥をかくことに。根本から改めましょう。自分一人で解決できないときは、助っ人を頼むなどスピーディに行動を。物事を甘く考えていると後悔することに。

五爻(ごこう) 問題一掃！ 称賛を得る

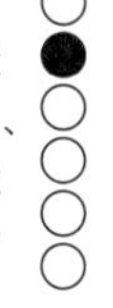

長年の懸案を一掃して、素晴らしい成果をあげられます。称賛や名誉を得るでしょう。ただし、独断専行は×。自分が高い地位についていても周りの人の力や知恵を借りることがうまくいくカギです。

上爻(じょうこう) 気高い孤立政策が吉

長年のトラブルが解決し、ホッと一息つけるでしょう。ほかの人の問題に巻き込まれないよう、周りには干渉しないこと。高潔な生き方をしましょう。向かない仕事ややりたくないことは無理にしなくてもよし。

19

地沢臨

坤(地)×兌(沢)

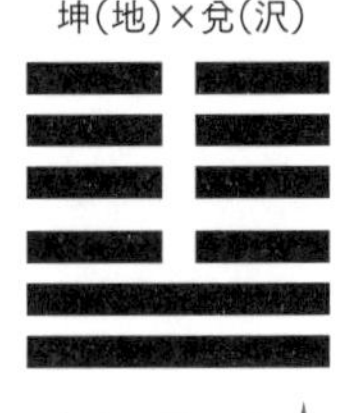

キーワード

臨機応変

易経の言葉

臨は、元いに亨る貞に利ろし。八月に至りて凶あらん

宇宙からのメッセージ

・積極性と臨機応変な対応が幸運を招きます
・発展後は急に停滞することもあるので油断せず努力を
・目上の人があなたの才能を認め伸ばしてくれそう

卦の意味

陽のパワーが勢いよく成長中

「臨」は臨機応変、臨むこと。低い場所にある沢を高い地上から見下ろして臨んでいる象です。

この卦が表すのは、対象のほうへ、威圧的に迫っていくという意味。陽が下から成長して勢いを増していくため、これから発展していくことや将来的に有望であることが暗示されています。

キーワードは、臨み見る、チャンス到来、希望に向かって進む、将来有望、喜んで従う、発展、光明などです。

希望に向かって積極的に進むのがよいときです。

正しい行いをしていれば、やることなすことうまくいき、利益もあります。ただし、陽の勢いが極まれば、上昇運が終わることから、八月、または八カ月後などは気をつけたほうがよいという意味もあります。

上昇のエネルギーに乗って積極的に進む

この卦は下の二つの陽爻が次第に増えていくため発展や進展を意味します。

この卦が出たときは、望むことが天意や時の流れに合っていて、しかも喜びあふれて行動しているため、間もなくチャンスが到来するような上昇気運の中にいます。

占ったことに対して積極的に進めるのがよく、新しいことをするのにも適した時期です。

積極的といっても、強気でガンガンいくのではなく、あくまでも態度は柔和で、素直に喜び楽しむ姿勢が吉です。

一方、焦りが出たり、ささいなことを不満に思うことも。積極性や勢いに乗って進むことは大切ですが不安から余計なことをしないようにしましょう。

この卦を活かして最善の未来を創る方法

衰運を見越して臨機応変に

この卦は陽が長じ始めたことを表しますが、それに相当するのは、旧暦の十二月、つまり今の一月です。

易経の「八月」は現在だと九月。この頃になると、凶になる。すなわち、今は盛運に向かっていても、いずれは衰運に変化するときが来ると伝えています。

ですから、物事はなるべく早く行ったほうがいいでしょう。慎重にじっくり準備をするよりも、先に進むことでチャンスを得ることができます。

いつまでも上昇運ではないので、そのときどきの流れを察知し、臨機応変に行動しましょう。

また、叶うのは分相応な願いです。大きすぎることをしようと無理をしないことです。

✳**恋愛・結婚**　チャンス到来！今まで縁遠かった人にも新たなご縁の予兆。出会いの場に参加するなど、積極的に行動を。ただし、焦らず徐々に進めることが大事で、突然の猛アタックや急進は避けるべき。カップルは和合し、絆を深められるが、三角関係には注意。誠実な人が勝利を得る。結婚にも最適。相手が優柔不断でも話を積極的に進めればまとまりそう。ただし、せっかちに結婚を決めると破綻の原因に。慌てず順を踏むこと。

✳**仕事**　運気上昇。これまでパッとしなかった事業が上向きになったり、新規に手がけたことがヒットしたりして、業績が向上しそう。トレンドや売上の動向などを見ながら柔軟に進めること。一般大衆や主婦層向けの売り物が吉。八月になると業績悪化や低迷の懸念があるので、備えておいて。会社の中では能力を買われて、昇進や昇給もありそう。就職や転職にも好機。積極的にチャレンジを。

✳**金運**　好調。増収や臨時収入のチャンスも。勢いに乗って使いすぎずに、欲しい物が見つかったときのために貯めておくとよい。失せ物は少女や年配の女性に聞くと見つかるかも。

✳**対人関係**　人と協力すればするほど運気がアップ。人に応じて柔軟に対応し、相手の長所を見て、良好な関係を築く努力を。批判は避けること。

✳**願望**　運気がどんどんよくなっているので、分相応な願いなら叶う。ただしあわてないこと。先を見通しながら、急がず、でも積極的に進めていくとよい。

✳**住居**　引っ越しや移転を占ったのなら、問題はなさそう。ただし、急な決定や焦って話を進めることは控えたほうがよい。移転先は、これから発展しそうな明るい街が吉。

✳**健康**　健康は増進。胃腸、消化不良、肺、歯の痛みや口の病気に注意。

✳**学問**　次第に学力や成績も向上するが、ある程度までいくと頭打ちに。やり方を変えてみて。受験生は夏が大事。十分対策を練って。試験は合格の見込みが高い。

✳**開運のヒント**　柔軟性、臨機応変。

変爻

•••✦ 宇宙が教える今後の展開 ✦•••

初爻 心を一つに、積極的に

心を一つにして感じるままに物事に臨んでいけば順調です。積極的に物事を進めましょう。あなたの才能や良い性質が地位ある人に認められ、大抜擢のチャンスも。人にも自分にも感動を与えて。

○○○○○●

二爻 大躍進の予感

運気は絶好調。才能や実力を認められて大成功したり、力ある人のサポートで利益獲得。何事も積極的かつ臨機応変に。周りの意見に振り回されず自分の思いに従って吉。ただし、順調だからといって油断は禁物です。

○○○○●○

三爻 甘い気持ちで行動しない

甘い気持ちで物事に取り組んだり、口先だけでごまかしていてはうまくいきません。甘い言葉や美味しい話にも注意。自分で自覚して、控えめにしていれば問題なし。恋愛、結婚は詐欺に注意。

○○○●○○

四爻 最善の態度で臨む

誠実さと真心あふれる態度が幸せを招きます。あなたを慕う信頼できる部下や有能な協力者に任せることで希望が叶います。独断では通達しにくいため、周りの人とコミュニケーションをとりましょう。

○○●○○○

五爻 知恵をもって臨むと吉

なんでも自分でしようとせず有力な部下や知恵のある者をうまく使うことで成功を得られます。小さなことの対処はどんどん任せて、自分は全体を見て動きましょう。物事をやりすぎないことも大切です。

○●○○○○

上爻 控えめに、サポートに回って

運気上昇もそろそろ終わり。できることはまだまだあると思えるかもしれませんが、積極策に出るよりも、控えめに過ごして。周りの人を手厚くサポートするとよいでしょう。

●○○○○○

風地観（ふうちかん）

巽(風)×坤(地)

キーワード

目と心で見る

易経の言葉

観（かん）は盥（てあら）いて薦（すす）めず。孚（まこと）ありて顒若（ぎょうじゃく）たり

宇宙からのメッセージ

- 目と心で物事を念入りに見ましょう
- 祭祀のように誠の心で務めを果たすことが幸運を招きます
- 学問や芸術や旅で心に滋養を与えましょう

卦の意味

心の目で観て天の時を待つ

「観」は、目と心でじっくりと観察すること。

風地観のときは祭祀に取りかかる際のように、誠をもって厳かに事を行えば、人からの信頼と尊敬を受けることができます。

キーワードは、観察、静観、あおぎ見る、熟考、信仰、学術、観光。

この卦が出たら、積極的に行動するより、立ち止まって、状況や物事を見極めるときです。あれこれといろいろなことに手を出しても、目に見える効果はあまり期待できません。

変動、迷いもあるときですが静観しながら時流の変化を待ちましょう。

学問や芸術や趣味に力を注ぐ、知識の幅を広げる、見聞を広めるといったことは大吉です。

20 風地観（ふうちかん）

しっかり観察して真実を見極める

この卦を得たときは、物事や状況をじっくり観ることが大切です。

先入観や思い込みにとらわれず、直感も働かせながら、しっかりと観るのです。

また、あなた自身が周りの人から、観られている場合もあるでしょう。

何事も誠意をもって、真心をこめて行えば、周りの人から、信頼や尊敬を得られます。

この卦は、「水に映った月」の意味で、観るだけで手には取れないことから、表面的には良く見えても、実際に得られるものはないという意味も。リスクのあることや、成果や報酬を得るために動く際は慎重になるべきで、基本的には現状維持を心がけたほうがよいでしょう。

この卦を活かして最善の未来を創る方法

学問、芸術、観光にはうってつけ

この卦は精神的なこと、心、学問、芸術について占った場合は吉ですが、物質的な事柄については希望は通りにくい面があります。

変爻を見ても、四爻以外は新規なことへの後押し気運は期待できない状況です。

大きな冒険をするようなことは避け、時を待つこと。それが吉運を呼び込みます。

おとなしく学問や習いごとに励めば、将来、才能が開いたり、見識を大いに活かしてチャンスをつかめたりもするでしょう。

旅行をするのにもたいへんよいときです。良い仲間や協力者を得られるときでもあるので、決めつけや先入観は持たず、オープンマインドで接しましょう。

✳**恋愛・結婚**　お互いに相手の動向をうかがっている気配があり、積極的に行動しにくい。そのままでいると進まず、自然消滅になることも。別れや結婚を迷っている人は、いずれの場合も結論は急がず、現状維持で様子見を。結婚はまとまる縁だが、今すぐには進展しにくい。交際が停滞しないように誠実に努力すれば、いずれ実る兆しあり。

✳**仕事**　順調そうに見えて実際は厳しいとき。事業拡大や新規開業は避け、現状をキープ。上層部に比べて、部下の勤労意欲が薄くなりがちなので、やる気を持たせる工夫をするとよい。観光業や航空関係、運輸など旅に関係する業種や、テレビや映画など人に観られる職種が幸運を呼ぶ。就職・転職は四爻であれば期待できるが、それ以外は難しそう。実際に働き出すと、相性がよくないと感じることも。

✳**金運**　不安定。投資や大きな買い物は控えたほうがよさそう。儲け話は、一見よさそうに見えても中身がなく、実利は得られにくいので、基本的にはスルーで。先せ物は、高いところを探すと出てくる可能性がある。

✳**対人関係**　親友や協力者などを得やすいが、お互いに相手のことを探り合いになりがち。親しくなるのには時間が必要。誠実で品位ある振る舞いで好印象を抱かれる。先入観で相手を決めつけないことが大切。注目を集める憧れの人物とご縁ができる場合も。近寄りがたくても、趣味や精神的な興味が一致すれば、良好な関係が築けそう。

✳**願望**　学問や芸術、趣味などの精神的な望みは叶う。尊敬される行動を続けること。

✳**住居**　物件はじっくり内覧すること。住むと問題が出やすいので、見た目に惑わされないように。引っ越しは四爻以外は見送るのが無難。

✳**健康**　足腰、めまい、のぼせに注意。疲れも溜まりやすい。親から受け継いだ体質や遺伝的な病気にも注意。

✳**学問**　本腰を入れて取り組めば向上。部屋にこもるよりも、図書館や自習室など、人に見られる場所のほうが集中できそう。

✳**開運のヒント**　旅行、観光、観察、教育、芸術。

変爻

宇宙が教える今後の展開

初爻 子供っぽい考え方は×

幼稚なモノの見方で目先にとらわれてしまっています。先々まで見通して判断をするよう心がけて。知識の幅を広げ、他者の意見もよく聞くことが大切です。

二爻 大局的な視野を育むべき

あれこれ様子見ばかりで実行力不足の模様。観察力や洞察力が弱く、何事もネガティブに考えがちです。まずは広い視野で大局的に物事を捉えるよう心がけることです。

三爻 独力で進路を決断する

これまで自分のしてきたことを踏まえて未来のことを推測しながら、進路を決断するときに来ています。独力で判断・実行することが大事。人の真似はNGです。

四爻 広い視野を役立てる

見識の広さや能力を人のために活かして大いに成功するとき。大企業や国家のために働いて飛躍することも。元の爻辞は「国の光を観る。用いて王の賓たるに利ろし」。「観光」という言葉はここから来たものです。

五爻 リーダーにとってふさわしい行動を

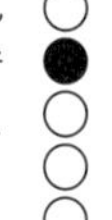

責任ある立場で周囲から仰ぎ見られているときです。自分の行いが周りに与える影響を観察して、周りから信頼を得られるような行動をすれば問題ありません。

上爻 学芸の腕を磨くと吉

周りの人に注目されたり、頼られたりして、気が休まらない。自分勝手な言動は慎み、注意深く行動を。学問や技術の向上に精進すると尊敬されます。神仏を祀ったり拝んだりするのは吉。

21

火雷噬嗑

離（火）×震（雷）

キーワード

障害物を噛み砕く

易経の言葉

噬嗑は亨る。獄を用うるに利ろし

宇宙からのメッセージ

- 困難や障害と向き合うことで運が開かれます
- ストイックになんとしてでもやると覚悟を決めて
- 障害を打破するために知恵を使いすばやく実行しましょう

卦の意味

口の中に何か邪魔な物がある

「噬嗑」は噛み砕くこと。「火」を上あご、「雷」を下あごに見立て、大きく開けた口の中に物（一陽爻（⚊））が挟まっている姿を表す卦です。

この挟まっている物は、障害や邪魔者を表し、苦労はありますが、噛み砕いて取り去ることができます。

キーワードは、口の中にある物、口論、闘争、短気、中間に障害、商業、取引、刑罰。

「火雷噬嗑の時は通じる。障害となるものは牢に入れてでも除去することだ」と易経にあるように、初めは障害があり、思うようにいきません。

しかし、邪魔や障害を見極め、それを断固とした姿勢で取り除く努力をすることで、困難を乗り越え、安泰を得ることができます。

障害物を見つけて取り除く

この卦を得たら、初めは邪魔や障害があり、思うようにいかないものの、断固とした手段で取り除けば、願いが叶います。

まずは、占った事柄についての障害や邪魔とは、いったい何を意味するのか考えましょう。

それは、反対する人かもしれませんし、協力者がいないことや、自分の実力不足や苦手分野のことかもしれません。

そのまま放置していては物事が通じないので自分の力でなんとかして、取り除くことです。

「獄を用うるに利ろし」とは、刑罰を与えること。厳格な姿勢で対処することです。優柔不断な態度や、「なんとかなるだろう」という甘い気持ちでは、希望は叶いません。

・・・✦・・・

この卦を活かして最善の未来を創る方法

・・・✦・・・

策を決めたらスピーディに動く

「火」は知恵、「雷」は行動です。知恵を使って対策を立て、それをスピーディに実行に移す。それが状況打開のカギとなります。

また、人との間で食い違いが起きやすく、それによってもめ事やトラブルが起きやすくなるため、文章に残したり、曖昧なところがないようハッキリさせておくこと。

話し合っても解決しないときは訴訟を用いるのも手です。ただしその場合には、断固とした姿勢で行うこと。

表面だけを見て物事を判断したり、カッとしたり、気分が落ち込んで投げ出したり、諦めたり、あさはかな考えで行動しないよう注意が必要です。

困難や障害を避けるより、真正面から向き合うことで、運気が開かれていきます。

✳**恋愛・結婚**　お互いの気持ちをうまく伝え合えていないか、障害となっているものがありそうな予感。間に入っている人が親しくなれない原因の可能性も。思いを行動に移すことが大切。意見の食い違いによる口論にも注意。短気を起こさず、誤解は丁寧に取り除くこと。結婚は、お互いの立場や考え方に差があり、それが障害や不和の原因になりそう。対処しないまま進めると、のちのちの支障となる。

✳**仕事**　障害があるとき。それを取り除くことで上向く。会社内なら中間管理職や間に入っている人に問題がありそう。よくよく調査して問題を明るみに出して取り除くこと。何事も正攻法がよく、裏から手を回したり、陰で取引するようなことは凶。

✳**金運**　一時期、苦しい思いをしたり、不安になることがありそうだが、切り抜けられる。不要品の売却や、価値ある物の購入には良いとき。欲しい物は断固として手に入れるのが吉。失せ物はすぐに見つかる。物と物の間に挟まっていることが多い。

✳**対人関係**　一対一の関係では、相手との間につまらない行き違いや誤解あり。取り除き、解決すればうまくいく。集団内での人間関係がうまくいかない場合は、グループの中の問題をあなたのアイデアと知恵と行動力で解決するとグッと改善。

✳**願望**　最初は障害があって叶いづらい。だが、努力して克服すれば、その後、達成。

✳**住居**　今の住まいに何かしら問題や不満がありそうだが、解消できる。引っ越しや移転は、近所付き合いに不安がある場合は見合わせたほうがよい。

✳**健康**　良好。気力も体力も十分。病気については、口内の腫れや、歯の病気、暴飲暴食によりトラブル、食中毒に注意。不調は原因をハッキリさせて、早めに対処すれば回復の見込み。

✳**学問**　ゲームのやりすぎ、苦手科目など、勉強の障害になっていることを調べて対策を練ること。試験は簡単ではないが、努力すれば四爻、五爻なら見込みあり。

✳**開運のヒント**　正攻法、積極策、日中行動、思ったことは口に出す。

変爻（へんこう）

•••✦ 宇宙が教える今後の展開 ✦•••

初爻（しょこう） やり方を見直して

間違えたやり方で進もうとしています。多少の不利益があっても初期の段階で見直せば大きな痛手はありません。これまでの失敗を戒めにして方針を修正して行動しましょう。

○○○○○●

二爻（にこう） 手強い相手には断固立ち向かう

相手は思っている以上に手強いので、中途半端ではうまくいきません。甘い気持ちではなく、思い切って行動しましょう。多少の犠牲や損失は気にしないことです。

○○○○●○

三爻（さんこう） 激しい妨害の予感

予期せぬ妨害や激しい抵抗にあうときです。正しい判断に基づいて行動しなければ、思わぬ失敗があります。骨が折れる割には得るものも少ないでしょう。

○○○●○○

四爻（よんこう） 難問を解決すれば大成果

才能もあり、良い立場にありますが、目の前の難問を乗り越えるのに苦労しそうです。しかし、邪魔者を見極めて、対処すれば成果大。恋愛は成就の期待大でしょう。

○○●○○○

五爻（ごこう） 困難の中にアイデアの種

困難や障害がありますが、根気よく取り組むうちにアイデアが浮かんだり、周りから救いの手が差し伸べられます。多少の危険があってもやり抜くことで利益があるでしょう。

○●○○○○

上爻（じょうこう） 周りの意見に耳を傾ける

周りの人の意見をよく聞き、慎重な行動をすべきときです。静観も必要でしょう。恋愛は見込みなし。早めに諦めたほうがよさそうです。首から上のケガに注意しましょう。

●○○○○○

22

山火賁（さんかひ）

艮(山)×離(火)

䷕

キーワード

美しい夕映え

易経の言葉

賁は亨る。小しく往く攸あるに利ろし

宇宙からのメッセージ

- 美しいものを身につけ見映えや体裁を整えましょう
- 虚飾はいずれ見破られます真の実力磨きを
- 小事をおろそかにせず細かいところまで配慮すること

卦の意味

内も外も自分を磨くとき

「賁」は飾ること。山火賁は、山に沈む太陽、美しい夕映えを表す卦です。日没前でもあり、先行き不透明で運気は下り坂。

また、夕焼けの美しさは表面的、一時的なもの。つまり、中身のない、非永続的なものも意味します。

キーワードは、見映え、見栄、美、装飾、華美、芸術、芸能、宣伝、広告。芸術、芸能関係も吉ですが、見栄や虚飾に注意。

小事であれば、実行OKですが、無理に進むより、内と外の両面で自分を磨き、価値を上げることにフォーカスするほうが吉と出ます。

また、「小さなことを怠ると大事に至る」という意味もあり、動くに当たっては、細かいところまでルール化したり、取り決めたりすることが大切です。

運気下降中だが見た目を整えるとラッキー

この卦を得たら、運気は下り坂で、今までの楽しさや華やかさに陰りが出てくる暗示。

先々の見通しもハッキリしないため、大きな決断や思い切った行動には不向きです。

夕映えのように人の心を和ませたり、「わ、きれい！」と思わず、見とれてしまうように美しく着飾ったり、見映えを良くして気分を上げるのは吉。

見た目を整えることで人に与える印象を良くしたり、同じものでも価値を高く感じさせることができるときです。

魅力を高めるため、例えば、美容やファッションに力を入れる、運営するＨＰなどの見た目を整えるなどしてみましょう。

・・・✦・・・

この卦を活かして最善の未来を創る方法

・・・✦・・・

偽物ではない誠の美を身につけること

美的センスを磨くため、美しいものを見たり、触れたりするのも大吉。

美術館や芸術イベント、ハイセンスな装飾空間に出かけると思わぬ幸運も。

また、見た目を整えることは、うわべだけをごまかす虚飾や、ゴミを価値あるように見せる詐欺やインチキとは違います。

表面だけ飾って中身は空っぽという状況にならないよう、内面の充実も心がけることはいうまでもありません。

この卦を得たときは、表面的なことにとらわれている場合もあります。

外見に騙されたり、惑わされていないか、よくよく確認しましょう。

✳恋愛・結婚　相手のうわべの優しさや外見に騙されて、真の姿が見えていないかも。周りの人の印象や意見にも耳を傾けて。シングルの人は、ファッション、メイクなど美に磨きをかけるとチャンスを引き寄せられる。結婚は、相手の肩書や表面的な態度だけで選ぶと後悔しそう。考え方や価値観などしっかり確認してから話を進めること。

✳仕事　大きな成果や成功を求めず、乱れの調整から改善を。オフィスの整理整頓や不用物の処分でスッキリさせることも大事。中身が良いのに人気がない商品は、パッケージの変更など、できることから改善して。広告や宣伝も積極的に行って吉。逆に見た目だけの商品は早急に改革を。仕事もハッタリはいつまでも通用しない。中身に磨きをかけて。転職は企業名や外見の印象に騙されがち。条件、仕事内容など、しっかり確認を。

✳金運　美しい物、自分磨き、ファッションにはお金を使う価値があるとき。投資話や儲け話は、一時的にはうまくいっても、長くは続かなそう。良い話だけでなく、リスク、デメリットなどもしっかり聞いて実体把握を。インチキや詐欺にかからないように。失せ物は、引き出しの奥や見えないところを探して。

✳対人関係　相手は見栄っ張りなところがあるので、表面的な姿を真の姿だと見ないこと。文化や芸能、美容などの活動を通して人と親しくするのは吉。

✳願望　美容、芸術、学問、文化関係は有望。表面的な憧れではなく、より具体性のある願いを。

✳住居　リフォームやインテリアの取り替えには良いとき。家の新築、引っ越し、物件探しは慎重に。表面的な飾りや好条件に惑わされないように現地に何度も足を運び、見えないところもしっかりとチェックを。

✳健康　運動不足や過食が不調を招く。体を定期的に動かし、消化の良いものを食べること。

✳学問　成績と実力が伴っていない可能性。学校選びは見栄や知名度でなく、カリキュラムなど実質で選んで。

✳開運のヒント　アートスペース、美術館、エステ、美容院。

変爻

・・・✦ 宇宙が教える今後の展開 ✦・・・

初爻 自分の才を活かす

しっかりとした土台を固めましょう。恰好をつけず、天与の才を活かして、自分に合った目標に向かうこと。華やかさや誘惑やワイロなどに心を奪われないように。名誉を求めるときではありません。

二爻 有力者に従うとよいとき

独力で進むには力が不足しています。才能のある目上の人につき従っていれば、小さな望みなら叶うでしょう。知識や能力を高め、人脈を作ることに注力しましょう。

三爻 華美に走らないこと

美しく見えるが飾りばかりが際立ち、中身がおろそかになっていませんか？　見栄を張らずに、本質を大切にして、地道な努力を続ければ好転します。

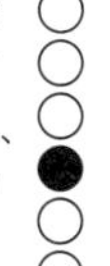

四爻 自らチャンスをつかむ！

一歩踏み出せばチャンスがつかめます。飾らない態度で信念を貫きましょう。素朴で飾り気のない人が力になってくれます。恋の相手としても◎。

五爻 質素が幸運を呼ぶ

質素倹約が吉となるとき。ケチと批判されても気にせず、内面の充実に力を注ぐと良い結果に。衣食住の中から見栄や飾りを排除し節約すること。人への贈り物も必要以上に見栄を張らずに。

上爻 飾らない自分で

自分を飾ったり、見栄を張ることに虚しさを覚え、自然のままの本来の姿に戻すとき。等身大の自分で事に当たり内面の充実を図りましょう。自然豊かなところでのんびりするのも吉。

山地剥

艮(山)×坤(地)

キーワード

崩れゆく山

易経の言葉

剥は、往く攸有るに利ろしからず

宇宙からのメッセージ

- 万事進むべからず
- 立ち止まれば難を逃れられます
- 基盤、土台、支えとなるモノが弱っているので補強しましょう
- 力や資産を奪われないために隠しましょう

卦の意味

進んで事を行ってはならない

「剥」は剥奪の剥で、ハギ取ること。

五つの陰爻の上に、かろうじて一つだけ残っている陽爻で成り立つ卦です。陰の邪な小人が集団でやってきて、力ある者を追い落とし、所持品を奪い取る姿を示します。

山肌がどんどん削られていく様子を表すことから、窮地に立たされ、崖っぷちに追い込まれることも暗示しています。キーワードは剥落、剥奪、崩落、追い剝ぎ、老衰、孤立。

しかし、どうしようもない大困難ではなく、補強や手当てをすることで乗り越えられる運気です。

秘密がバレる、家計が火の車になる、左遷やリストラにあうなど、困難があるかもしれませんが、しっかりと頭を働かせて、地道に状況を立て直せば、乗り切れます。

災い迫る、危ういとき

この卦を得たら、災いが迫り、邪悪な者にこれまで築いたものを奪われ、追い落とされる危険が大です。

あなたが今しようとしていることは、たいへん危険であり、前進してはいけません。

運気は衰退に向かい中。日暮れや冬の到来を止めることができないように、人の力で、停滞を完全に阻むことはできません。

人生には四季のようなサイクルがあり、冬があるからこそ、春が到来するのです。

ただ、自分の行動次第で、大難を小難に変えることは可能です。そのためには、とにかく自重し、余計なことをせず、トラブルに巻き込まれるようなおそれのあることに手を出さないことです。

積極的な動きは万事控えるよう心がけましょう。

・・・✦・・・

この卦を活かして最善の未来を創る方法

・・・✦・・・

出る杭は打たれるので姿を隠して

自分を追い落とそうとする人たちを批判するような言動を慎み、自分の力や金銭など持っているものもひた隠しにすること。

そうやって、人から目をつけられないようにすれば、痛めつけられることはありません。

また、陽の下に五陰ある姿は、土台や基礎、自分を支えてくれる部下などが弱い状態と見ます。ですので、そうしたことに関わる事柄を強化するのも一策。

部下を厚遇する、自分の資本となる体をケアする、物事の基礎を固めるなどするとよいでしょう。

弱点を強化すべく勉強や訓練を受けるのも吉。また、借金返済や節約計画を立て、家計の見直しをするのにもよいときです。

✳**恋愛・結婚**　今まで築いてきた信頼関係が崩れたり、次第に愛情が冷めていくとき。どちらかの秘密がバレてトラブルが起きたり、騙されていたり、財産目当てのこともあるかも。結婚は、相手が乗り気であっても進めていく過程で急に話がダメになる可能性も。無理に進めてまで一緒になるご縁ではなさそう。

✳**仕事**　地位が不安定化。これまで努力して築いてきたものが崩れる、手柄を横取りされる、リストラにあうといった試練に見舞われやすい。事業では、有能な部下が少なく、上だけが頑張って全体を養っている状態。社員が多すぎる場合も。下を育て、組織の強化を。勤め人は、昇進は望めず、部下に追い落とされるおそれも。出る杭は打たれるので静かにしていること。力不足なのに地位だけ上がった場合は、立場を落として働けば楽になる。

✳**金運**　奪われがちな運気。部下や人に奢って浪費するのは避けること。あなたの財産を目当てに近づいてくる人に要注意。増やすより、収入や出費の原因となっているものを断ち切り、お金を守るとき。失せ物は高いところに置き忘れの可能性。高いところを探せば出てきそう。

✳**対人関係**　周りの人に責められて立場を失うおそれ。持っているものや大事なものを奪い取ろうとする人には用心を。危険を感じたら即逃げて。

✳**願望**　運気も実力も弱く、望みだけが大きく通達の見込みが乏しい。実力を蓄えて忍耐して時を待ちましょう。

✳**住居**　引っ越しや移転の可否を占ったのなら絶対にやめるべき。物件は土台や基礎、土地の地盤に問題のおそれ。

✳**健康**　疲労が重なり、首から下が弱っている状態。ケガに注意。足腰が弱いので強化すること。ストレスから下痢や食欲不振などの症状が出がち。

✳**学問**　周りの誘惑に負けて勉強に集中できない。もう一度目標を確認して、基礎力を磨くべき。勉強の妨げとなるものは遠ざけて。

✳**開運のヒント**　内省、内観、基礎固め、土台を強化する、部下や目下の者によくする。

変爻

・・・✦ 宇宙が教える今後の展開 ✦・・・

初爻 邪悪なものが近づく

運気の衰退の始まり。邪悪なものが忍び寄り、土台から崩されるおそれ。目の前の小さなことをおろそかにせず、丁寧に修繕を。目下の人から足を引っ張られることもありそうです。

二爻 危険レベルがさらにアップ

裏切りや妨害の危険が身近に迫っているので、警戒を怠らないことです。余計なことからは手を引きましょう。人の助けは期待せず、自力で対処しましょう。

三爻 悪い仲間との関係を断つ

トラブルに巻き込まれたり、人間関係で孤立するようなことが起きがち。自分の信念に立ち返って、悪い仲間や物事とは手を切り、正しい道を進めば、問題なく過ごせるでしょう。

四爻 ここはもう危険

問題や悩みは早急に片づけて、悪いものからは逃げるべきときです。環境に問題があれば、転職するなどして、そこから離れ、再出発に備えたほうがよさそうです。

五爻 目上からの引き立てあり

目上の有力者から引き立てを得られそうです。自分一人だけだと周りから反感を買うので、皆で寵愛されるよう従順についていくべき。そうすれば危機を回避でき、利益もあるでしょう。

上爻 残されたものから再出発

トラブルに冷静に対処すれば尊敬を受けますが、小心にうろたえれば、すべてを失いゼロに戻ります。物事が崩壊したあとに残されたものを再出発の足がかりにするとよいでしょう。

24

地雷復

坤(地)×震(雷)

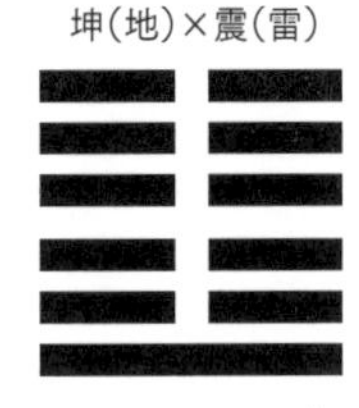

キーワード

一陽来復

易経の言葉

復は亨る。出入疾い无く。朋来たるに咎なし。反復の其の道、七日にして来復す。往く攸あるに利ろし

宇宙からのメッセージ

- 苦しい時期はもう終わり運気に明るい光が差し込みます
- 進んでは戻る急がず反復しながら一歩一歩前進
- 元いた場所や元の道に戻るとき諦められないことは再トライを

卦の意味

衰運の終わりと再スタート

「復」は復活、復興、物事が原点に返り、戻ること。この卦は、陰ばかりの中に、新しく陽が下から出てきた象です。

衰運から開運への転換期で、これまでの悩みや苦しい状況を終わらせ、前進するときです。

再出発や復活、諦めてしまったことへの再トライは吉。

ただし、まだ陽の気が表れ始めたばかりで、物事の達成には時間と手間がかかります。

進んだと思っても、また後戻りするようなことも起こるので、焦りは禁物。何事も反復しながら、一歩一歩着実に前進していくことです。

キーワードは、復元、戻る、回復、立ち返る、再出発、復活、再来、往復、反復。

再起のベストタイミング

この卦を得たら、長らく続いた衰運も終わりのしるし。陰が極まり、陽に転じる冬至のように、運勢に光が差し込んできます。これまで停滞が続いていた人も、やっとひと息つけそうです。

ただし、この卦は陰が五つで陽は一つだけ。良い兆しはありますが、進んではまた戻るようなことも起き、不安を抱きがちです。諦めずに進めば、喜びや成功を勝ち取れるときです。「地雷復」の文字が示すように、以前の状態に戻る、立ち返る、復活するといったことも起こりやすいときです。

職場復帰、復縁、復学、諦めていたことをもう一度やり直すなど、仕切り直しや再スタートが起こりやすく、自発的にそうするのにも最適なタイミングです。

・・・✦・・・

この卦を活かして最善の未来を創る方法

・・・✦・・・

振り出しに戻っても粘り強く再挑戦

一方、地雷復のときは、「戻る」の意味から、振り出しに戻ったり、何度か同じことを繰り返す羽目になったりもしやすいでしょう。

いずれにしても、今まで停滞したり、止まっていた状態が動き出したばかりなので、焦りは禁物です。

何事もゆっくりと慎重に進めること。

また、一度うまくいかなかったからといって、簡単に諦めず、粘り強く何度もチャレンジし続けることです。

易経の言葉に「七日にして来復す」とあるように、失ったものは七日待つと戻ってくるでしょう。

同じく、思うようにいかないことも七日忍耐すると利益がありそうです。

✳**恋愛・結婚**　一度は別れた相手や振られた相手と関係が戻りやすい。タイミングの問題でうまくいかなくても、諦めず何度かアプローチしていると振り向いてもらえる可能性あり。結婚も再縁や再婚はうまくいく。過去に結婚の話が出た人のことを再考してみて。逆に、初婚は「嫁いで戻る」の意味から要注意。釣り合いが取れていない相手と無理して一緒になるのは避けるべき。焦らないことが大切。

✳**仕事**　これまでの問題や悩みが解決し、元の安定した状態に戻っていきそう。以前の仕事に復職したり、いったん閉じていた事業が再興したりといったことが起こりやすい。過去の失敗を反省し、足りないスキルを補いながら進めていくと、大いに成果や利益を得られる。

✳**金運**　貸していた物やお金が戻りそう。収入が下がっていた人は元に戻る暗示。一攫千金や臨時収入は期待できない。貯金は目標を決めてコツコツと。失せ物は時間をかければ戻る。

✳**対人関係**　過去に親しかったけれど疎遠になっていた人との関係が復活したり、仲たがいしていた人との関係が戻ったりそう。新規の人との関係は、繰り返し顔を合わせるうちに親しさや信頼関係が増していく。

✳**願望**　成就の見込みはあるが、それなりの時間とプロセスを要する。焦らず、コツコツと努力を重ねること。

✳**住居**　前に住んでいた家や実家に戻るのは吉。新規の場所は引っ越してもまた元に戻ったり、契約が白紙になることも。物件は急がず慎重に繰り返し見ること。

✳**健康**　「元に戻る」の意味から、体調回復の期待大。ただし、きちんと治さないとぶり返しや再発のおそれもあるので、念入りにケアすること。足や胃腸、神経系のトラブルに注意。

✳**学問**　成績低迷やスランプ状態だった人は回復の兆し。成績も徐々に上昇する。良い結果を得てもサボると元に戻りやすいので、努力を怠らず、継続を。反復学習や復習が成績アップにつながる。

✳**開運のヒント**　復習、戻る、再開、やり直し。

変爻

•••✦ 宇宙が教える今後の展開 ✦•••

初爻 正しい道に戻れば大吉

運気回復の始まりです。復旧することに全力を尽くせば問題はありません。自分の間違いや欠点に気がついたら、すぐに修正するとさらによいでしょう。

二爻 勢いのある人についていく

運気好転のときです。再トライの好機ですが、自分一人だけでは力不足なので、有力者や勢いのある人や順調な人の意見に従いながら、慎重かつ積極的に行動すれば吉です。

三爻 進んでは戻る

意志が弱く、同じ失敗を何度も繰り返しがちで危ういとき。なかなか物事が進みませんが、その都度反省すれば大丈夫。計画性も大切にしましょう。

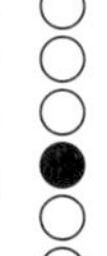

四爻 一人でも引き返す

自分本来の道に戻るとき。今まで関わっていた人と意見が合わなくなって離れることもありますがそれでOKです。賢人の指導に従って進むと正しい道へ戻れます。

五爻 篤実な心で進める

道徳心を持ち、真心をこめて、現状を打開するよう努力できるとき。無理は慎み、良いと思うことは即実行するとさらにツキを呼び込むことができます。

上爻 方向転換が必要

現在のやり方のままではうまくいかず、十年にわたるダメージを受けるようなトラブルになりかねません。早急に過ちを認め、改善に取り組むことが必要です。

天雷无妄（てんらいむもう）

乾（天）×震（雷）

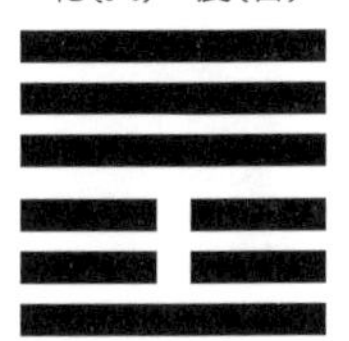

キーワード

あるがまま

易経の言葉

无妄（むもう）。元（おお）いに亨（とお）る。貞（てい）に利（よ）ろし。其（そ）の正（せい）に匪（あら）ざれば眚（わざわ）いあり。往（ゆ）く攸（ところ）あるに利（よ）ろしからず

宇宙からのメッセージ

- 成り行き任せが一番
  流れに任せましょう
- 物事が自然の道理で動くとき
  邪心なく歩めば、望外の利も
- 無心無欲で自然体が吉
  望みそのものを手放しましょう

卦の意味

無為自然がツキを呼ぶ

「无」は無、「妄」は偽りを表すので、「无妄」は偽りがない、すなわち誠ということ。吉凶もなく、善悪もありません。

欲望や作為のない真実、自然の作用を表すこの卦を得たら、自然の道理に従って動くときです。

「天」も「雷」も男性的で活動的なエネルギー。物事を進めるのに妨害や邪魔となるものはありません。

ただし、うまくいくには嘘偽りがなく、誠実に天意に沿うことが求められます。こざかしく姑息な手段を用いて不正を行うと天にそっぽを向かれます。

キーワードは、自然の道理に従う、正道を外れると災い、天災、人災。

自然の成り行きに任せ、受け身に徹することです。無心、無欲さがツキを招きます。

邪念を捨てて ピュアな気持ちで進め

この卦を得たときは作為的なことをしたり、何か手を打とうという考えは持たず、邪念や我欲を捨てて自然体で物事を進めることです。

天も雷も動くため、前進してよい卦ですが、天意に沿うことと、正しい道を進むことが絶対条件です。

もし、途中で障害が多く、前進できないときは、天意に沿っていない可能性も。よこしまな心がないか立ち止まって見直して。

ただ、波乱があっても、ピンチからアイデアが閃くこともあるので、即ダメではありません。

人間的な視野や目線で判断せずに、天に導きを得るような気持ちで進めるとよいでしょう。

この卦を活かして最善の未来を創る方法

等身大の自分にもたらされる富を受け取る

自分を良く見せようとしたり、背伸びや見栄などを張ってすることは、何事もうまくいかないでしょう。

等身大の自分で無理なく自然体でできることをするよう心がけて。自分にふさわしい恵みが来たら、感謝して受け取るような姿勢がよいのです。

問題や悩みを抱えているなら、自然に状況が改善するのを待つのがよいでしょう。

もし、明らかに道理をはずれていたり、悪い状況の中にいて、そこから抜け出すことを考えるのであれば、速やかに行動すること。

また、誰かが助けてくれたり、導いてくれるときではないので、人を頼る気持ちは持たないほうがよいでしょう。

✳**恋愛・結婚**　恋愛や結婚は縁があれば一緒になれるとき。積極的にアプローチするよりも、自然に距離が縮まるなど、成り行きに任せたほうがうまくいく。嘘をついたり、自分を偽って付き合った相手とはうまくいかない。相手に嘘や隠し事があった場合も同様。誠実な関係が良縁となる。結婚は、独断で進める、結婚するように仕向けるなどの策を練ると、婚後に争いやトラブルが起きやすい。

✳**仕事**　売り上げアップや利益獲得のために画策すると、かえってほかのことで問題やトラブルが生じる暗示。今まで順調にやってきたやり方を守り、改革は道理や周囲の状況に合っていないことを修正する程度が吉。適職は公共事業。転職は自然にそういう流れになれば進めてよいが、無理に辞職すると凶。

✳**金運**　利益を得よう、儲けようという考えは×。無理をせず、今ある収入やお金の中でやりくりしていくことを考えて。買い物も身分相応で必要なものは吉だが、身の丈に合わないものは見送るのが正解。失せ物は、すぐには見つからない。自然に出てくるのを待つこと。

✳**対人関係**　無理をして自分を偽ったり、相手に気に入られようとしたりせず、自然体で関わることが良い関係につながる。もし、それで気が合わないようなら無理に付き合わなくてもよさそう。

✳**願望**　望みを持つこと自体が无妄（あるがまま）の心にそぐわないので、すべてを天に預ける気持ちで過ごすこと。結果、期待以上の幸福を得る。

✳**住居**　災害に注意。ハザードマップの確認を。転居は凶だが本人の意志とは別にそうせざるを得ない場合なら可。

✳**健康**　無理をせず、自然体で過ごせば問題ない。頭痛、ノイローゼ、食欲不振の気配。上爻はしっかり治癒を。

✳**学問**　最善を尽くして結果を待つとき。自然の道理に合った結果を得るので、さぼればそれなりの、努力すればそれに見合ったものがもたらされる。

✳**開運のヒント**　あるがまま、成り行き任せ、ロープウェイ、天体観測。

変爻

…◆ 宇宙が教える今後の展開 ◆…

初爻 誠があれば前進して吉

ごく普通にやっていれば問題なし。流れに従って物事を進めればうまくいきます。ただし、少しでも自分の欲得のために動くとうまくいきません。実力以上のことには手を出さないこと。

二爻 成り行き任せで収穫あり

報酬や成果を得るために特段の策を講ぜずとも、道理に沿って行動すればうまくいき、望外の喜びや成功を得るときです。自分がやるべきことに徹しましょう。

三爻 想定外のトラブルに注意

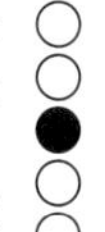

とんだ災難に巻き込まれるおそれ。濡れ衣を着せられたり、大切なものを盗まれたり、身近な人ともめたりすることもありそうです。前進は見合わせ、慎重に過ごしましょう。

四爻 貞正にしていれば咎めなし

積極的に事を起こさず、今まで通りを守るとき。周囲の状況や周りの人の意見に左右されずに現状維持で。周りの人が良く見えても羨ましがったり、触発されず、望みも持たないのが吉です。

五爻 自然に問題が解消

トラブルがあっても、放っておいて大丈夫そうです。作為的な対策は必要なし。周囲の流れに従い、力量に合うことを無理なくしていけば吉。病気は誤診に注意しましょう。

上爻 無理に進めば禍

分外の望みを持ってトラブルを起こす危険があります。計画も無理に進めると、問題発生のもと。立ち止まって、周りの意見に耳を傾けることです。高望みや慢心は凶。

山天大畜

艮(山)×乾(天)

キーワード

大いに蓄えるとき

易経の言葉

大畜は、貞に利ろし。家食せずして吉。
大川を渉るに利ろし

宇宙からのメッセージ

・富や知識を十分に蓄えれば
少々の荒波も乗り越えられます

・思うように行動できないときは
立ち止まって機会を待ちましょう

・家の中でコツコツ頑張るよりも
外の世界に出たほうが力がつきます

卦の意味

強大なパワーを蓄えるとき

「大畜」は大いに蓄えるの意味。

この卦は、「山」の下に「天」があり、これは、大きなものを内側に蓄えていることを表します。

同時に、進もうとする力強い天を山が止めている象でもあります。

つまり、壮大なものが、大きな力によって、止められ、蓄えられていくという意味になります。

キーワードは知識、財産、制止、停止、パワーなどを大いに蓄える。

来るべき時に大いなるパワーを発揮するため、必要な力を正しく蓄積すれば、将来大きく実ると伝える卦です。

知識や金銭、スキル、体力を蓄えながら、大きなチャンスを待ちましょう。

最初はうまくいかなかったり、困難があっても結果的には成功します。

世のために役立つことで力を蓄える

占ってこの卦を得たら、財産や知識などを積極的に蓄えるときです。

といっても、家の中でジッと勉強したり、お金を貯めたりといった意味ではなく、外に出て、その力を発揮しながら、蓄えること。

それが、易経の「家食せずして、吉なり」で、「家で畑を耕して食料を得るのではなく、朝廷に仕えることで吉を招く」という意味です。

自分の力を自分だけでなく世のため人のために差し出し、経験や知識、得た収入を蓄えていく。

それによって、一人で田畑を耕していたらめぐりあえないようなチャンスを得たり、人の目に留まって大抜擢されるようなことが起こるのです。

この卦を活かして最善の未来を創る方法

焦るとよくない 進行速度は落としめで

大きな冒険をしても、利益があるときです。ただし、無理をして前進したり、焦ると失敗を招きます。

この卦が出たときは、最初は、停滞が続くように感じることもあるでしょう。

あくまでも今は「蓄えるとき」なので、スピーディに事を成そうとしても、とんとん拍子にはいきにくいのです。

進めないときは、焦らず、知識や技術を蓄えることを熱心にするとよいでしょう。

止められているのは、少し休んで、エネルギーをチャージするためであり、のちのち大きなことを成すためです。

大きな志を抱いて、事に当たりましょう。

✳**恋愛・結婚**　片思いの人やシングルの人は、自分を磨くなど、パートナーができたときに向けて準備をするべきとき。たとえば、料理の腕に磨きをかけたり、恋人を家に招くことができるように部屋をキレイにしたりするとよい。早く恋人を作ろうと手近なところで間に合わせず、本当に心から惹かれる人が出てくるまで今は待つとき。結婚は障害があって停滞しがち。無理せず進めないこと。時間をかけてまとまるか、もっと良い縁が出てきそう。

✳**仕事**　スキルや資金などを大いに蓄えるとよいとき。新規よりも既存の事業を充実させ、安定を図ること。家で一人で仕事をしたり、フリーランスで一匹狼的に活動したりするよりも、公的機関や大企業などで力を発揮したほうが吉。実力も財産も蓄えられそうな予感。

✳**金運**　貯蓄に励むと吉。余裕資金があっても散財せず、ここぞというときに価値あるモノを買うために蓄えておくこと。将来大きな財産を築ける。失くしたものは見つかりにくそう。

✳**対人関係**　徐々に友好を深めていくことで関係を向上させることができそう。人を占った場合は、付き合うことで、お互いに知識や経験などを深めることができる好相性。信頼関係を築け、永く親しめる。

✳**願望**　すぐには叶いそうにないが、忍耐強く好機を待てば十分成就の可能性あり。知識、技術、金銭を蓄積すると吉。

✳**住居**　「大いに留まる」の意味があるため、引っ越しも新増築も今は時期でない。

✳**健康**　エネルギーが内側に満ちていて気力も体力も充実。一方、病がとどまっている場合も。検査はしっかり。頭痛、便秘、肥満、心臓病など注意。

✳**学問**　時間をかけてしっかりと力をつけていくべきとき。目標を設定して、到達するまで諦めず、コツコツと取り組むこと。家で一人で勉強するよりも、できる人の中で切磋琢磨するのがよい。試験は大いに努力すれば合格の見込み大。勉強を怠ると危うい。

✳**開運のヒント**　物、お金、知識、エネルギーなどを蓄える。

変爻

•••✦ 宇宙が教える今後の展開 ✦•••

初爻 危なっかしいところがある

進みたい気持ちが強いときだが、時期尚早で実力不足。無理すると危険が待ち受けていそう。事を起こそうとして制止させられることも。今は止まって、力を蓄えるときです。

二爻 まだもう少し現状維持を

うまくやれそうな気がしても、今しばし待って。自らを抑制しながら、もっと条件に合うものが見つかるまで現状を維持するのが吉。やりたいことはすぐにできなくても諦めずチャンスを待ちましょう。

三爻 困難に耐えて正道を守る

これまでの修養によって、実力もかなり蓄えられている状態ですが、まだ不十分。備えをしっかりして、能力向上に励んで前進すれば益あり。困難や苦労のあとに望みが叶う暗示です。

四爻 何事も未然に防ぐと吉

小さな不安や懸念は早めに取り除けば安心です。悪いものが蓄積されないよう気をつければ多少の不自由はあっても、物事が順調に進んでいき、思い通りになります。

五爻 問題は原因から除去

せっかく蓄えたものを軽々しく使わないこと。慎重に事を運べば好結果が出せます。勢いではなくじっくりと堅実な姿勢をキープしましょう。

上爻 大いに挑戦する好機

これまでじっくり蓄積してきたものを思う存分発揮するときが来ました。スケールの大きなことに思い切って挑戦しましょう。

27

山雷頤（さんらいい）

艮（山）×震（雷）

キーワード

口にするものに注意

易経の言葉

頤（い）は貞（ただ）しければ吉（きち）。頤（い）を観（み）て自（みずか）ら口実（こうじつ）を求（もと）む

宇宙からのメッセージ

- あなたが口にする食べ物や言葉があなたの人生を創っています
- 発言には気をつけましょう
- 人前では口をつぐみ、聞き役に体を養生し、学問や教養を身につけることで生活が安定します

卦の意味

正しいものを正しく口にしていますか？

この卦は、「山」が上あご、「雷」が下あごで、口を開けている形に似ているので、言語、飲食など、口や日々の生活に関係しています。

口は食物を取り込んで体を育てるため、「養う」という意味もあります。

普段あなたが養っているもの、口にしているもの、話していること、また暮らしぶりなどを顧みて、それが正しければ吉という卦です。

キーワードは、養う、言語、飲食、生活、論争、中身は空っぽ。言語や飲食を慎むようにという戒めも含みます。

不用意な言葉で失敗を招く、暴飲暴食や悪いものを食べてお腹を壊すといったことを避け、正しいものを食べて、正しく養うよう促しています。

食べることには困らない食運の卦でもあります。

言葉や飲食が福にも禍にもなる

この卦を得たときは、言語や飲食に関することや、日々の生活で何を養っているかがカギとなります。

占った事柄について、この先、口論が起きたり、余計な一言でトラブルを招くこともありますので、発言には十分注意が必要です。

この卦は、口を開けた姿ですが、内側が四つの陰のため「中身がない」ことも意味します。

話だけで実体のない計画、心にもないことをペラペラしゃべる、人の口車に乗る、言葉だけでその気になる、口約束をうのみにするなどには十分注意を。お互いに相手を疑っていて本音や真実を話さないこともあります。

・・・✦・・・

この卦を活かして最善の未来を創る方法

・・・✦・・・

生きる糧となるものを養う

「頤（あご）を観て自ら口実を求む」とは、自分自身の生活を養うこと。そのために、自分が何を修養すべきかを自身で求めていくことを意味します。

自分が生きていくためには、どのように体と心と能力を養えばよいか。体は食物、心は言葉、能力は勉学により創られます。

今まで、自分が何を食べてきたか、どのような言葉を人や自分にかけてきたか、どんなことを修養してきたか、それをよくよく振り返り、正しいものを選ぶようにしていくと、良い結果につながっていくでしょう。

養うという意味から、食べることには困らない運気ですが、暴飲暴食や悪食は避けるべきです。

✳恋愛・結婚　恋愛は、お互いに惹かれあい、障害もなく進展するが、余計な一言でムードを台無しにしたり、関係にヒビが入る危険が。一方的にしゃべりすぎず、相手の話をよく聞くこと。結婚は、気持ちは一致していそうだが、職業や経済状況など生活面で不安があるなら、きちんと意見交換を。生活スタイル、食の好みなどでも口論になりそう。よくよく話し合うべき。

✳仕事　食べていく分の仕事には恵まれるとき。よい話が舞い込んだり、仕事を打診されたりもしそうだが、話だけで終わる案件もありそう。内容、日程など、さらに突っ込んだ話を。職場や同僚との口論には注意。就職を占ったのなら、仕事を得られそう。適職は、飲食関係、人前で話をする仕事、保育関係。転職は、最初の条件は良くても実体は違うことも。曖昧な点はしっかり確認すること。

✳金運　生活に必要なお金は得られるとき。余裕資金は将来の仕事につなげたり、仕事で身を立てるための資格取得の勉強などに使うと吉。買い物はセールストークに乗せられて不必要なものまで買わないよう注意。失せ物は、上爻以外は見つからない可能性が高そう。

✳対人関係　失言によって、人間関係にヒビが入ったり、口論などが起きやすいとき。飲食の席で盛り上がっているときに人のことをあれこれ批判したりするのは絶対にやめておくこと。

✳願望　日頃から望みを叶えるための正しい修養ができているか否かがカギ。必要なスキルを養い、周りの人にもそれを伝えるとチャンスが訪れる。

✳住居　今の場所が不満で新居を求めても、また同じようなことになるかも。物件探しは業者の話をうのみにするのは危険。必ず自分で調べて、納得したものだけを選ぶこと。

✳健康　口や歯、消化器系が気になるとき。暴飲暴食は×。健康改善には食生活の見直しを。

✳学問　教材が自分に合ってるか要チェック。実力養成に重点的に取り組むこと。対話形式の学習方法が記憶に残りそう。

✳開運のヒント　腹八分目、ブレスケア、栄養のある食べ物。

変爻

・・・✦ 宇宙が教える今後の展開 ✦・・・

初爻 自分の良さに目を向けて

良い才能があるのに、それを認めず、ほかの人を羨んでばかりいがち。欲張りは失敗のもと。自分らしさを活かす努力をしましょう。新しいことへの手出しは凶。

○○○○○●

二爻 人の助けは期待薄

あれこれと迷い、周りの人に頼りたくなりますが、助けは得られにくいでしょう。人を当てにせず何事も自力ですること。自分が楽をして周りを頼ろうとする気持ちをまずは手放して。

○○○○●○

三爻 恩を軽視すると運気ダウン

人に養ってもらったり、何かと助けられているのに不満を持ちがち。欲張りは×。行動、言葉、方針を見直すときです。本業に満足せず、ほかのことに手を出すと大損したり、トラブルになるので慎んで。

○○○●○○

四爻 目下の力を借りると開運

目下で力や才能のある者の力を借りて任務を成し遂げるときです。得られる助けや力はどんどん活用しましょう。女性は自分より地位や立場の低い相手を選ぶとよいでしょう。

○○●○○○

五爻 力不足、適切な助けを得て

人を養っていかなくてはいけない立場にありますが力不足。それを自覚し、実力者の協力を仰ぐこと。リスクのあることは避けて。手間のかかることをせず楽なやり方をしましょう。

○●○○○○

上爻 皆を養う、危ういが吉

運気上昇。大事も成せます。人から頼られたり、重要な役目を任されたりすることも。責任やプレッシャー、危険などしっかり認識した上で慎重に進めば吉。

●○○○○○

28

沢風大過

兌(沢)×巽(風)

キーワード

重荷を背負いすぎ

易経の言葉

大過は棟撓む。往く攸あるに利ろし。亨る

宇宙からのメッセージ

- やりすぎや極端なことをしていないか振り返りましょう
- 欲が苦しみを生みます
- 必要以上のものを求めていませんか？
- 基礎や土台をしっかりと固めること揺らがない軸を作って

卦の意味

嵐の気配！ 大事なものが倒れないように対策を

「大過」とは「大いに過ぎる」こと。キーワードは、やりすぎ、過剰、重荷、お互いに背く。

何かをやりすぎていたり、実力以上のことに手を出して、耐えきれないような重荷を背負って、失敗や挫折を招くような状態にあることを示します。

易経の「棟撓む」とは、屋根を支える木材が、重さに耐えかね、たわんでいる様子です。今の状態のままで進めば、家がつぶれる危険があるので、早急に何らかの手を打たねばなりません。

家屋倒壊の可能性もあるのですから、内に閉じこもって嵐が過ぎるのをジッと待つよりも、外に出て、具体的に行動することが大事なのです。

大変な状況のときに出やすい卦ですが、ピンチを乗り切った後には大きな幸運に恵まれます。

過剰な負担を調整する

この卦が出たら、非常に重圧がかかることを覚悟せねばなりません。

質問者が今していることやこれからしようとしていることは、当人の力量を超えています。例えば、量が多すぎる仕事、今の才能や力量では簡単には対応できない案件、恋愛なら手に負えない相手などです。

その他のことでも、プレッシャーに押しつぶされて、ストレスを抱えやすいでしょう。

過ぎる状態が誤りや行き違いを生むので、必要以上の負担やアンバランスさは見直し弱いところはしっかりと補強を。そうすれば不安もなくなり本来の力も発揮しやすくなります。また、指南役が多すぎて物事が進まず、見当違いなところへ向かいやすい点にも注意が必要です。

この卦を活かして最善の未来を創る方法

手放しと土台固めが大事

この卦は、「往く攸あるに利ろし。亨る」ですから、今やろうとすることは、かなり荷が重いですが、進めてはいけないわけではありません。

苦難を覚悟して進み、負荷を整えれば、願いも叶い、利益もあります。

何事も過ぎることが苦しさや重圧を招くため、欲を手放し、必要以上のものを求めず、しなくてもいいことはやめましょう。

また、物事を進める上での土台をしっかり固めることも大切です。

重圧に耐えながら進むということは信念や意志の強さも必要ですから、なぜ、それをするのかという目的を明確に。

そうすれば、困難を乗り越えたあとには台風一過のように晴々とした未来が開けます。

✳**恋愛・結婚**　争いごとやもめ事の予兆。お互いの方向性や理想が違うか、どちらかが相手にプレッシャーを与えていそう。解消しないと大きな問題に。片思いの人は相手の言動に振り回されて疲れ切ってしまうことも。結婚は価値観の違いや育った環境のギャップなどが壁となりまとまりにくく、無理に結婚しても不和となるおそれあり。相手の気持ちを占った場合は、あなたの愛情や存在を負担に思っているかも。期待のかけすぎや望みすぎがないか、再確認を。

✳**仕事**　重圧が多い。骨が折れる仕事を受注するなど、自分の選択が、不安定で今にもつぶれそうな状況を創り出しているかも。無理をしてもうまくいかないので、器以上の新規事業や事業拡張は凶。負担が大きくなり、失敗や挫折につながる。仕事をする動機をもう一度自分自身に問い正し、具体的な目標や目的、確固とした方針を持つことがうまくいくカギ。転職は未経験の仕事に就くともっと大変に。今の仕事がきつすぎるのなら、余裕をもってできる職種に変えるとよい。

✳**金運**　身の丈に合わない買い物や投資やギャンブルで苦しくなりがち。相場は急騰も急落のおそれあり。失せ物は、盗まれた可能性が。出にくい。

✳**対人関係**　お互いが背を向けあうような卦の姿から、人間関係はうまくいかないとき。他人へのおせっかいもNG。

✳**願望**　器以上のことは叶わないが、高きを目指して努力することで現実的な目標には到達。

✳**住居**　住居の新増築、移転は凶。どうしてものときは、基礎、土台をしっかり。身の丈以上の贅沢な住まいは負担になる。

✳**健康**　働きすぎや食べすぎなど、「過ぎる」ことが病気の原因に。要生活改善。

✳**学問**　勉強の量が多すぎると、精神的ストレスが溜まり、効率悪化。しなくていいことを洗い出し、基礎固めに注力を。志望校は実力以上のところでも頑張れるが、背伸びしすぎると入ってから苦労することも。バランスを意識して。

✳**開運のヒント**　弱点補強、土台を固める、リラックスする。

変爻

・・・✦ 宇宙が教える今後の展開 ✦・・・

初爻 丁寧に対応すれば除難

自己主張は抑え、慎み深く。控えめに、物事を丁寧に行っていれば、失敗するようなことはありません。細心の注意を払って進めることで利益や成果を得られそう。

○○○○○●

二爻 希望の展望！

諦めていたことに希望の兆し。あとひと踏ん張りです。年齢差のある恋人や新しい伴侶のサポートで状況が良くなることも。仕事は副業がうまくいきそうです。

○○○○●○

三爻 プレッシャー超過

実力以上のことを望み苦しい状況に。周りの助けもない状態で、これ以上進むのは危険です。今すぐストップして、手を引きましょう。自信過剰と無理は失敗のもと。我欲を捨て周りの意見に耳を傾けて。

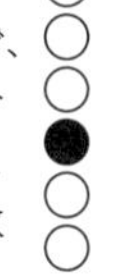

四爻 やるべきことに集中する

重圧がありますが、自分を信じ、やるべきことに集中すれば良い結果に。しかし、人を当てにしたり、決断せずふらふらしていると凶。目先の利益を追ったり、甘い話や誘いに乗るようなことはやめましょう。

○○●○○○

五爻 運気低迷で実利なし

諦めていたことや衰退していたことが息を吹き返すことがありそうですが、長続きはしなそうです。実利や誉を残すことは難しいという結果になる可能性大。

上爻 自分の力を過信している

自分の実力を過信し、無理難題に挑むようなことをしやすいとき。方針そのものを見直しましょう。人に干渉しすぎてトラブルに巻き込まれることも。お節介はやめましょう。

●○○○○○

坎為水

坎(水)×坎(水)

キーワード

一難去ってまた一難

易経の言葉

習坎。孚有り。維れ心亨る。行きて尚ばるるあり

宇宙からのメッセージ

- 簡単にはいきません 一筋に貫けるかどうかがカギです
- 困難から逃れようとすると かえって苦しむことになります
- 辛い状況から抜け出したいなら 焦らず、静観を

卦の意味

ダブルで難ありの辛い流れ

坎為水の「坎」は穴の意味。「水」は八卦では艱難や苦労を表します。この卦は、水が二つ重なるため、「一難去ってまた一難」と苦労が続くことを暗示しています。

キーワードは、苦悩、陥る、落ちる、水難、病難、色難、罠、悪事、詐欺、信念、誠意。

四大難卦と言われる、苦労が多い卦の一つです。

罠にはまる、陥れられる、悪事に手を染めるなどの危険性もあります。

一方、坎(☵)は、二陰の間を一陽が貫いていて、信念や誠実さが暗示されています。

艱難や辛苦の中にあっても、自分の信じるところを変えないという一途さやひたむきさで事に当たるならば、その思いは、必ず通じていくでしょう。

困難の見込み方針の見直しを

この卦を得たときは、占った事柄に対して、かなり厳しく辛い状況にあります。

このまま行動すると難題や苦難にあうということも示されています。

前進しても思うようにできないどころか、一難去ってまた一難という具合に障害や悩みが重なることになります。

だから、まずは、今の方針や、やろうとしていることを考え直すことです。

すでに困難の中にある場合は、苦しみから逃れようと策を練ると、良くなるどころかますます状況が悪くなります。

焦って行動を起こさず、今の状況を静観しましょう。

・・・✦・・・

この卦を活かして最善の未来を創る方法

・・・✦・・・

一筋に励めば成長となって返ってくる

こうした運気低迷期にあっても、どうしても諦められず、成し遂げたい願いがある場合はどうしたらよいでしょうか。

その答えは、それ一筋に、何があってもくじけずに、脇目もふらず真心をこめて行動することです。

そうすれば、障害を乗り越えることができ、賞賛を得るような結果につなげることも可能でしょう。

ただし、物質的な利益や報酬はあまり期待できません。

苦労を乗り越えたことによる自信と成長。また、信念を貫き耐え忍んだ経験。

それが何よりのギフトとなるでしょう。

✳**恋愛・結婚**　困難や苦労が多いとき。今、付き合っている人との関係に悩んでいるなら、簡単には解決せず、乗り越えても、別の問題が生じそう。それでも一緒にいたい相手なのか、もう一度考えてみて。シングルの人は、あなたの体や金品だけが目的で近づいてくる人や結婚詐欺に十分警戒を。結婚は障害が多く、まとまりにくい。無理に一緒になろうとせず、やめたほうがお互いの幸せにつながりそう。結婚しても、お金の問題や浮気などで苦労することも。

✳**仕事**　悩みや苦労が重なるとき。売上が下がって赤字転落する、内部でもめ事が起こるなど悪い条件が重なりそう。何とかしようと手を打つことが悪化を招く暗示も。困難の時期をジッと耐えて。拡大や新規事業などを含め、する必要のないことへの手出しも無用。転職もスムーズにはいかなそう。安易に変化を求めず、今の職場でできることをしてからにすること。

✳**金運**　停滞ムードでお金は出ていくばかり。盗難にあったり、人に騙されたりする危険があるのでうまい話には絶対乗らないこと。儲けようとするよりムダな出費を抑える努力を。失せ物は、穴の中に落としたか、水まわりや水辺でなくした可能性が。出てこない場合が多い。

✳**対人関係**　人との意見衝突や、自分を陥れる危険な人と関わる怖れあり。相手がどんな人物か慎重に見極めてから付き合うこと。特定の人との関係を占ったのなら、難問やトラブルを持ち込まれ、付き合うのに苦労しそう。無理に理解し合おうとせず、最低限の関わりが無難。

✳**願望**　大変な困難を伴うが、信念を貫けば最終的には叶う。

✳**住居**　移転や新築は住んでから悩みや障害が出る危険大。詐欺や悪条件での契約に気をつけて。水漏れにも注意。

✳**健康**　冷えは万病のもと。痛み、膀胱、泌尿器、痔、下痢、水虫、体液、その他、人に言えない病にかかりやすい。

✳**学問**　頑張っても、むしろ低迷。めげずに努力を続ければ、あるとき急に伸びることも。

✳**開運のヒント**　森林浴、体を温めるグッズ、木製のアイテム。

変爻

・・・✦ 宇宙が教える今後の展開 ✦・・・

初爻 穴の中の穴に陥っている

苦労や不幸が重なり、先の見通しが立たないとき。お金の問題や、水難、盗難にも注意しましょう。とにかく自重して、新規のことは一切見送るのが吉。今までの方針や在り方など顧みるときです。

二爻 困難ながら得るものも有り

大変な困難の中で、一筋の希望があります。自分の役割をきちんと果たせば、それに対する報酬を得ます。大きなことは願わず、人に対しては誠実であることが大切です。

三爻 進んでも退いても苦しむ

進んでも退いてもうまくいかないときです。的外れな行動でかえって災いを招くことも。何もせず、淡々と過ごしましょう。計画はすべて見送るのが正解です。体調不良は甘く見ないこと。

四爻 誠実が運気アップのカギ

度重なる苦労や困難の中にいるものの、あともう少しで乗り越えられそう。打開策が見えてきたり、親友が助けに来てくれることも。体裁や見栄よりも本質を大事にして。誠実・質素に事を行うときです。

五爻 もう少しで低迷期脱出

あと少しで困難から抜け出せるところまで到達。だんだん状況は良くなりますが、油断禁物。気を抜かずに前向きな気持ちで取り組みましょう。分を守って事を行うことが吉を招きます。

上爻 何重もの苦難にはまる

無理を承知で進んだ結果、困難の沼にはまってしまった状態。困難に加えて争いが起こることも。焦って解決しようとせずにジッとしていることです。

離為火

離(火)×離(火)

キーワード

燃え盛る炎

易経の言葉

離は貞に利ろし。亨る。
牝牛を畜えば吉

宇宙からのメッセージ

- あなたがつこうとしているのは正しいものですか？
- 裏表なく、周りの意見を聞いて真実を明らかにしましょう
- 火は扱い方次第で有益にも危険にもなります

卦の意味

つく、離れる、変える…火のパワーをうまく使う

「離」は火の意味。この卦は火が二つ重なった状態です。キーワードは、つく、離れる、変容、移り気、明るさ、上昇、目立つ、顕著、知恵、美。

火は薪や紙など、何かについて燃え上がる性質でそこから離れると消えてしまいます。そのため、「つく」と「離れる」、両方の意味があるのです。

火は煮炊きや燃やすことで物質を変えるパワーがあります。また、物事を照らすことから、知恵や知性の象徴でもあります。

激しい火は災害も引き起こすため、その力や知恵の使い方には注意が必要という意味も含まれています。

火力は変化しやすいことから、状況は移りやすく、目まぐるしく動くときです。一喜一憂せず、穏やかに受け入れる姿勢が吉と出ます。

自分の目的のために正しいものを選ぶ

この卦を活かすカギは「何につくか」です。正しい道に沿って、しかるべきものについていけば、利益があり、望みも叶います。

火を燃やすには適・不適があります。乾いた薪では燃えても、湿り気を帯びた木ではうまく燃えません。

このように自分を存在させ、輝かせるためには合ったものにつくことが大事なのです。

自分にふさわしいもの、目的を達成するのに必要なものを見極めることです。

また、この卦を得たら、素早く動くことも大切です。

グズグズしていると火は消えてしまうので、チャンスを逃さないためには、その判断をスピーディにすることが必要なのです。

・・・✦・・・

この卦を活かして最善の未来を創る方法

・・・✦・・・

従順についていくこと感情制御や冷静さも大切

つくものを決めたら、牝の牛のように従順についていくことです。

相手がいることで、自分は存在できているという立場を心得て、自我を慎み、素直に従うことが好結果につながります。

さらに、火は情熱の象徴。気持ちが高ぶりやすく、それが争いを招くことも。

火の粉があちこちに飛んで火災になり、これまであったものを破壊することにもなりかねません。争いは避け、感情をコントロールしましょう。

また、火は知恵を表す一方で、早とちりや思い違いも。気持ちも熱しやすく冷めやすいため、一時の感情で物事を決めると後悔も。即決せず、冷静な判断をするとよいでしょう。

✳**恋愛・結婚**　情熱的に燃え上がりやすい一方、熱しやすく冷めやすい。複数の候補が出てきて迷うことも。冷静になることが大切。結婚はどちらかに隠し事があったり、表面上は好印象の相手でも内部に問題を抱えている場合あり。相手のことをよく調べてから結論を。結婚後も華やかな見た目とは裏腹に、実生活では空虚さを感じ、離別の可能性も。再婚は吉。

✳**仕事**　表面的には活況で華やかだが、内実はそこまで景気が良くなく不安定。同じ目的を持つ正しい相手とタッグを組むなど、協力者を得ると成果向上。契約書など書類がらみのトラブルが起きやすいので、しっかり確認を。独立はよくない。あなたの能力を活かせる会社や組織に所属したほうが吉。

✳**金運**　良いものに投資したり、正攻法で正しいやり方をすれば、利益あり。ただし、状況が変化しやすく安定性に欠けるため、利益は早めに確保を。失せ物は、物の間に挟まっていたり、窓辺、火／陽のあたる場所を探すと、早い段階なら出てくる期待大。

✳**対人関係**　人と離別したり、ケンカやトラブルになりやすい。カッとなって売り言葉に買い言葉にならないように十分注意して。付き合う相手について占った場合は、外見は華やかに見えて、内面が充実していない、苦しい人である可能性あり。

✳**願望**　正しいやり方をして、正しいものにつき従っていけば叶う。特に学問や芸術、美、芸能関係は有望。

✳**住居**　引っ越しても、またすぐに移るようなことがありそう。見た目は華やかな物件でも実際に住むと生活しにくいことも。よくよくチェックを。

✳**健康**　生命エネルギーに満ちて、気力も充実しているとき。眼、心臓、のぼせや日焼け、ヒステリー、炎症、高熱、乳房に注意。病勢の変化が激しいことも。原因を明らかにして対処すること。

✳**学問**　良き指導者についたり、実績のある有名な塾に入ったりして、素直に従うことで成績が向上。試験もパスしそう。

✳**開運のヒント**　眼鏡、サングラス、目立つもの、人気のもの、メジャーなもの、ブランド品。

変爻

…✦ 宇宙が教える今後の展開 ✦…

初爻 軽率な動きは避けよう

才能も意欲もありますが、今進もうとするのは時期尚早のようです。軽率な行動は慎み、物事が明らかになるまで十分に待ちましょう。気持ちや方針が定まらず移ろいがち。

二爻 真昼の太陽のごとく輝く

すべてにおいて順調で、あなたの存在、才能、魅力を輝かせることができます。自信をもって堂々と行動すれば、名声や名誉、高評価を獲得できるでしょう。今の方針で物事を進めて吉。利益はたくさんある。

三爻 勢いに陰りが

かつて順調だったことがうまくいかなくなり停滞しがち。もがいたり高望みせず、今あるものを大切にして過ごして。策略を練ったり智恵を働かすと困難を引き寄せる。頭脳や持っているものの使い方を見直すべき。

四爻 自己中心的な行為はNG

自ら進んで災いの中に入っていくようなことをしがち。我を出すと、周囲ともめて攻撃されたり、疎まれることに。万事、自重して控えめに過ごすこと。火の扱いにも十分注意しましょう。

五爻 弱さを受け入れ、慎重に

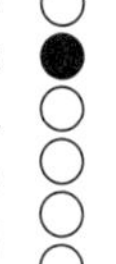

地位や立場は得ていますが、力が弱く、不安や心配事で気が休まらなそうです。しかし、それを心得て慎重に対処すれば悪い結果にはなりません。目を大切にすること。

上爻 悪者退治に奮気

勇気を出して悪いものを制圧して断固とした行動をとれば、功績をあげられます。強硬手段に出る場合は皆が納得する理由が必要。知恵のある者を大事にすると成功するでしょう。

31

沢山咸

兌（沢）×艮（山）

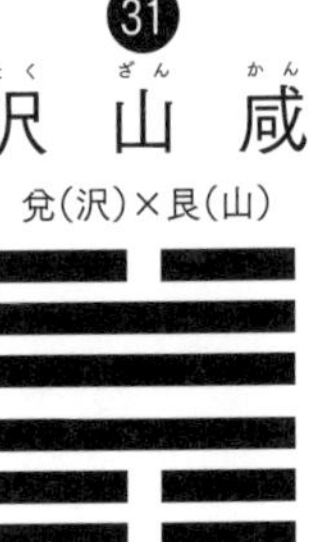

キーワード

心で感じ合う

易経の言葉

咸は亨る。貞に利ろし。女を取るに吉

宇宙からのメッセージ

- 早めの行動で希望が叶います
- ピンときたらすぐに動いて
- 素直な気持ちで心のベクトルに従っていきましょう
- 心豊かに感情を味わえば大切なものを見つけられます

卦の意味

ときめきを大事に！ 運気アップの嬉しいとき

「咸」とは、感情、感覚、感じること。

この卦は「山」の上に「沢」があり、陰と陽の二気が交わっています。

人物にたとえれば、「山」は小男、「沢」は少女。この卦は、少年と少女が、感応し合い、心惹かれ、恋している象でもあります。

キーワードは、感応、感じる、通じる、恋愛、結婚、素直さ、迅速さ。

素直な心で善悪を見極め、正しいことを行えば、願いが叶うなど嬉しい出来事があるとき。ときめきを大切にして、速やかに行動するのがカギです。

対人関係やコミュニケーション運も良好で、恋愛や結婚などのチャンスも。

一方で、恋や享楽的なことに心を奪われて、大切なことをおろそかにしがちな点には、注意が必要です。

自らの心に従い素直に行動を

この卦を得たときは、運気は良好。

頭で考えるよりも、インスピレーションやフィーリングに素直に従い、正しいことをしていくこと。

そのほうが、物事が自然に感応し合い、うまくいきます。

人と交流したり、恋愛や結婚など、男女の交わりといったことは良好で、チャンスに恵まれやすくなります。

思い込みや先入観、得た情報にとらわれず、あなたの周りにあるものを素直に感じることをしてみましょう。

気持ちを大事にすることがカギとなるので、条件につられたり、頭でいろいろ計算したりして判断しないことが大切です。

・・・✦・・・

この卦を活かして最善の未来を創る方法

・・・✦・・・

豊かな感情に振り回されないように注意

一方で、感情的になったり、周りの人に影響されやすく、流されやすいときでもあります。

豊かな感情エネルギーを、人への攻撃、嫉妬、わがまま、依存などネガティブに使わないよう、十分気をつけること。

恋愛や色事に没頭しすぎ、仕事や勉強をサボると、後でツケが回ってきます。また、心が動いたもの、ときめいたものの中から、良いものと良くないものとを正しく見極める知性や理性も必要です。

好調運を示す卦ですが過分な望みを抱いたり、気が多くあれこれ迷っていると人に騙されて散財をしたり、利用される危険も。人から信用されるような行いを心がけると吉。

運勢

✳**恋愛・結婚**　お互いに惹かれ合うような相思相愛の人と出会える。意中の人もあなたに好意を持っていたりと、順調に恋が発展するとき。ただし、恋にうつつを抜かして、ほかのことをおろそかにしないよう注意。結婚はスピーディに話が進むが、打算的な思いから進めると後から誤算がありそう。純粋に一緒にいたいと思える人を選ぶのが吉。時間をかけすぎるとまとまる縁もまとまらない。

✳**仕事**　好きな仕事につけたり、良い取引先や顧客に恵まれる幸運期。ビジネスライクになりすぎず、心の交流を大切にして、感情に訴えるサービスや宣伝がうまくいく。就職や転職にも好機。条件や収入よりも、心が動かされた職種や職場を選ぶと正解。

✳**金運**　収支のバランスが取れて順調だが、欲を出すと運気が暗転。得をしようと考えず、素直な気持ちや直感に従うこと。一目惚れしたアイテムや心を満たしてくれる事柄にお金を使うと有意義。良い行いで得た利益は身につくが、悪いことで得たお金は災難やトラブルのもとに。失せ物はごちゃごちゃした中に入っているか、恋人やパートナーに聞くとわかるかも。

✳**対人関係**　心を開いて素直な気持ちで付き合えば良い関係が築ける。相手もあなたに好意あり。思いやりや気配りを忘れずに。

✳**願望**　正道を守れば叶う。利益も得られそう。チャンスだと感じたら、迅速な行動を。

✳**住居**　自分の感性や感覚に合う街や家が吉。物件を占ったのなら、そこに住んで幸せな自分をイメージできるかがカギ。

✳**健康**　感染症や伝染病、性病など、人からうつる病気に注意。最初のうちは症状が軽く、次第に重くなっていく暗示なので、早目に完治すれば、大きなトラブルにならずにすみそう。

✳**学問**　好きな科目や興味のあるジャンルは上昇しそうだが、そうでないものはおろそかになりがち。好きな要素や楽しめる方法を見つけて学習を。試験運は弱め。推薦などのほうが有利。

✳**開運のヒント**　直感、渓流、感性を磨く、恋をする、憧れの人やもの。

変爻

・・・✦ 宇宙が教える今後の展開 ✦・・・

初爻 足の親指に感じる程度

感じる力が足の親指程度と弱いため、直感は当てになりません。無理に進めず、自然に動くべきときが来るのを待って。自分の力で事を成すより、立場が上の人のサポートを得て行うと吉。

二爻 性急な行動は失敗のもと

万事スムーズにいかず、せっかちに飛びつくとトラブルの懸念あり。恋愛も思い込みに注意。感情的になって軽挙妄動せず、すべてを控えめに。動かなければトラブルになることもないでしょう。

三爻 感じるまま動くと恥をかく

人体で言えば「股」に感じる爻です。色欲におぼれたり、他人の話に乗って失敗したり、後悔しやすいとき。自制して過ごしましょう。理性的に物事を捉えることを心がけて。

四爻 大きな理想を掲げて進む

狭い範囲に偏らず、理想や希望を大きく持って心に従っていくべきとき。心が定まらない人には、それ相応のものしか引き寄せられません。部下や後輩の面倒を見て忙しくなることも。

五爻 トキメキはないが大過なし

ピンとくるものや心を動かされることが少ないとき。人と心が通い合わないこともありますが、問題はありません。小事は吉ですが重大な事柄を進めるときではありません。

上爻 言葉に注意

話だけで実がないとき。口車には乗らないようにしましょう。自分が話す言葉も慎重に。浅はかな行動をしないこと。言葉を使って人の感心や尊敬を得ようとしても、偽りがあるなら凶。

32

雷風恒(らいふうこう)

震(雷)×巽(風)

キーワード

変わらず続ける

易経の言葉

恒(こう)は亨(とお)る。咎(とが)なし。貞(てい)に利(よ)ろし。
往(い)く攸(ところ)あるに利(よ)ろし

宇宙からのメッセージ

- 継続は力なり
- 旧を守り、新規のことは見合わせを
- 困難があっても守るべきものはしっかり守って
- 異なる性質のものが協力し合えば事を成すことができます

卦の意味

変わらないことが幸福のカギ

「恒」は恒常の意味。変わらずいつまでも続いていくことを指します。キーワードは恒常、恒久、夫婦、安定。

この卦は「雷」と「風」からできています。雷は男性的で力強いもの、風は女性的で柔和なものを意味し、合わせて「夫婦」と見ます。

異なる性質のものがお互いにバランスを保ちながら協力し合う象で、長く連れ添った夫婦のように安定したエネルギーを示す卦です。

これまで通りのルーチンや努力を継続していけば、自然に道が開かれ、望みが叶っていくでしょう。

代わり映えしない状況に飽き飽きしたり、マンネリ化にも陥りやすいときですが、刺激を求めて目新しいことに手を出すより、今の安定をいかにキープするかに注力しましょう。

変わらない日常に願望成就の種がある

この卦を得たときは、基本的に継続が吉。それは、今の状態がそれほど大きな問題ではないということを意味します。

「面白みに欠ける」「同じパターンに飽き飽き」といった不満はあるかもしれませんが、当たり前の日常の中にこそ、幸せや願望成就の種があります。

新鮮さや刺激を求めて、新しいことに手を出したり、変化を加えたりといったことはしないほうがよいでしょう。

物足りなくても、今の状態を維持することが最善なときです。

何かをしたい場合は、内面の充実を図るとよいでしょう。

この卦を活かして最善の未来を創る方法

今あるものの価値を見直して現状維持を

穏やかで平和な状態だと、「より良いもの」や「もっと上」を、つい探したくなるものです。

しかし、そのような欲を出すと、せっかくの安定を失ってしまうことにもなりかねません。

今あなたが手にしている安泰状態は、作ろうとしてもなかなか作れない貴重なものです。

「雷」も「風」も動き、天地の中でさまざまな変化を起こします。しかし、朝になれば日が昇り、夕方になれば沈むといった自然のリズムは一定のままです。

このように絶えず変化する世の中で、不変のものに目を向け、それを守っていく。そういう姿勢で事に当たるとよいと伝える卦です。

✳**恋愛・結婚**　夫婦の卦ゆえ、恋愛も結婚もたいへん好調。相手もあなたとずっと一緒にいたいと思っていそう。ただし、三角関係や内縁関係でも今の状態が続くことになりがち。片思いの人は相手に恋人がいるなら、様子を見るべき。結婚の話は進めるのが吉。婚後も安定した家庭を築ける。

✳**仕事**　これまで成果をあげてきたやり方を続けるのが吉。多少、困難や厳しい状況があっても、簡単にやめたり、取引を解消しないこと。また、あなたにないスキルや能力を持っている人や会社と協力すると業績安定。一方、新規事業や未経験の分野への挑戦には不適。今までの業務をより一層充実させること。転職は、今は時期ではない。

✳**金運**　低めながら、堅実に過ごせば問題なし。収入を増やそうと新しいことに手を出すより、これまでうまくいったことをもう一度したほうが吉。失せ物は、日常過ごす部屋の戸棚やクローゼットなど、物がたくさんある中にありそう。

✳**対人関係**　長く付き合ってきた人となら、協力し合える吉運。一方、付き合いが浅い人に対しては、慎重に接するよう心がけたほうがよい暗示。

✳**願望**　大きなことや突然思いついた願望は叶わない。逆に、ずっと持ち続けてきた願いは、動機が正しければ、親しい人と協力することで叶う。

✳**住居**　現状を維持するのがベスト。そのため、引っ越しや移転をするかどうかの占いなら、見送るのが吉。物件を占った場合は、安定して長く住めそうではあるが、面白みには欠けそう。

✳**健康**　疲労から不調になりやすい。気疲れを含めて、しんどいときは休息を。病気は胃腸や肝臓の不調に注意。慢性化や長く付き合ったりすることになりやすいので、不調の放置は危険。

✳**学問**　「継続は力なり」のとき。毎日コツコツ続けることで、力がつく。ただし、頑張っても成果がなかなか出ない人は、間違った方法をしている可能性があるので見直しを。

✳**開運のヒント**　日々の暮らしを楽しむ、習慣化、継続するルーチンワーク。

変爻

・・・✦ 宇宙が教える今後の展開 ✦・・・

初爻 急に深い仲になるのはNG

いきなり親密になろうとするのは避けましょう。物事は順を追って進めるのがよいときです。今、計画していることに見落としがありそう。もう一度点検をするとよいでしょう。

二爻 中庸の態度をキープ

無理をせず、穏やかに自分のペースで過ごしていれば、問題ありません。無難な道を選んで吉。ほかのことに気をとられないように注意して、本業を守りましょう。貫けば成功。

三爻 信念を貫けないと失敗

当たり前の日常やルールを守ることができないと、何をやっても形になりません。行動を起こす前にしっかりと方針を立てましょう。何かと出費が多く散財しがちなときでもあります。

四爻 狩りに出たが獲物がいない

適さない場所でいくら頑張っても、獲物がいない草原で狩りをするようもので、成果は出ません。あなたのしていること、いる場所を見直して。方針を転換するか、していることから手を引くべきです。

五爻 正しい場所と道にいる

初めはうまくいかなくても、最後は良い結果を得ます。女性はこれまでのやり方を守って。男性は人への依頼心を捨て、勇気を出して一段上を目指し動くべき時期です。

上爻 絶えず動揺している、凶

環境が変わり、穏やかで安定した状況が変化しそう。不安だからと手近なところで手を打たず、希望を明確にしましょう。目的を定めず、奔走しても得るものはなし。

天山遯

乾（天）×艮（山）

キーワード

退き、逃れるとき

易経の言葉

遯は亨る。小は貞に利ろし

宇宙からのメッセージ

- 運の勢いが弱まっているので今は逃げるが勝ち
- 慌ただしい日常から離れて英気を養いましょう
- うまくいかないことからは手を引きましょう

卦の意味

災い迫る！ 逃げるのが正解

「遯」は逃れる、隠すの意味。「天（君子）」が「山」の中に逃れ、俗世間から隠れて暮らす象です。

この卦は下にある二つの陰が、上の四つの陽を消し去ろうと勢いを増しています。困難や災いが迫っていることを意味し、ただちに、そこから退くことがカギであると伝えています。

キーワードは、逃げる、退く、避ける、隠れる。

衰えつつある時の流れに逆らわず、中心から離れたところに身を隠し、運気上昇と再起のチャンスを待つべきときです。

見栄も外聞も気にせず、執着心を捨て去ること。

衰運期ですが、礼儀を重んじ、不義理をしなければ、大きな問題には見舞われません。

逃げ、退くことで困難を避けられる

　この卦が出た場合は、状況は悪く、困難が迫っています。

　だから、まずは逃げ、撤退することを考えましょう。

「遯は亨る」とは、「遯れて亨る」、つまり、逃げること、退くことで難を逃れ、ことなきを得るという意味です。

　ここで肝要なのが、逃れるべきもの、撤退するべきものは何かを明確にすること。

　仕事なのか、人なのか、金銭なのか？　それがわかったら、一刻も早く手を引くことが大切です。

　また、人間関係ではストレスを感じたり、孤立しがち。合わない人との関係はスパッと断ち切り、離れるのも手です。

・・・✦・・・

この卦を活かして最善の未来を創る方法

・・・✦・・・

山のような問題と戦っても勝ち目はない

　問題や危険は、「山」が象徴しています。

　それは簡単には動かせず、立ちふさがるような存在です。挑んでも今の状態では勝ち目はありません。

　だからこそ、外聞も見栄も捨て、逃げ、隠れることで、自分の主義や考え方を保つことができますし、いずれ、情勢が変わったときに、再起のチャンスを得ることができるのです。

　退かずに粘って、「なんとか、できる方法はないものか？」と執着する姿勢では、ダメージや損失を大きくし、結果、将来の芽もつぶしてしまうでしょう。

　潔く、スピーディに決断し、撤退しましょう。

運勢

✳**恋愛・結婚**　アプローチ中の人は、いったん引いてみるべきとき。現状では成就する見込みは薄く、うまくいったとしても、かえって悩んだり、トラブルになったりしやすい。三角関係やライバルがいる恋も身を引くのが吉。カップルは関係が悪化して不調和になりがち。連絡を取るのをやめて、距離を置いて様子見を。結婚は無理に進めてもうまくいかない。婚約解消などを含め、撤退するのがよい。

✳**仕事**　いろいろと問題が噴出しそう。新規事業や拡大は凶。不採算事業から撤退するなど、縮小を優先して。イチから出直さなくてはいけない場合も。転職の可否を占ったなら、満足いく結果にならず、現在の職場を離れざるを得ない事態となることも。

✳**金運**　利益を追うことで災いに巻き込まれやすいとき。投資の開始など、収入アップのために今しようとしていることは良くなさそうなので手を引くこと。俗世間から退き、地味に暮らして節約することが金運アップの近道。失せ物は、どこかに置き忘れた可能性があるので、心当たりを探ってみること。

✳**対人関係**　周りの人とうまくいかず、孤立しやすいが、無理に合わせて付き合う必要はない。嫌がらせや攻撃を受けたら、しがらみから離れ、逃げるのが吉。争わず、自然に距離を置けるような環境づくりを。

✳**願望**　前進や拡大に関連することは叶わない。休み、退きながら、願望自体を見直すこと。

✳**住居**　引っ越しや物件について尋ねたのなら、取りやめにすべき。いったん退いて、自分が住みたい家やエリアのイメージを明確にして、そうした物件が出てくるのを待つこと。

✳**健康**　疲労が溜まり、免疫力が落ちると風邪や体調不良が出やすい。病気はだんだん勢いが増してくる暗示。長引きやすいので早目の手当てを。

✳**学問**　勉強を妨げているものや停滞させている原因を見つけて、そこから離れることが向上の近道。試験運は弱め。高望みな志望校の見直しを。

✳**開運のヒント**　休む、リトリート、逃げる、引退する、隠れ家的なレストラン。

変爻

・・・✦ 宇宙が教える今後の展開 ✦・・・

初爻 逃げ遅れる危険がある

状況が悪化しているのを素早く察知し、さっさと逃げましょう。それが無理なら下手に動かず、流れが変わるのをジッと待つこと。ぐずぐず粘ると事態のさらなる悪化につながります。

○
○
○
○
○
●

二爻 意志をしっかり持てば改善

自分をしっかり守って、表に出ないようにしていれば、危険な状態から少し持ち直します。問題は多少良くなる兆しがあっても甘く見ず、手を引くことが大切です。

○
○
○
○
●
○

三爻 情にとらわれ逃げきれない

私情に縛られ、離れきれない状況です。特に異性関係は困難。このままでは災難にまきこまれます。人の力を借りて解決するとよいでしょう。執着心を手放すこと。

○
○
○
●
○
○

四爻 好きなものでも逃げる

好きなことや人であっても、やめるべきものはやめて、余計なことは手放しましょう。執着すると次々トラブルが発生するおそれがあります。悪友とは離れること。

○
○
●
○
○
○

五爻 美しく速やかに逃げきれる

速やかに華麗に退避でき、それによって危機をまぬがれます。厄介事は誰かに任せてしまいましょう。部下や後輩を引き立ててやってもらうとうまくいきます。

○
●
○
○
○
○

上爻 豊かに逃げる。よろしい

今は大きなことをするときではありません。一歩引いて、良からぬものから逃げるが大吉。無理なくそれができるときです。隠退や退陣もスムーズにいくでしょう。

●
○
○
○
○
○

34

雷天大壮（らいてんたいそう）

震（雷）×乾（天）

キーワード

勢いが盛んになる

易経の言葉

大壮（たいそう）は、貞（てい）に利（よ）ろし

宇宙からのメッセージ

- 盛運です。自分を過信せず正しい道を進めば願いは叶います
- 今のあなたには物足りないくらいの行動量がベスト
- 勢いに任せて本来の道からはずれないように

卦の意味

エネルギーが強いのでやりすぎ注意

「大壮」とは大いに盛んという意味。また、「雷」も「天」も動くという意味があります。

天で雷が轟くような勢いがあり、エネルギーが大きく動くときです。

キーワードは、盛大、勢い盛ん、エネルギッシュ、猪突猛進、旺盛な行動力、やりすぎ、暴走、興奮、行きすぎ注意、自己過信、空回り、壮大、勇猛、勢いなど。

気力や体力が満ちていて、いてもたってもいられず、行動を起こしたくなることもあるでしょう。

一方、実力が伴わなかったり、状況が整っていないのに見切り発車してしまうことも。

あふれるエネルギーを持て余しての空回りには、十分注意が必要です。

自己過信は禍を招く

この卦を得たら、大変勢いが盛んな状態で、自分の力を過信して突き進みやすいときです。

正しいところで止まることができれば、問題ありませんが、その判断が難しく、「まだまだ行ける」とやりすぎてしまうと空回りや大コケのリスクも。

この卦が出たら、感情と行動のコントロールが重要です。

せっかちになって、すぐに動きたくなったり、結果が欲しくなったりしますが、待つほうがうまくいきます。

急げば損をする卦ですので、十分に検討し、準備をしてから行動しましょう。

何をするにも、ひと呼吸おく、ひと晩考えるなどの時間を作ることでやりすぎを防ぐことができます。

・・・✦・・・

この卦を活かして最善の未来を創る方法

・・・✦・・・

いきすぎたポジティブマインドも抑えて

また、この卦が出たときは、ポジティブになりすぎるのも危険です。

自分の力量や現状を認識することを怠らないようにしましょう。

何を行うにも、実力や中身、内部の充実を見定めてからにすることです。

また、人に対するごり押しや、周囲への無理強いといった強引な態度を取りやすいときなので十分注意すべきです。

礼儀を守り、人に非難されるような行為は慎むこと。短気も起こさないようにしましょう。

何事もやりすぎず、正しいところで踏みとどまることが重要ですので、越えてはいけない一線も明確にしましょう。

運勢

✳恋愛・結婚　恋愛は順調に進展するとき。あまりにも押しが強いと、相手が引いてしまいそうなので、少し引くくらいの態度がちょうどよい。結婚話も、恋が盛り上がってそのまま一気にゴールインという展開になりやすい。急ぎすぎず、冷静に今後の計画を立てると吉。

✳仕事　これまで順調に進めてきたことをさらに発展させたくなりそうだが、やりすぎには注意。今の状態をキープできるよう無理をしないこと。冒険的な事業に手を出すよりも、手堅く、本来の道を外れることなくやっていけばうまくいく。転職も自分の実力を過信しなければ問題なし。実力相応の仕事で意欲を感じられる職場がベスト。落ち着いて冷静に話を進めること。

✳金運　金運は悪くはなく、収入がアップしたり、利益をあげられるとき。だが、人との争いによって損失を被ったり、お金のことで人ともめたりしやすい点には注意。勢いに乗ってうまい話を進めてしまわないように。失せ物は、現金や貴金属など金目の物は見つかりにくい。それ以外のものなら、戻ってきそう。

✳対人関係　強引なやり方で自分の主張を通そうとしたり、ごり押しをしたりすると、もめ事や不和の原因になりがち。相手の主張にも耳を傾けて。

✳願望　実力に見合った願いであれば、正しいやり方をするなら叶う。調子に乗って、もっと、もっとと欲張らないこと。

✳住居　引っ越しや移転を占った場合は、勢いに任せて決めないよう注意。物件や条件など慎重に検討すること。身の丈以上のローンを組むのも避けて。

✳健康　体力・気力とも旺盛。健康運は良好で元気に過ごせるが、やりすぎて疲労しないように。足や下半身の膨張、腫れ、むくみ、暴走による事故、ケガにも注意。

✳学問　やる気と実践を結びつければ上昇の機運。「頑張る」と口だけにならないよう日々コツコツ取り組んで。試験運は上り調子なので、受験すれば合格できそう。テストは慌てず冷静に解答すること。

✳開運のヒント　太鼓。

変爻

・・・✦ 宇宙が教える今後の展開 ✦・・・

初爻 分不相応な行動でトラブル

身の程をわきまえず、焦って行動を起こすと、トラブルを招きます。今は動くときではありません。短気は損気。カッとしても態度や言葉に出さないことです。

二爻 正道を守れば吉

好調な運勢です。自分自身や状況をよくコントロールして、行くべき道を進んでいけるので、良い結果を得られます。このまま正しい道を進めば大きな利益もあるでしょう。

三爻 焦っても空回り

結果を焦って猛進しがち。よっぽど才がないと失敗しそうです。前進するのはやめて、現状を維持しましょう。また、考えの甘さが損失を招きそうです。何事も人の後ろを行くくらいで。

四爻 いつも通りで開運

心配事や懸念事項など目の前の障害が取り除かれて、進むべき道が自然に開けてくるときです。いつも通りに事を行えば、順調に進んでいくでしょう。

五爻 恋愛は成り行き任せでうまくいく

猛進するような勢いが弱まるので、物事をやりすぎる心配はありません。自然に進めば吉。何かを失ったり、誰かが去っても問題なし。恋愛は成り行き任せがうまくいきそう。

上爻 自信過剰を改めて

自己過信で、引くに引けない状態になってしまっています。かといって、前に進むにも障害ありの難局です。深く反省して身を慎むこと。じっとガマンのときです。

35

火地晋（かちしん）

離（火）×坤（地）

キーワード

日の出

易経の言葉

晋（しん）は、康侯用（こうこうもち）いて馬（うま）を錫（たま）うこと蕃庶（はんしょ）。昼日（ちゅうじつ）三（み）たび接（せっ）す

宇宙からのメッセージ

- 前途有望。日の出の勢いで上昇していくときです
- これまでの苦労が報われます
- 頑張ってきたことを武器に前進を進んで吉です
- 計画を実行に移しましょう

卦の意味

日が昇り、希望をもって前進できる

「晋」は進むという意味です。

この卦は、「火」が「地」の上にあり、大地から太陽が昇る姿を示しています。キーワードは、日の出、前進、希望、明るい、出世、昇進、活躍、人気、名誉、名声。

日が昇ることで、暗闇の中での怖れや不安が消され、先の見通しが立つようになります。前進のときです。

状況が整い、繁栄やチャンスが到来することも表されています。これまでの努力が認められたり、成果をあげることで上位者からの寵愛や引き立てを受けて出世したり、活躍の場所を広げたりすることができそうです。

太陽が昇り、万物を照らすという意味から、駆け引きや裏工作などは運気の足を引っぱります。何事もストレートかつ公明正大に。

これまでの努力を活かすために タイミングよく動く

この卦を得たときは、太陽が地平線から上昇して、物事が始まったばかり。もしくは、これから日の出のように新しいことが始まると読み解くことができます。

希望に満ち、前進するような展開になるときです。これまで努力してきた人は、表舞台に出て、それを活かすべく行動を起こしましょう。

出世や昇進のチャンスもありますが、何もせずぼんやりと過ごしていたのでは、あっという間に日は沈んでしまいます。

自らの理想や望みを明らかにし、それを実現すべく計画を立て、タイミングを見て、スピーディに動くことが大切です。

・・・✦・・・

この卦を活かして最善の未来を創る方法

・・・✦・・・

光明＝希望や温かい心を携えて進む

「進む」ことを意味する卦はいくつかありますが、それぞれに合った進み方（行動）をすることが大事です。

火地晋は、光明を伴って進むこと。

光明とは、希望と明るい見通し、知恵や慈悲、温かい心です。それらをもって事を行っていくことで大いに発展するでしょう。

出世や昇進などの評価も与えられるときですが、時と環境によって変わりやすいので、どこに行っても通用するスキルや実利などをしっかり得られるよう努力すると吉。

また、必ずしもトントン拍子に進むわけではなく、途中で困難に見舞われたり、実力のないまま上へ上へと昇ることでトラブルを招くことも。その都度改め成長の糧にしましょう。

✳恋愛・結婚　新しい出会いのチャンスに恵まれたり、今まで悩みがあった関係に明るい希望が出てくるとき。相手とは情熱的に大いに盛り上がる関係だが、邪魔やネックになるものも潜みがち。急いでそれを取り除くとよい。結婚はスピーディに話が進みやすいが、勢いで盛り上がると直前に待ったをかけるような出来事が。外見や今の相手だけで判断せず、内面や将来性などもしっかり確認すること。

✳仕事　上昇運。部下や後輩の勢いに押され、自分もパワーを発揮。これまでの努力を評価されて、出世や昇進のチャンスが訪れる暗示も。新規事業を始めたり、積極的に計画を進めていく好機。ただし、現状を把握し、利益の計算も怠らず、内部を固めたうえで進めること。盛運であっても勢いだけで動くと、苦労のわりには利益が薄い。転職も吉。今の職場で希望が見出せない人は、新天地を見つけて。転職のための条件もそろうはず。就職も吉。順調に力を発揮できそう。

✳金運　運気の勢いに比べると実利は少ないとき。活躍し、評価されることで、報酬を受け取ったり、昇給があったりしそう。具体的な目標金額を設定して、それに近づけるよう計画的に進めていくと吉。投資は早めの利確を。失せ物は、早めに見つかる。心当たりをすぐに探して。

✳対人関係　目上の人との関係が良好。あなたが相手のために力になると、喜ばれ、何かとサポートしてくれたり、ご褒美やギフトをもらえたりしそう。困っている人のために一肌脱ぐと、相手にも喜ばれ、あなたにもラッキーがありそう。

✳願望　徐々に勢いがつくので、大きな望みも堅実な努力で叶う。

✳住居　引っ越し、新築、リフォームなど、前向きに進めてよい。これから発展しそうな街やエリアは特に吉。

✳健康　体調は良好でやる気もある。心臓、目、熱、血圧、胃腸系や既往症の進行には注意。

✳学問　これまで伸び悩んでいた人は、つかえがとれて一気に理解が進む。試験運も良好。

✳開運のヒント　朝日を浴びる、ご来光、赤いグッズ。

変爻

…◆ 宇宙が教える今後の展開 ◆…

初爻 方向性は正しいが……

意欲はあっても、まだ状況が整いません。進む方向は合っているので、準備に徹して。思いがけない妨害があっても妥協は×。ゆったりとかまえて時を待てばチャンスがやってきます。

二爻 ピンチがチャンスになる

障害や妨害にあい、なかなか進めませんが、ピンチがチャンスに直結しそう。目上の人に気に入られたり、女性からの寵愛や引き立てを受けて前進するでしょう。

三爻 大衆からの信頼で成功

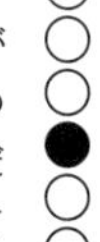

大衆や部下など、周りの人からの信頼を得て、成功することができます。独断は避け、周りの人の意見にも耳を傾けて。友だちや仲間と一緒に望みを叶えていくこともありそう。

四爻 不当に高いところへ昇り進もうとする。危うい

貪欲すぎて、実力以上のことに手を出してしまい、災いや損失を招いてしまいそう。上ることに熱心になって初心を忘れていることも。間違った方針を改めてから進みましょう。

五爻 損得を憂えず進んでよし

目先の損得や成否にとらわれず、積極的に行動するのが吉。成功しよう、利益を得ようと思わずに進むと、かえってそれらを手にすることになります。損得で考えないこと。

上爻 トラブルには丁寧に対処

家庭や身の回り、生活基盤など、外のことばかりで内部がおろそかにならないようにしましょう。部下の反乱にも要注意。寛容な態度で接しましょう。これ以上手を広げるのはやめましょう。

地火明夷

坤（地）×離（火）

キーワード

暗闇で危険いっぱい

易経の言葉

明夷は艱貞に利ろし

宇宙からのメッセージ

- 真っ暗闇を当てずっぽうで進むよりじっとしていて
- 周りの攻撃から能力や知性を隠し秘かに磨きましょう
- 明けない夜はありません内面を見つめ、浄化を

卦の意味

日が沈んで、運気は真っ暗

「明夷」とは、明るさが破られ衰えるという意味。この卦は「地」の下に「火」があり、太陽が地平線に沈んだ姿を表しています。

「地」は小人、「火」は知性や賢さを意味します。

そのため、明夷のときは、賢明な人が傷つき破れて、表に出られません。才能や魅力を外に出したなら周囲の小人に妬まれ、攻撃の標的にされ、バッシングを受けます。

キーワードは、暗闇、夜、破る、暗い、火難、盗難、傷、心配、苦労、詐欺。

運気は真っ暗闇。足元もおぼつかず、先の見通しも立ちません。何かとトラブルが多く、妨害や中傷を受けるようなことも。積極的に物事を進めるより、控えめに過ごすときです。

才能を隠して ひたすら身を潜めるとき

この卦を得たときは、暗闇の中を進まなくてはならず、さまざまな危険が潜んでいる状態です。

今は前に出たり、積極的に事を進めたりするのはやめて、休養を取り、体力を温存して内部の充実にあてたほうが賢明です。

才能や実力があっても、それを発揮すれば、人から妬まれたり、妨害されたり、名誉や名声に傷をつけられたりするようなことにもなりかねません。

できるだけ存在感を消して、才能も隠し、無能のふりをして難を逃れるのがよいのです。

悪がはびこるときですから、正論であったとしても、自己主張しようものなら、誤解やトラブルにあう危険大です。

・・・✦・・・

この卦を活かして最善の未来を創る方法

・・・✦・・・

日はまた昇る、実力を蓄えて

低迷期ですが、沈んだ太陽は再び昇ります。ずっとこの状態が続くわけではないので、耐え忍んで好機が来るのを待つのが吉。

ただし、その間、ただボーッとしているのではなく、後々に備えて実力をたっぷりと蓄えるべきです。

「明夷は艱貞に利ろし」とは、艱難（困難）を自覚して、苦しみながらも正道を守っていれば利益があるという意味です。

苦しくても、内面の充実に力を注ぎ、才能や知性、センスなどを磨くとよいでしょう。

また、暗闇の中で不安になるように、些細なことで怖れを感じたり、必要以上に心配性になりやすいので、意識的に物事の明るい面を見るようにしましょう。

✳**恋愛・結婚**　想いが伝わりにくかったり、恋人や意中の相手に誤解されたり、自分の本当の姿をわかってもらえないとき。相手もあなたに本音を隠しているかも。周りにオープンにできないようなワケアリの関係や、人目を忍ぶような恋に縁あり。結婚はまとまりにくい。争いが起きたり、疑いから破局を招いたりしがち。相手に不審な点を感じたら、きちんと調べないと後悔しそう。

✳**仕事**　厳しく、先の見通しが立たないとき。すでに損失が発生しているなら、執着や対策はせず、見切りをつけて、思い切って手を引くことも大切。表に立ったり、目立つことで、妨害や迫害を受けやすいので、控えめに過ごすこと。勤め人は、能力を認められず苦しい思いをしたり、無能な人の下でやりたくないことをさせられるかも。ジッと耐えながら、スキル磨きを。機密情報の漏洩に注意。適職を占った場合は、ひっそりと隠れて行う調査職や研究職が吉。

✳**金運**　収入減少や出費増大に苦しむ暗示。投資や儲け話も危険がいっぱい。騙しや詐欺にあう危険もあるので、周りとお金の話をするのは避けるのが賢明。お金のかかることや高価な買い物は控えて、家内の整理整頓や勉強で地味に過ごすのが一番の金運安定策。失せ物は、物の下に隠れていそうだが、すぐには出ない。

✳**対人関係**　周りから攻撃や誤解を受けやすい。詐欺や裏で足を引っ張るような人にも警戒を。目立ったり、人から反感を買うようなことは避けて。

✳**願望**　叶いづらい。しばらく時を待つこと。

✳**住居**　日当たりや治安、ご近所付き合いに問題の気配。新築や移転も凶なので見送りが吉。

✳**健康**　大きな病気が潜んでいても、隠れていて見つかりにくいとき。心臓、眼、胃腸関係の不調は念入りに検査を。神経症やノイローゼにも注意。

✳**学問**　人に認められず、成果も表れにくいが、焦って不正をすると後々まで傷になるので絶対にしないこと。

✳**開運のヒント**　瞑想、リラクゼーション、ハーブティー、内観。

変爻

・・・✦ 宇宙が教える今後の展開 ✦・・・

初爻 障害に立ち向かわないこと

障害が多く、何をやってもうまくいきません。新規のことへの手出しも凶。頑張って対処するより、できるだけ早く撤退すること。仕事をやめたり、辞任することもありそうです。

二爻 助けを得て素早く退く

何かと障害や妨害が多いとき。自力で対処するには難しく、強力な助っ人を得て、大急ぎで苦境から脱すれば、少し支障がある程度で済む。正しいことをしようとしてもかえって禍を被ります。何もしないのが吉。

三爻 正しい方法で障害を排除

やられっぱなしではなく、断固とした手段で物事に対処すべきときですが、軽率に動いてはダメ。冷静に正当なやり方で問題や障害を取り除きましょう。何事も急がないことが肝心です。

四爻 強敵とは距離を置く

悪の実態や問題の所在がわかってきたけれど、どうやら自力では手に負えないようです。立ち向かわず、角が立たないように距離を置きましょう。良くないと思いながら続けることは大凶の結果に。

五爻 悔しくても無能のフリを

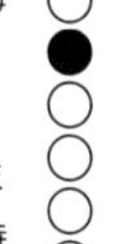

不穏な空気が漂っています。悔しい思いをしても、愚かなふりをして、徹底して能力を隠し、正しさを貫けば難を逃れられます。苦しくても忍耐で現状維持を。

上爻 初めは天に昇る勢いだが、のちに沈む

一時は栄えても、長くは続かず、落ち目の一途をたどりそう。これまでの行いやわがままな態度をよく反省し、正しい道に戻りましょう。願望は断念を。

風火家人

巽（風）×離（火）

キーワード

家内第一

易経の言葉

家人は、女の貞に利ろし

宇宙からのメッセージ

- 家庭第一で協力し合えば幸運を招きます
- 外側より、内側に目を内側が整えば、外側も整ってきます
- 家族や仲間内での役割を果たせば万事うまくいきます

卦の意味

家族や仲間と協力する

「家人」は家族を意味します。

風が火の勢いを増し、火が燃えて風が起きるように、風と火はお互い助け合う性質です。このように家族や身近な人と協力し合えば、家は栄え、発展していくことを説く卦です。

「女の貞に利ろし」とは、女性の力が必要であることを示しています。

風と火はともに女性を意味します。しかも、長女（風）が上で中女（火）が下にあり、二人の女が貞正をもって家を保っています。

一家の女性である妻や母がやるべきことをしていれば物事は正しい方向へと進むのです。

また、この卦は役割を全うすることの大切さも説いています。

家族や仲間それぞれが自分の役割を果たすことで、家や共同体が治まります。

家庭や仲間内の問題を明らかにする

この卦を得たときは、家庭内や仲間内など、内部に問題が潜んでいる可能性大です。

うまく協力できていなかったり、不和があったり……また、お互いの役割が明確でない、それぞれが自分の役割を果たしていないといったことが問題の種となるでしょう。

ですから、まずは家族や仲間内でもめ事が起きていないかを確認し、その原因となっている事柄を明らかにすることです。

多くの場合、やるべきことをきちんとやっていないということが原因でしょう。

それをしっかりと果たし、家族や仲間への感謝を示せば、周りの人も協力的になり、自然に問題が解消します。

・・・✦・・・

この卦を活かして最善の未来を創る方法

・・・✦・・・

身内や女性との協力と役割への専念がカギ

自分一人で頑張るのではなく、家族や身近な人の協力を得ることも、望みを通達するカギとなります。

女性がキーマンなので、女の人の力を借りたり、あなたが女性なら自分の行いを正すことです。

また、「火」は、明るさや物事が明らかであることを意味します。

嘘や隠し事がない誠実な明るい家庭を女性が中心となって作ることが、運気上昇や幸せにつながります。

仕事なら本業に力を入れる、学生なら勉学に励む、主婦なら家庭第一で、といった具合に、やるべきことに専念することでも運が開けます。

✳**恋愛・結婚**　アットホームな恋を育める。カップルは自然な形で結婚へと至りやすい。家族を味方につけるのがカギ。相手のお母さんやお姉さんや妹と仲良くなるとスムーズ。シングルの人も家族や身近な人が良いご縁を運んでくれそう。お見合いや結婚を前提にした交際は良縁。反対に、一時の遊びや三角関係ならやめておくべき。相手の気持ちは、あなたと良い家庭を築きたいと望んでいそう。

✳**仕事**　同僚や取引先との協力で招福。自分の役割や顧客から求められていることに専念して、しっかり果たせば評価も成果もアップ。副業など、本業以外のことに意識を向けると運気ダウン。外であちこち動き回る仕事よりも、座ってできる仕事や家でできる仕事がよい。家業の継承や家族経営も吉。

✳**金運**　家庭内が穏やかで安定したムードなら、臨時収入があったり、お金の循環が良くなるでしょう。主婦が財布のひもを握り、やりくりすれば、蓄財も順調。投資は、大利を狙わず主婦目線で銘柄を選ぶと吉。失せ物は家にあり、見つかる。家族が場所を知っている可能性も。

✳**対人関係**　お互いに持ち味を活かし合うことで良い関係に。家族や身内に接するような気持ちで。グループや仲間内では世話役やまとめ役の女性の心をつかむと交際がスムーズ。

✳**願望**　分相応な願いであれば叶うが時間はかかる。周りの人との協力が大切。

✳**住居**　必要に迫られたとき以外は今の住まいを維持するのが吉。インテリアや片づけなどでより良い環境づくりを。

✳**健康**　何の問題もないように見えて、腰痛や股関節、生理痛や婦人科系、便秘、痔、精力減退などの不調を抱えていそう。ひどくはならないが、すぐに完治も難しい。徐々に良くなるので、焦らず、じっくり付き合うこと。風邪や発熱をこじらせて長引くことも。家でしっかり養生を。

✳**学問**　家庭学習が学力向上につながる。母や姉妹が良い協力者に。受験は競争率が低いところか推薦を狙うとよい。

✳**開運のヒント**　ソファ、暖炉、インテリア雑誌。

37 風火家人

変爻

・・・✦ 宇宙が教える今後の展開 ✦・・・

初爻 最初の取り決めが大事

何事も初めが肝心。最初のうちにしつけやルール決めをすれば、後で困りません。結婚は吉。初心を貫いて、途中でほかのことに心を移したり、方針を変えたりしないようにしましょう。

二爻 役割に専念でいいことあり

自分が主体となって物事を成し遂げるほどの力がありません。立場をわきまえて、役割を全うするなら吉。大きな成功はなくても小さな利益はあります。大冒険や新規のことは見送り、堅実に。

三爻 厳しすぎて家族に不満も。適度に律して

厳しすぎる態度が原因で、家庭内や仲間内の人間関係のバランスや調和が崩れています。かといって、甘やかしたり、節操がないのも凶。適度に生活を立て直せば、好結果。

四爻 家を富ます。大吉

正しい道を進み、自分の役割をしっかり果たすことで、家族や周りの人を幸せにできそう。結婚も大吉です。家風を守って、務めをしっかり果たせば、家族仲良く発展し豊かになります。

五爻 万事うまくいく

何の問題もなく、順調に進みます。長年の悩みも解決しそう。家の改築、婚活、転職も吉。恋愛も意中の人とうまくいきそう。周りの人と協力を。

上爻 真心と威厳が大事

正々堂々と、威厳と真心をもって事に当たればうまくいきます。甘えはよくありません。手間を惜しまないことが、良い結果につながりそうです。周りから信頼されるよう行動を。

火沢睽

離(火)×兌(沢)

キーワード

背いてにらみ合う

易経の言葉

睽は、小事には吉

宇宙からのメッセージ

- 自分と人の違いを認め
それぞれの在り方を尊重しましょう
- 人間関係の調和が第一
我を通すより、対立や孤立を防いで
- 見た目と実際は違っています
先入観に惑わされないように

卦の意味

反目、反発のとき

「睽」は背く、異なる、反目するの意味。キーワードは、背き合う、にらみ合う、行き違い、対立、見込み違い、二女同居して争う。

火は「上」に燃え、「沢」は下に流れます。つまり、お互いに反対の性質を持つ組み合わせなので交わろうしません。

だから、この卦を得たときは、意思疎通がうまくいかず、背き合い、離れていくようなことが起こりがちです。

自分にとって理解できない人や物事が相手のため、不満やストレスも。

一方で、方向性や性質の違うものと力を合わせられれば、大きなことは難しくても、小さなことであれば達成できます。

しかし、あくまで「小事には吉」なので、積極的に物事を進めるような状況にはありません。

合わない相手と一緒でストレス大

この卦を得たときは、思うようにいかないことが多いときです。しかも、そのことに気づけません。

自分とはまったく考え方の異なる人と一緒に何かをさせられたり、本来の自分の性質とかけ離れたことをさせられやすく、それがストレスや不満、停滞を引き起こします。

しかし、異なる性質のものといることで、新たなものが生まれたり、自分には見えなかったものが見えることも。悪いことに見える事柄の中に吉があったりします。

人間関係のトラブルに注意ですが、孤立無援を避ければ大きな失敗にはなりません。

また、「女心と秋の空」というように、自分も人も気持ちが変わりやすい点には用心。

この卦を活かして最善の未来を創る方法

無理して合わせる必要はなし

火沢睽は、一家に中女（火）と少女（風）がいる卦で、この二人の女性は性格も違い、いずれはそれぞれ別のところへ嫁いでいきます。

つまり、それぞれの性質に合った異なる道を進んでいくのです。

だから、対人関係であれば、同じ理想に向かって生きていく人ではなく、考え方も違うので、相手を変える必要もなければ、あなたが相手に合わせる必要もありません。

むしろ、そうしようとすると、悩みと苦しみが生じます。

今の状況で良い結果を得たいのであれば、背き合う仲でも、ともに一致し、喜び合えることを探してみて。

そうすれば、小さな望みであれば叶えられます。

✳**恋愛・結婚**　相手とあなたは、考え方も性格も、人生に求めるものも違っていそう。距離を縮めるのは難しく、近づいても衝突や反発が増えそう。お互いの共通の趣味や楽しみを見つけて、そこで一時的に結びつくには良い関係。結婚は、嫁姑の不和や、小姑の口出しが悩みの種になりそう。相手についての見立て違いや錯覚にも注意。

✳**仕事**　人間関係の不和や対立が業務や業績に停滞を招く。女性同士のトラブルに注意。見込み違いも生じやすいので、事業拡張は避けるべき。女性からの依頼はトラブルになりやすいので、しっかり文書に残して。今まできちんとチェックしていなかった小さなこと、金銭管理、社内ルールを見直すのは吉。当てが外れる一方で予想外の新たな道が開けることも。

✳**金運**　出費が多く散財しがち。投資は儲かりそうに見えても、期待通りにはいかなそう。失せ物は、思っているのと違うところにありそう。あるわけないと思い込んでいるところを探してみて。また、失せ物が原因で争いが生じることもあるので要注意。

✳**対人関係**　対立や反目で悩みそう。相手とは根本的に考え方、性質、見ている方向が違うため、会話もかみ合わない。説得は難しいので、お互いストレスのない距離をとること。相手の性質を占ったのなら、人と調和するのが苦手な人、反発したり背いたりしやすい人の模様。

✳**願望**　裏から手を回せば、小さな願望は通達。

✳**住居**　人間関係の悩みが生じそうな気配。二世帯や姉妹での同居はもめる原因に。避けるか、一切干渉し合わないこと。

✳**健康**　病が長引く場合はセカンドオピニオンを。発熱、頭痛、咳、肺、口の病気に注意。

✳**学問**　誤った勉強法で伸び悩みの暗示。漢字や計算を毎日するといった小さなことをおろそかにしないこと。試験は見込みがありそうに思えても厳しい。正攻法ではうまくいきづらいので、推薦枠など要検討。芸術性や文章力は伸びやすい。

✳**開運のヒント**　楽しみ喜ぶこと、グルメ、スイーツ、温和に過ごす、優しさ。

38 火沢睽

変爻

宇宙が教える今後の展開

初爻 手違いが吉に転じる

何かを失う一方、手違いが良い方向に作用するときです。去る者は追わず、来る者拒まずのスタンスで向き合いましょう。一度は反発した人も戻ってきそう。

二爻 思いがけず問題解決

障害が多い悩めるときですが、思いがけないことから解決策を得られます。目上の引き立てによってチャンスの兆し。困ったことは頼れる人と策を練って対処すると成功します。

三爻 誤解は解消の見込み

手違いでピンチの可能性も、最終的にはなんとかなります。対人面は疑いを持たれがち。不審に思われるようなことは避けましょう。苦しむことがあっても結果的には誤解がとけるでしょう。

四爻 善良な人と出会い問題回避

周りと意見が合わず、孤立しやすいときですが、理解者に出会うことで難を逃れます。自我を抑え、信頼できる人との関係は大切にしましょう。

五爻 応援者との協力を強化

物事が思うように進まず、悔やむようなことも起きるとき。応援してくれる人たちと協力すれば、トラブルが解消されて進展していくでしょう。

上爻 真実を見つめて和解を

疑心暗鬼や孤立が災いを招きそう。事の真相を正しく判別し、これまでの反目も水に流して和合すれば吉。偏見を取り除くことが幸運への道です。

39

水山蹇（すいざんけん）

坎（水）×艮（山）

䷦

キーワード

進退両難

易経の言葉

蹇は、西南に利ろし。東北に利ろしからず。大人を見るに利ろし。貞しければ吉

宇宙からのメッセージ

・悩みや障害が起こるとき
あなた自身に改善点があります

・困難から抜け出すカギは
人に助けてもらうこと

・悩み解消には時間がかかります
解決を急がず、まずは現状維持を

卦の意味

前にも後にも進めない苦難のとき

「水」は悩み、「山」は停止の意味。前に進もうとしても水があり、後ろには山がそびえたち、退くこともできない。困難の中で止まってしまい、にっちもさっちもいかなくなっている状態の卦です。

キーワードは、行き悩む、身動きがとれない、災難、歩行困難。

水山蹇は、「四大難卦」の一つです。この卦を得たときには、悩みや苦労、障害、痛みといったことが出てきやすいでしょう。

問題の多くは当事者の考え方、行動の仕方に原因があるので、まずは自分を変えていく必要があります。

一人では動けないときですから、目上の人や自分より力量のある人に助けを求め、対処していくことで問題が解決していくでしょう。

進めない原因は自分にあり問題の根を要改善

この卦を受け取ったときは、非常に困難な状態です。

希望は通らず、物事も順調には進みません。「足が不自由」という意味があるため、思うように前進できず、かえって苦労や困難が増します。

また、進めないのは、環境だけでなく、当事者にも原因があるので、考え方ややり方などを改善する必要があります。

それなしにはこの難局は切り抜けられません。立ち止まって、自分を見つめ直すときです。

「西南に利ろし。東北に利ろしからず」とは西南（地）の意味する簡単なことや柔順さはよいが、東北（山）の意味する骨が折れるような難しいことや変化はよくないという意味です。

この卦を活かして最善の未来を創る方法

時間はかかるが人の助けで脱却可能

苦しい状況ゆえ、必要以上にネガティブに物事を考えたり、視野も狭くなりがちです。

事態打開のためには、誰かに相談したり、救いを求めることが大切です。謙虚な姿勢と素直な心で教えを乞うことで、道が開けることもあるでしょう。

ただし、水山蹇が出たときは、問題や悩みはすぐには解決できません。

「大人を見るに利ろし」は、立派な人の力を借りるとよいということですが、それをもってしても、即解決するわけではなく、ある程度の時間はかかります。

人に頼るだけでなく、自分でも努力や忍耐が必要なのです。

とにかく焦らず時を待つことです。

✳**恋愛・結婚**　障害や悩みが多く苦しいとき。このままでは前進も撤退もできない事態に。あなた自身の在り方や相手に対する態度を振り返り、まずは自分が変わることを考えて。意思疎通の不調は、信頼できる人に間に入ってもらうこと。片思いの人は、進展は期待できないか、時間がかかることを覚悟して。結婚は不和や争いごと多いが、今さら他の候補者も考えにくい。お互い改善すべきところを認め合い、目上の人にサポートを求めて。相手の気持ちは、こちらには向いていない模様。振り向かせるのも簡単ではない。

✳**仕事**　悩みや障害が多いとき。無理に物事を進めず、現状維持を第一に。一人で力不足のことは頼りになる人に助けてもらって。新規のことや冒険や無理は絶対すべきではない。重要な決断は上司や力ある人の助言を聞くこと。転職は、今は時期にあらず。今の仕事が辛くて辞めても、状況は変わりそうにない。今のところであなた自身ができることをもっとすることを考えてみて。

✳**金運**　低調。今しようとしていることをすると、金銭的な悩みが生じたり、受け取れるはずの利益を得られないといったことが起こりがち。投資などリスクがあることへの手出しは無用。金銭的なトラブルは力ある人に相談を。失せ物は、足に関係したものを失くしたり、盗まれたりしやすいとき。出てくる見込みは薄い。

✳**対人関係**　悩みや苦労が多い。近づかないほうがよい相手だが、離れるのも難しい。当たらず障らずの関係をキープすること。孤立したり、いじめにあったら、力があり信頼できる人に相談を。

✳**願望**　叶わない。時を待て。

✳**住居**　住環境に問題ありだが修繕や改築、引っ越し、移転もスムーズにいかないので見合わせを。

✳**健康**　足のケガ、歩行困難、冷え、消化不良に注意。治療はじっくり取り組むこと。

✳**学問**　プロの実力者にアドバイスを乞い、基礎からやり直しを。試験運は厳しい。

✳**開運のヒント**　現状維持、相談、フットマッサージ。

変爻

・・・✦ 宇宙が教える今後の展開 ✦・・・

初爻 止まって待つが最善

進めば前途は多難です。現状を維持し、じっと時を待てば解決します。立ち止まり、収まるのを待つのが最良の方法です。何事も無理はしないこと。行動しなければトラブルに巻きこまれることもなし。

二爻 周りのために献身的に尽くす

次々と難題が生じ、苦労の多いとき。誰かを助けようとして、厳しい試練に立ち向かうこともありそうです。私利私欲を捨て、目上の人間や組織のために献身的に尽力しましょう。

三爻 元の場所に戻って安らぐ

進もうとすると困難や苦労に見舞われます。立ち止まり、分を守ること。元いた場所に戻れば心穏やかに過ごせます。自分が動くよりも相手に来てもらうとよいでしょう。

四爻 進まずに、手を取り合う

苦難はピークを越えつつあります。まだ油断はできず、進めば困難が待っています。いったん退いて、身近にいる誠実な部下や目下の人と協力すればうまくいくでしょう。

五爻 大いに悩むが仲間が来る

悩みますが仲間が来て助けてくれます。ここを切り抜けると困難の時期が終わり、光が見えてきます。進んで人の輪の中に入るようにしましょう。

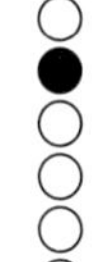

上爻 元の場所に戻って大人物と会う

苦しい状況を乗り切りましたが、むやみに進めばまた困難に陥ります。元の場所に戻って、力ある人の意見を聞いて、今後の方針を決めるとうまくいきます。

雷水解

震(雷)×坎(水)

キーワード

悩みが解消する

易経の言葉

解は、西南に利ろし。往く攸なければ、其れ来り復りて吉。往く攸あれば、夙くして吉

宇宙からのメッセージ

- 悩みや苦しみから解放され状況に明るさが見えてきます
- 悩みを解決するためにスピーディに行動しましょう
- やるべきことはさっさとやってすることがないときはのんびりと

卦の意味

トラブル解決！ ゆるんで解放される

「解」は解消、解決、「とける」ことを意味します。

「水」は冬や雪、悩み。「雷」は春や躍動。キーワードは解消、解決、解放、解散、ゆるむ、雪解けなど。

厳しい冬が終わり、暖かい日差しが出てきて、雪が解けるがごとく、これまでの悩みや苦しみから解放されて、運気に明るい兆しが見えてくることを暗示しています。

冬から春へ季節が変わり、物事が動いていくことを示す卦であるため、占った事柄に関して、今までとは違う状況が生まれてくることも意味します。

解散や契約や取引の解消、仕事や人間関係の変化も。

また、緊張感が失われ、怠け心が生じやすいときでもあります。

自ら動いて悩みの解決を

これまでと状況が変わるときです。困難の中にいた人は、悩みが解決してホッとできそう。

しかし、まだ兆しが見えはじめた状態で、すべてが解消したわけではありません。悩みを表す「水」が下側にあるということは、まだ自分の中にそれがあるからです。「雷」は、発奮し、動くこと。自分から動くことが必要です。

あなたを取り巻く状況は、刻一刻と変化しているので、その動きはスピーディであることが大切です。

のんびりしていると、手遅れとなったり、チャンスを逃すことになります。

また、悩みが解決して何もすることがなければ元の場所に戻り、じっとしているのが吉。

この卦を活かして最善の未来を創る方法

これまで順調にいっていたことが解消することも

易経の言葉に「解は、西南に利ろし」とありますが、「西南」は易しいことを意味します。つまり、あれこれ策を練ったり、準備に時間をかけたりせず、パッとできることをさっさとしてしまうことが解決につながるのです。

一方、これまで順調に進んできた事柄にも、「解消」「解散」などの動きが出てくる気配も。まとまっていた話や縁談が解消したり、解任、契約解除といったこともあるでしょう。

これまでの状態に固執せず、心機一転の気持ちで取り組むとよいでしょう。

また、プレッシャーから解き放たれ、気持ちのゆるみが出てきそう。手抜きによって、せっかくのチャンスを逃さないよう、努力は継続しましょう。

＊**恋愛・結婚**　今までの悩ましい関係や二人の間の問題に解決の兆しが出てくる。「解く」という意味から、まとめることは難しく、結婚話などは進展しにくい。腐れ縁の断ち切りや身辺整理には良いとき。相手の出方を待っているより、あなたのほうから積極的に行動すること。交際中の人は、二人を取り巻く環境が変わり、それがもとで疎遠になったり、自然解消になったりするかも。相手の気持ちも今までとは変わっていそう。

＊**仕事**　状況打開のチャンス。部署異動や上司の転勤などで環境が変わり、これまでの辛い状況が緩和されることも。頑張ってきた人は、結果が出て、形になる。一方、順調だった人は、取引先との関係が解消されたり、引き立ててくれていた人が転勤したりで、今までの職を解かれる可能性も。現在の職場が苦しい人は転職も吉。あなたにとって楽にできることや大衆相手の商売がオススメ。

＊**金運**　これまでお金に苦労してきた人は悩みが解消に向かっていく。借金返済などの契約に縛られてきた人も、そこから解放される見込み。一方で、好条件の取引などが解消されることも。散財にも注意が必要なとき。

＊**対人関係**　相手との間に要解決の問題あり。言いにくいことでも伝えるなど、積極的に働きかけること。関係解消や疎遠になる場合もあるが、それを避けても問題が長引くだけ。

＊**願望**　今できるアプローチを素早く行えば叶う。あと一歩で達成というところで気を抜いたり、油断をしたりしないこと。

＊**住居**　不満を持ちながら住み続けていた人は、それを解消するチャンス。壊れた箇所や不具合があるなら、スピーディに補修を。建物自体に欠陥があるなどでリフォームが難しければ、転居や契約の解消も考えて。

＊**健康**　これまで苦しんでいた病気は快方に向かいそう。気になる症状は、早めの受診で大事に至るのを防げそう。

＊**学問**　長らくの努力が合格や成績上昇などの結果に。気のゆるみに注意。

＊**開運のヒント**　スピーディに動く、南西、簡単なこと。

変爻

・・・✦ 宇宙が教える今後の展開 ✦・・・

初爻 問題はない

助けがあって悩みが解決します。物事は順調に進みそう。余計なことをせずに、流れに任せましょう。やるべきことはさっさとやってしまえば、すぐに片づきます。何事も分を守ること。

二爻 積極的な行動でごほうび

問題を解決するために積極的に動くことで、大きな成果をあげることができます。名誉やお宝などを得る可能性も。三つの良いことが期待できます。

三爻 分不相応な行いでつまずく

実力の伴わないことや、身分不相応なことをすると、失敗したり、恥をかくことに。考え方、進み方を見直し、改めましょう。見栄を張ったり背のびをしたりすると攻撃されることも。

四爻 身辺整理で同志を得る

身辺を整理するべきとき。悩みや苦しみの原因や悪習慣をきっぱり断ち切れば、素晴らしい仲間や支えを得られます。思い立ったら即行うことが大事。

五爻 悩みの種をすぐに除去

長年の悩みの種となっているものを解消するチャンスが到来。懸念材料となっていることや、やらなくてはいけないことは、ダラダラと先延ばしせず、さっさと済ませましょう。

上爻 禍の芽をつんでおく

問題や悩みの種となっていることをこれ以上放っておいてはいけません。少々強引なやり方をしてでも対処を。そうすれば悩みや問題もスッキリ解決します。

41

山沢損

艮(山)×兌(沢)

キーワード

損して得取れ

易経の言葉

損は孚あり。元吉。咎なし。貞にすべし。往く攸あるに利ろし。曷をか之を用いん。二簋用いて享すべし

宇宙からのメッセージ

- 損して得取れ
- 与える気持ちが幸運を引き寄せます
- 減らすことでうまくいく
- 引き算の姿勢で必要なことを絞って
- 奉仕の気持ちがツキを招きます
- 情けは人のためならず

卦の意味

目先の利益にこだわらない

「損」は、減らす、損失、奉仕、差し出すなどの意味。「山」の下に「沢」があり、沢が深いほど山を一層高いものにします。

キーワードは、損失、減少、損が得につながる、奉仕。

山沢損は地天泰（䷊）の一番下の陽爻が一番上に移動した形です。これは、下側である自分が損をして、相手に利益をもたらすことを意味します。

単にお金やモノが減るだけでなく、労力がかかったり、他人の世話をしなくてはいけないなど、時間や精神面でも失うものがあるときです。

しかし、目先の利益にとらわれず、見返りも求めず、奉仕精神を発揮すれば、それは後には必ず大きな利益となって戻ってきます。

「損して得取る」の卦です。

一時的な損が未来の利益につながる

この卦を得たときは、何かと世話や苦労が多く、出費もあるでしょう。

損な役回りを引き受けることになったり、将来、役に立つかわからないようなものに大金を支払う場合もあります。

しかし、それは、単なる損ではありません。一時的にはあなたに負荷がかかったり、あなたのお金が減ったりしますが、時を経て、あなたのもとに利益や恵みをもたらすものになります。

だから、目先の損得勘定だけで、「割に合わない」、「高すぎる」といった判断をすべきではありません。

そこに真心や思いやり、温かい気持ちがあれば、それらの「損」は単なる「損」に終わらず、すべて吉となります。

この卦を活かして最善の未来を創る方法

人への思いやりがカギ引き算の精神も

この卦が出た場合、自分のことばかり考えるのではなく、相手や周囲の人、会社など、自分以外の人を思いやることが好結果を招きます。

見返りを求めずに与え、人と同じものが欲しいときや、衝突したときは、相手に譲る気持ちが吉と出ます。

何事にも「引き算」を意識することも、この卦を活かす秘訣です。

「もっともっと」と足すのではなく、必要なことを必要なだけ行うよう心がけること。そうすることで、予想以上に喜ばしい結果がもたらされるでしょう。

またこの卦のときは、欲を封じこめるのがよく、私利私欲や自分のぜいたくや虚栄のために何かを行うことは大損につながります。

✳**恋愛・結婚**　こちらが損をしても、相手の気持ちを潤すべきとき。相手を立て、献身的に尽くすことでうまくいく。尽くし、与えている側が、のちに相手に愛され、物心共に利益を与えられる暗示がある。結婚は、最初はスムーズにいかなそう。だが、世話苦労が多くても、ジッと耐え、ゴールインすると、幸せと豊かさを得られる期待大。

✳**仕事**　職場や取引先の人の面倒を見ざるを得なかったり、売り上げにつながらない仕事をさせられたりと、労力の割には収益が上がらず、損失が出る場合も。だが、今は損でも、のちに良い結果につながる。売り上げを伸ばすよりも、顧客を喜ばせるサービスをすることが、後々、利益のタネとなる。転職は、最初は苦労が多く、減収もありそうだが、やりがいがある、経験を積めるなど、長い目で見て満足できそうなら進んでも吉。

✳**金運**　出費がかさんだり、財産が減ったりすることがあっても、それによって相手が喜んでくれたり、社会に貢献できるなら、後から大きくなって戻ってきそう。何かを学んだりするための費用であれば、高額でも身につき、のちに財を生む。失せ物は出てきにくい。

✳**対人関係**　相手の世話をしたり、面倒なことに巻き込まれたりして、たいへんなとき。利用されているように思えても、ここで尽くしておくと、後で信頼や利益を得たり、何かと優遇してくれたりといいことがありそう。ただし、相手が誠実かどうかは、きちんと判断すること。

✳**願望**　必要な出費や労力を惜しまなければ、長い目で見れば叶う。人や社会に尽くすこと。

✳**住居**　移転を急ぐと損失。もう少し我慢すると希望に叶うものやお得な物件が出てきそう。

✳**健康**　働きすぎや気の使いすぎ、体力消耗に注意。ストレスケアをまめに。

✳**学問**　頑張ってもすぐに結果が出ないときだが、先々、形になって表れる。成績を上げたい人は良いテキストを買う、良い塾に入るなど、それなりにコストをかけること。もちろん、きちんとこなさないと意味がない。

✳**開運のヒント**　奉仕、寄付。

変爻

✦ 宇宙が教える今後の展開 ✦

初爻 頼まれごとは引き受けて

自分のことよりも目上の人のために尽くさなくてはいけないときです。頼まれたことは多少無理をしてでも引き受けるのがよいでしょう。

○○○○○●

二爻 貞正にして慎しむとき

積極的に行動しないのが吉。自分を犠牲にしてまで人を助けるのはやめて、黙って見守りましょう。新しいことを始めたりせず、じっと止まっているなら財を失うこともありません。

○○○○●○

三爻 一人で行けば幸運

いくつもの目標を追うのではなく、一つを選ぶとうまくいきます。複数人よりも単独行動のほうが目上の支援も得られます。三人組は、仲間はずれや分裂が起きがち。

○○○●○○

四爻 速やかに病根を断ち切る

問題や障害を取り除くことを優先すべきときです。その後がスムーズになります。体調不良もすぐ受診を。困ったことが起きたときは年下の友人や部下が助けてくれそうです。

○○●○○○

五爻 思いもよらず益される

誠実さと真心があり、素直な気持ちで事を行うならば、望外の利益がもたらされるでしょう。目上からも目下からも協力があります。

○●○○○○

上爻 損をさせず利益を得る

人に損をさせず、利益を与えることができるため、信望を得るでしょう。献身的な部下を得て、大いに成功します。進んで物事をやってよいときです。

●○○○○○

42

風雷益

巽(風)×震(雷)

キーワード

力を合わせて益する

易経の言葉

益は、往く攸あるに利ろし。大川を渉に利ろし

宇宙からのメッセージ

- 積極的に進んで吉
- 大河を渡るような冒険も可能
- 損をしてもやめずに続けるといずれ利益を得るときが来ます
- 社会全体のために行動すれば成功し、大利を得ます

卦の意味

自分の力を世のために役立てる

「益」は増す、世の中の役に立つという意味です。

風雷益は⑫天地否（䷋）の最上部にある陽爻が下に移動した形です。

これは、上を減らして、下を増すこと、すなわち、支配者の富を減らして民に与えることを意味します。民衆が豊かになれば、国全体も潤って平和になり、万事うまくいくのです。

個人に当てはめれば、自分の力を少し、他者に与える。それによって、相手が良くなり、結果的に自分にもプラスになるということです。

キーワードは、増加、増益、上を減らして下を増やす、共同事業、公益。

積極的に物事を行って成功を得るときですが、個人的な利益のためではなく、人や社会全体に役立つことをすると、よりうまくいきます。

人や社会に役立つことをすれば大いに利益あり

この卦を得たときは、チャンス到来！　積極的に進めば、利益や名誉など大いに得るものがあります。大きな冒険に挑戦してもうまくいくでしょう。

さまざまなものを増やせるときですが、受け身ではなく、自分が主体となって動くこと。

この卦は、公益を意味するため、人や社会の役に立つことをすれば、それだけ、得るものも大きいでしょう。

また、風と雷はともに嵐を起こします。

このように、他者とタッグを組むことで勢いを増し、大きなムーブメントを起こすことができるのが「益」のパワーです。

だから、単独より人と組んで事に当たりましょう。共同事業などにも良いときです。

・・・✦・・・

この卦を活かして最善の未来を創る方法

・・・✦・・・

成果を出すには労力が必要

「益」は上の者が下の者を益する卦でもあるため、目上の引き立てや、豊かな人の援助を得ることが成功や飛躍のきっかけとなります。

たいへん勢いがありますが、中が陰ばかりなので、内容は空虚と見ます。つまり、見た目の勢いほど、実際の利益はありません。

この卦が「物を減らす、少なくする、労力をかける」という意味の「山沢損」に続くのは、損が極まれば、益するときが来るのが自然の道理であるということを表しています。

物が減ったり、少なくなったりすれば、自ずとそのスペースが埋められ、増やされる。労力をかければ、利益が出るということです。

つまり、これまで尽力してきたことを思い切ってすることで成果を得ることができるのです。

運勢

✳恋愛・結婚　恋愛は、相手から思われて、いろいろと尽くされ、それに応える形なら成就しやすい。そうでない場合は、お互いに表面的には親しんでも、深く理解し合えるところまでは進みにくそう。結婚は、趣味が一致している人、お互いの生育環境が似ている人とは、スムーズにゴールインできる予感。

✳仕事　順調に発展。積極的に仕事をすれば、上司からの引き立てや協力者の出現などがあり、売上もアップ。特に、これまで労力を注いできたことが報われる。調子に乗って、未経験な分野や分不相応なことに手を出すのは×。今の環境に不満がある人は、思い切って転職したり、異動を願い出たりすとチャンスをつかめる。

✳金運　必要なお金には恵まれる。自分の力やお金を、人に与えれば与えるほどリッチになれる。応援したい会社の株を買ったり、社会を良くするためにお金を使ったりすると、大きくなって返ってきそう。失せ物は探せば見つかる。その過程で別のものを発見することも。一人で探しても見つからないときは、誰かと一緒に探すこと。

✳対人関係　お互いに好影響を与えたり、才能を伸ばしたり、魅力を引き出したりできる素晴らしい人間関係が築ける。積極的に関わると吉。同じ目的のために行動すると、より親密感が増す。相手は、商売上手で、ビジネスの才覚がある人。ただし、お金はそんなに持っていないかも。

✳願望　積極的に行動すれば叶う。同じ思いを持つ人と協力するとさらに実現の確率が高まる。

✳住居　動くことがよい卦であるため、引っ越しや移転は大吉。ただし、身の丈に合った物件を。無理なローンも避けたほうが無難。新築やリフォームなども吉。

✳健康　問題なく過ごせる。病気は、伝染病、ノイローゼ、健忘症などに注意。

✳学問　向上期。人に教えることが、自分の理解度アップにつながるので、勉強会で人と協力すると吉。試験は分相応の学校であれば合格できそう。

✳開運のヒント　自信を持って事に当たる、人と協力する、みんなの利益のために動く。

変爻（へんこう）

・・・✦ 宇宙が教える今後の展開 ✦・・・

初爻（しょこう） 大仕事に取りかかろう

目上の人からのサポートを受けて、大成功できるチャンスです。自信を持って行えることであれば、ぜひとも挑戦しましょう。今まで時間や労力をかけてきたことが報われます。

二爻（にこう） 多くの恵みがやってくる

万事が順調に進み、多くの恵みを受けます。意外な利益があることも。正しい道を進み続けて、感謝の気持ちを表すと吉。並はずれた能力を発揮して会社や公的な場で利益をもたらすことができそう。

三爻（さんこう） トラブルは目上を頼って

大利を得ることばかりに心を奪われていると困難にあいます。そのときは恥も外聞もなく、目上の人に救いを求めましょう。その試練を切り抜けると、注目されチャンスが到来。

四爻（よんこう） バランスを保てば発展

正道を守れば、目上からの信頼を得て、大発展するときです。転勤や移転、旅行などから幸運や利益が生まれます。トレンドや時流に合った企画がヒットして利益を得そう。

五爻（ごこう） 上と下で協調するとき

人の面倒を見れば、大きな利益となって自分に返ってきます。目上と目下が手を取り合って目標に進めば、万事うまくいきます。

上爻（じょうこう） 利他を意識して吉

自分が利益を得ることばかりで周りへの配慮を忘れ、人から攻撃されてしまいそう。まずは他者を豊かにすることを考えるとうまくいきます。

43

沢天夬

兌(沢)×乾(天)

キーワード

決断と決行のとき

易経の言葉

夬は、王庭に揚ぐ。孚にして號う厲うき有り。告ぐるに邑よりす。戎に即くに利ろしからず。往く攸有るに利ろし

宇宙からのメッセージ

- 曖昧にしてきたことをハッキリさせましょう
- たとえ正しくても事を起こすときは慎重に
- やると決めたら最後まで中途半端なら何もしないほうが安全

卦の意味

思い切って決断を下すとき

「夬」は決断や決定という意味。

この卦は、一番上の陰が、下から増してきた陽に追い落とされそうな形で、沢の水が天高くあふれ出る象。物事の勢いが強すぎて、崩壊寸前の状態です。

キーワードは、決断、決行、決着、決壊、決定。不慮の災難に巻き込まれやすいとき。性急な行動は控えて、とにかく退くことです。

「首切りの卦」とも呼ばれ、これまで曖昧にしてきたことをハッキリさせる、誰かに何らかの責任を取らせる、解雇や中止をするといった重い決断を下さなくてはいけないことも。

しかし、その態度が厳しすぎると恨みを買うこともあるので注意。人を責めるのではなく、自分の責任も認め、慎重かつ穏便に事を進めるようにしましょう。

分相応な状態でないか？厳しい判断を

この卦を得たときは、これまで順調にきたことの崩壊が近付いています。

不慮の事故やトラブルに巻き込まれたりすることも。これまでとは方針を変える決断をするときです。

また、占った事柄について断固とした手段をとらなくてはいけない場合もあるでしょう。もし、進退について尋ねたのなら、覚悟がなければ進まないほうがよいでしょう。

自信も実力もないのに、高い地位を与えられた場合は、部下や目下からのプレッシャーで大変な苦労をしそう。

よほどの覚悟があるとき以外は見送るのが無難です。

この卦を活かして最善の未来を創る方法

一度決めたら不退転で進むこと

力ない人が采配を振っていて厳しい状況になっているのなら、断固とした態度で、それをやめさせなくてはいけません。

しかし、そうした場合、争いが起きたり、不慮の事故を招くこともあるため、正しい者が正当な理由を主張する必要があります。

そして、途中で意見を変えたり、中途でやめたりすることがあってはいけません。やると決めたら、最後までですること。そのようであれば、利益を得ます。

いずれにしても、自分の態度を戒めながら慎重かつ誠意をもって事を行うことです。

また、もしみんなが頑張っているのに一人だけ楽をしているのであれば、即刻態度を改め、みんなと同じように努力することです。

運勢

✳恋愛・結婚　決断のとき。順調に愛を育んできたとしても、今までの付き合い方は見直すべき。カップルは関係が変わりそう。相手の愛情にあぐらをかいていた人は、相手の態度が一変したり、別れを告げられることも。すぐに態度を改めて。結婚は無理に進めると後でトラブルの予感。夫婦仲は片方の堪忍袋の緒が切れる寸前。突然離婚を言い渡されたり、家を出ていかれたりするおそれも。

✳仕事　これまで順調だった状況が一変しそう。社内や組織内でクーデターが起きたり、下の者が高い位にいる人の退陣を要求したりするような一大事もありそう。立場のある人は引責辞任や解雇のおそれも。反対に、実力もないのに上に立っている人を辞めさせる動きも出てきやすい。争いに注意し、慎重に過ごして。今、計画していることは見合わせを。新規のことや拡張も大凶。これまでの方針の見直しに専念を。

✳金運　これまで順調で、なんとかやりくりできていたことが、そうはいかなくなりそう。浪費やムダの原因を突き止めて、即刻やめること。投資やうまい話も進めるとトラブルに。失せ物は高いところにあるか、盗まれたかのどちらか。盗まれた場合は断固とした態度をとるべき。

✳対人関係　今まで我慢して付き合ってきた人とは決別のとき。曖昧な態度をやめて、ハッキリした態度を。周りの人に甘えて、楽をしてきた人は、不満をぶつけられることも。態度を改めて反省の気持ちを伝えて。

✳願望　強引なやり方は思わぬトラブルを招く。ひっそりと計画を進めて。

✳住居　移転や引っ越しは慎重に。思いもかけないトラブルや問題物件をつかむ危険も。

✳健康　頭や首のケガ、のどの痛み、抜け毛などの悩み、ノイローゼなどが出やすい。無理しすぎないこと。

✳学問　周りの人が頑張っているのに、自分だけのんびり取り組んでいるようでは、成績が下がるのは当然。努力している人と一緒に学べば挽回可能。

✳開運のヒント　やり抜く、自己反省、方針を変える、決断。

43 沢天夬

変爻

・・・✦ 宇宙が教える今後の展開 ✦・・・

初爻 意気盛んだが、進んでも勝ち目はない

強気で自信過剰ですが力量不足。知恵も経験も欠けています。積極的に進めてもうまくいきません。トラブルや失敗を招くので、万事控えること。

二爻 周りを味方につけて災難を回避

災難やトラブルを警戒し、守りを固めるとき。周りの人を味方につけられるような振る舞いを。思いがけないことが起こりやすいですが、柔軟に対処して無事です。

三爻 何事もポーカーフェイスで

怒りや不満の感情を露骨に出すと、トラブルにつながりそう。断固として対処すると決めたなら、何事も表立たず、水面下で行うことが大切なときです。

四爻 猛進したい気持ちを抑えて人に従う

はやる気持ちはあっても勇気がなく決断できない。先頭に立って進むときではありません。人のアドバイスに耳を傾け、周りの人についていけば、吉。

五爻 中庸を守りながら断行する

白黒ハッキリつけて、切るべきものと決別するときです。といっても、情け容赦のなさすぎる態度は凶。自分の分を守りながら進めること。

上爻 自身の行いを振り返り、出直しを

立場を失ったり、物事が崩壊したり、自分のこれまでの行いの結果が返ってくるような苦しいときです。よくよく反省してイチから出直しましょう。欲や執着を捨て安全第一に。

44

天風姤（てんぷうこう）

乾（天）×巽（風）

キーワード

予期せぬ出来事

易経の言葉

姤（こう）は、女壮（じょそう）なり。女（じょ）を取（と）るに用（もち）うる勿（なか）れ

宇宙からのメッセージ

・予想もしなかった出来事で運命の歯車が狂いそう
・完全な状態の中にひび割れが小さいうちになんとかしましょう
・あなたの平和を乱すものは危険ですのめりこまないように

卦の意味

思いがけない厄介事に要警戒

「天風姤」は「遇（あ）う」、偶然に会うの意味です。

この卦はすべてが陽の卦である乾為天の一番下が、陽から陰へと変化したものです。

混じりけのない力強い陽の中に、弱い陰が生じる、すなわち、完全な状況にひびが入ったような象です。

つまり、偶然に出会うのは良いものではなく、厄介なもの。それまであった安定や平和を乱すような「問題の火種」となるようなものです。

しかも、これは徐々に拡大していきます。

キーワードは、偶然、衰運の始まり。思わぬ危険に警戒を呼びかける卦です。

特に、女性にからんだ問題が起きやすいときなので慎重に付き合いましょう。

偶然の出会いが想像もしない展開に

この卦を受け取ったときは、予期せぬものと出会ったり、思いがけないことが起こったりする兆しがあります。

ちょっとした出会い・出合い、たまたま出会った人や物によって、運命の歯車がずれていく。

そのようなことが起こりやすいタイミングなのです。

また、「風」は情報を意味します。

これは、噂や根拠のない話が一人歩きしたり、混乱のきっかけとなったりしやすいということでもあります。

何気なく発した言葉や行動が、想像もしない事態を引き起こすことがあるので注意が必要です。

・・・✦・・・

この卦を活かして最善の未来を創る方法

・・・✦・・・

女性はモテ期 男性は色難の相

女性を表す一つの陰で、男性を表す五つの陽を相手にしていることから、異性関係の問題が起こる可能性も孕んでいます。

女性にとっては、モテ期であり、男性の中の紅一点となり、女性的な視点や振る舞いが高く評価されるときです。寵愛を受けたり、良い出会いもあるでしょう。仕事でも力を発揮できそうです。

一方、男性にとっては女難の暗示。

女性に振り回されたり、問題の火種を持ち込まれやすいため、慎重に関わるべきとき。くれぐれも色事には、のめりこまないようにしましょう。

うまい話に惑わされたり、口車に乗ったりしないよう気をつけることです。

✳**恋愛・結婚**　出会いがあるときだが、幸せな恋愛や結婚へとつながる相手ではなさそう。トラブルを持ち込まれたり、平和な日常を壊されたりするような関係になりがち。深い交際になる前に手を引くほうがベター。女性はモテたり、寵愛を受けるときだが、複数の人にいい顔をすると、あらぬ誤解を受けたり、噂を立てられそう。男性は、相手によって、さまざまなものを奪われるリスクがある。

✳**仕事**　思いがけない出来事によって、仕事や職場の状況が変わりそう。男性の多い職場に入って戸惑ったり、毛色の違う人が入ってきて、混乱が生じたりすることも。また、女性問題が原因で仕事に支障をきたす場合もある。女性ならではの視点やアイデアを活かすと高く評価され、重宝されそう。積極的に上司に提案をすると吉。提案はソフトに打診するとうまくいく。転職は安定を欠く原因になるので見送るべき。たまたま出会った人、偶然舞い込んだ話は、将来の業績低下の原因になりそうなので、慎重に判断を。

✳**金運**　ふと耳にした儲け話や情報、たまたま出会った人には要注意。経済状態を悪化させたり、安定した生活を狂わせたりする危険あり。男性は女性絡みの出費が増えたり、女性から持ち掛けられた案件が損失につながったりしやすいので、甘い話と誘惑には十分注意すること。失せ物は低いところを探したり、女性に聞くと見つかりそう。

✳**対人関係**　グループや仲間内で予想外のことが起き、友情にひびが入ることも。噂や根拠のない話に踊らされないこと。

✳**願望**　突然の状況の変化で叶いにくい。

✳**住居**　家の修理や改築は、たまたま見たチラシや出会った人に依頼せず、慎重に検討を。

✳**健康**　脚や膝、肛門や痔、のぼせや脳溢血、上半身の炎症や膨張などに注意。

✳**学問**　魅力的な人やゲーム、たまたま知った遊びなどにうつつを抜かして成績ダウンの暗示。原因になっているものから離れるべき。

✳**開運のヒント**　ポイント水晶、万年筆。

44 天風姤

変爻

•••✦ 宇宙が教える今後の展開 ✦•••

初爻 大人しく過ごすと吉

軽率な行動をしないよう、自制して過ごしましょう。積極的に動き回るとトラブルを起こします。自分の中にいる敵に注意。新規のことに手を出したり、計画を進めたりするときではありません。

二爻 楽しみは見せびらかさない

色恋沙汰などは、自分一人の楽しみにしておけば問題にはなりませんが、表面化するとまずい事態に転じそうです。自己アピールはしないでおくのが安全です。

三爻 安心できる場所がない

職場や家庭など居場所がなく落ち着かないが、大きな問題はない。気になることや新規のことはうまく対処できないので、しないほうが良い結果になりそうです。争いは避けること。お尻や肛門の不調に注意。

四爻 深追いは凶

愛するものや望むものが離れていきそうですが、深追いするとトラブルに。諦めれば問題なしです。利益を求めたり、焦ったりしないことです。

五爻 慎しみで棚からぼたモチ

実力があり正しいことをしているので、ピンチをチャンスに変えられます。才能や力量を周囲に誇示せずに、謙虚で寛容な態度で他人と接することで、予想もしなかった幸運が降ってきそう。

上爻 衝突は多いが大過なし

強気すぎて、人とぶつかって、孤立しがちなときです。ただ、それによってトラブルに巻き込まれることもないので、問題はありません。

45

沢地萃（たくちすい）

兌（沢）×坤（地）

キーワード

人・物が集まる

易経の言葉

萃（すい）は亨（とお）る。王有廟（おうゆうびょう）に仮（いた）る。大人（たいじん）を見（み）るに利（よ）ろし。亨（とお）る。貞（てい）に利（よ）ろし。大牲（たいせい）を用（もち）いて吉（きち）。往（ゆ）く攸有（ところあ）るに利（よ）ろし

宇宙からのメッセージ

- 人や物が集まり豊かになります
- 精神性を重視すると吉
- 何かを受け取りたいならば先に対価を差し出しましょう
- 祖先の霊や目に見えない存在を大事にすると助けを得られます

卦の意味

精神的な拠り所に人・物が集まり栄える

「萃」は「聚（あつ）まり」または「集める」という意味です。キーワードは人や物が集まる、集合、祭祀。

「地」の上に水が集まって「沢」になることを示す卦。水は土に浸透していく性質から、人が集まり、親しみ交わることを表します。

この卦の上の部分を水にした❽水地比にも、同じく「親しむ」の意味がありますが、「萃」には、単に物や人が集合するだけでなく、祖先の霊を祀っている場所に集うという意味があり、精神的に、一つのものを中心にして集まることが暗示されています。

上の者に祖先を祀る心があれば、人や物も集まり、栄えます。

祖先を祀る際にお供え物をするように、何かを成すには犠牲や対価を払う必要があると説く卦でもあります。

精神的に通じる人と集う＆神仏に加護を頼む

この卦を得たら、人や物が集まってにぎわうときです。積極的に前進すれば、希望は叶うでしょう。

事を起こす前には、神仏に参拝したり、お墓参りをするなど、霊的なサポートを依頼しておくと、より良い結果を期待できます。

また、人や物が集まり楽しむときですが、そこに心をまとめるような精神的な拠り所がないと、ただ、どんちゃん騒ぎをするだけになってしまいます。正しい目的を持ち、それに合った行動を取ることが重要です。

易経の「大人を見るに利ろし」とは、徳のある人が中心人物となり、その人に倣い、ついていくことで良い結果がもたらされるということです。

・・・✦・・・

この卦を活かして最善の未来を創る方法

・・・✦・・・

願望成就には何を奉るかが大事

神や霊を祀るときには捧げ物をするように、望むものを手に入れるためには、代償を払う必要があります。

人や物が集まり、順調に進む一方で、今後、物事を発展させるには、それなりのコストや労力、手間ひま、精神力がいりそうなことも暗示されています。

そこで出し惜しみしないことが重要です。

また、人が集まるため、人間関係のトラブルや不測の事態が起こりやすい機運でもあります。その点にはしっかり備えておくとよいでしょう。

時間とともに、集った人や物はバラバラになっていくのが世の常です。そのため、人々の知恵を結集して素早く事を行うのが吉です。

✳**恋愛・結婚**　多人数が集うパーティやイベントで出会いが期待できる。ただし、一対一ではなく三角関係になったり、ライバルが多く競争が激しかったりする傾向あり。結婚を占った場合は、良縁でまとまりやすい。婚後も子宝に恵まれ、家の運も上昇。結婚式は親族を招いて、にぎやかに行うのが吉。

✳**仕事**　人や物を集めるため、事業拡大や売上アップが期待できそう。一方、そのための宣伝・広告費などの経費もそれなりにかかる。結果的にトントンであったとしても、そこは惜しまずに。集めた人たちを喜ばせ、お互いが交流できるような事業が吉。就職・転職は、大衆向きの商売やサービス業に適性あり。

✳**金運**　人や物を集めたり、人々と協力したりすることで利益を得る。ただし、それ相応の出費が必要になるため、大利ではなく、薄利の見込み。失せ物は、人が多く集まる場所で失くしたか、物に埋もれている可能性あり。外で失くした場合は、見つかりにくい。

✳**対人関係**　交友関係が広がったり、さまざまタイプの人との交流が活発になったりしそうな好調運。ただ、楽しく盛り上がるだけの人とは、次第に疎遠になっていく暗示。精神的に理解し合える人と関係を深めると吉。

✳**願望**　動機が正しく、神仏を祀って加護を得れば、有力な人からの援助を得て叶えることができる。競争相手が多いのでそれ相応の努力は必要。

✳**住居**　人口増加中の活気のある都市や住宅街が吉。移転や引っ越し先もそのようなところなら、近所との関係も良好で楽しい生活を送ることができる。

✳**健康**　健康で楽しく過ごせる。病気を占った場合は、複合疾患に注意。集団飲食による食中毒や歯や口の中、胃腸、消化器系、肺や咳、胸部の病気が組み合わさりやすい傾向。

✳**学問**　学力の向上が見込める。図書館で勉強したり、集団塾などで学んだりすると実力アップの見込み大。できる人の勉強方法を参考にして。試験は競争が激しいので油断せず努力を。

✳**開運のヒント**　神仏に関わる祭祀、お墓参り、神社。

変爻

宇宙が教える今後の展開

初爻 妥協せず理想に向かう

心が乱れやすく、目的を一つに絞れない。安易に妥協せず、真の理想に向いましょう。なりふり構わず前進すれば叶うので、心配ありません。

二爻 目上の引き立てによって吉運を得る

本当の希望や理想に近い人たちと積極的に交われば、引き上げてくれます。神仏を祀るときのように誠意をもって事に当たること。

三爻 迷いを捨て進んでよい

心が定まらず、迷いが多い状態です。しなくてはいけないことがわかっているなら、思い切ってするとよいでしょう。

四爻 公平に皆の利益を考えれば大吉

人望を得て、物事がうまくいくでしょう。目上の人と親しみ、目下からも慕われ、多くの人や物が集まってきます。傲慢にならず、目上の人には礼儀を尽くすよう心がけること。

五爻 粛々と周囲に奉仕する

目下の人に注目が集まり、口惜しい思いをしそうです。しかし、周囲に尽くせば、徳や人望を得ることができます。実力以上のことを任せられる暗示も。準備をしっかりして進めれば無事。

上爻 孤立脱却のため努力を

かつては人心を掌握し、成功したものの、今は孤立無援で、人や物が集まらず、思うようにならない。これまでのことを反省し、人が集まるように努力をしましょう。

地風升

坤(地)×巽(風)

キーワード

芽が大木に育つ

易経の言葉

升は、元いに亨る。用いて大人を見る。恤うる勿れ。南征すれば吉

宇宙からのメッセージ

・発展し、成長する上昇運
・小さなことの積み重ねを大切に根をしっかりと伸ばすほど上にも高く伸びることができます
・力を持った人に出会うことでさらに昇り進めます

卦の意味

成長と発展の兆し

「升」は昇り進むことを意味します。

地風升は、大地から、木の芽（風）が発芽し、やがて大きな木へと生育していく姿を表す卦です。

キーワードは、前進、生育、成長。状況や物事はこれから次第に成長し、発展していきます。

新規のことや新しいことを生み出すのにも良いときです。

ただし、木が成長するには、時間がかかりますので、目標達成までの道のりはそれなりに長くなります。

しっかりと大地に根を生やせば、力強く成長することができます。

土台を固めること、それにふさわしい環境を整えることが重要です。

その上で、目標を掲げて、小さなことを積み重ねていけば、いずれ望んでいたことが叶っていくでしょう。

上昇運！
大人に能力を活用してもらう

この卦を得たら、上昇機運です。

今は小さくても、これから大きく成長・発展していくので、積極的に行動しましょう。

ただし、積極的にといっても、自分一人の力でぐんぐん物事を進めていけるわけではありません。

易経の「升は、元いに亨る。用いて大人を見る。恤うる勿れ」の「大人」とは、立派な人や力量のある人、有識者を指します。このような人に出会い、助言を得て、あなたの能力を活用してもらえば、昇り進んでいく、と伝えているのです。

つまり、一人で気ままにやっていては、大きな発展や目標に届くほどの成長は見込めないということです。

この卦を活かして最善の未来を創る方法

木を育てるには時間がかかる

木が育つには環境も大事です。あなたが望むことができる場所に身を置きましょう。

そして、力ある人に取り立ててもらえるような能力を磨くこと。その上で、助言に従い、頼まれ事を積極的に行っていきましょう。「従順かつ受け身の姿勢」がよいときです。

自分の目の前にやってきたものを、一つひとつ着実に成し遂げ、小さなことを積み重ねていくことが、経験を増やし、縁も広げ、大きな成功へとつながっていきます。

希望は通じていく卦ですが、それなりに時間がかかるので、粘り強く諦めないこと、途中でやめないことが大切です。土台をしっかり固めましょう。

焦らず、木が太陽に向かって伸びていくように、光の差すところへ進んでいけば、自然に向上し、進歩していくでしょう。

✳恋愛・結婚　じっくりと着実に愛を深めていけるとき。出会ったときから、好意を感じやすいが、すぐに結婚を意識するのではなく、時間をかけてお互いをよく知った上でしたほうがうまくいく。スピーディな進展がなくても、焦らず交流を続けて、お互いを高めていけば、自然に良きパートナーになれる。

✳仕事　実力アップで大きく発展。勤め人なら順調に出世・昇進。上司や目上の人の指導に謙虚に従うことがカギ。新規事業や独立開業にも良いときだが、土台と環境をしっかり整えた上で行うこと。発展まで時間はかかるため、その間の資金を用意しておくとよい。焦らず、迷いを捨てて、一つのことを積み重ねて。なかなか期待した結果が出ないからと、簡単に諦めたり、放棄したりすると、後悔することに。

✳金運　上昇気流。大きな蓄財が見込めそう。といっても、一攫千金を狙う大ばくちではなく、「塵も積もれば山となる」の心で、コツコツ積み上げる方法が吉。小さな利益を積み重ねる、定期的に一定額を貯金するなど継続がカギ。失せ物は盗難の可能性も。発見には時間がかかる。防犯の徹底を。相場は徐々に上昇。長期保有で利益あり。

✳対人関係　素直な態度での交流が吉。相手が目上で尊敬できる人なら、従順に、問題も徐々に解決。

✳願望　小さなことをコツコツと積み上げていけば、叶う。心変わりや焦りを手放し忍耐強く取り組んで。

✳住居　引っ越しや移転は積極的に行ってよい。時間をかけて、条件に合うものを探すことが満足度を上げるカギ。

✳健康　健康運は良好。病気は時間をかけて進む。ストレスによる免疫力低下、風邪や胃腸の疾患、下痢、食あたり、腹部のしこり、腰痛などに注意。

✳学問　これからグングンと学力が高まる予感。良い指導者に出会うことがカギ。その人のやり方に素直に従い、毎日コツコツ休まず継続すれば目標達成。

✳開運のヒント　コツコツ積み上げる、継続する、根気、植物を育てる。

変爻

••• 宇宙が教える今後の展開 •••

初爻 誠の心で昇れば大吉

昇り始めのときです。周りの仲間や先輩についていけば、自然に上昇していけるでしょう。ただし、半年は時間がかかるのを覚悟すること。ご縁を大切にするとチャンスが到来。

二爻 できることをしていけば大丈夫

智恵も実力もあるが、地位や立場は低め。自信をもって、できることから、誠意をもって対処すれば発展します。神や先祖を祀り、加護を受けると吉です。

三爻 何の支障もなく上昇

障害もなく順調に発展しそうです。迷いを捨て、思い切った行動を取ることでチャンスを得るでしょう。うまくいっても、油断せず、引き続き努力を重ねること。

四爻 身の丈に合わせれば平穏

昇り進むことができても、それをせず控えめにしているのが吉。分不相応の望みを抱かず、自然な流れに任せることが大切です。心をこめて神仏を祀れば、幸福を得るでしょう。

五爻 正道を守ること

正しい道を固く守り、努力を積み重ねていけば、希望は通り、地位や名誉を得られます。ただし、時間がかかります。根気強く。

上爻 昇り続けようとすれば財を失う

昇り進んだ状態で、これ以上を望めば、失敗を招きます。自分を省みて、やり方を変えれば状況も変化するでしょう。散財や不健康にも注意です。

47

沢水困

兌(沢)×坎(水)

キーワード

枯渇の苦しみ

易経の言葉

困は、亨る。貞し。大人は吉にして咎なし。言あるも信ぜられず

宇宙からのメッセージ

・苦は楽の種
明るい未来を信じて耐えましょう

・簡単にはいきません
でも信念を貫くなら良い結果に

・あなたの考えは理解を得られなさそう
今は心に秘めて

卦の意味

何をしてもうまくいかない忍耐のとき

「困」は困難、困苦の意味で、苦しみ、窮すること。易の中でも、非常に困難な四大難卦の一つです。

「沢」の下に「水」が位置しているのは、沢の水が漏れ、干上がった状態を表しています。

キーワードは、困窮、困難、苦しみ、欠乏、忍耐、悩み。

この卦の示す困苦は、沢の水が漏れたことによる涸渇の苦しみです。

本来あるべきものを失ったり、得られなかったり……

何をしてもうまくいかないので、今は焦らず耐え忍びながら、自分の武器を静かに磨くことに集中しましょう。

苦労が絶えませんが、ひたすら忍耐で乗り切ること。乗り越えたあかつきには、必ず運気は上昇していきます。

困窮に耐え切った先で活路が見出される

この卦を得たら、たいへん困難な状態にあるか、占った内容について前進すると欠乏や困窮にあうという意味です。

だから、進退を尋ねたのなら、進んではダメ。イエスかノーかなら「ノー」です。

「困は、亨る」とありますが、すぐにうまくいく、成功するという意味ではありません。行き詰まって困り切ったときに、思いがけない活路が見出されるということです。

次の「貞し」は、困難から逃げようと安易な道を選ぶのではなく、ひたすらに耐え、正しいところを守り通すよう教えています。

立派な人物であれば、そうした姿勢を貫くことができるので、むしろ良い結果につなげられます（大人は吉にして咎なし）。

・・・✦・・・

この卦を活かして最善の未来を創る方法

・・・✦・・・

知恵は秘める弁解は避ける

しかし、普通の人にとっては、窮地で踏みとどまるのは非常に難しいことです。そのため、やはりこの卦は多くの人にとって辛いものに感じられるでしょう。

「言あるも信ぜられず」は、困窮しているときに何を言っても信じてもらえないので、知恵は口にせず秘めておくのがよいことを意味します。

また、困ったことがあっても、あれこれ言い訳するのはよくないときです。弁解したくても、黙って耐え、苦境を脱するのを待ちましょう。

たいへん厳しい運気ですが、このようなときこそ、万物は変化するという宇宙の真理を忘れずに、希望を持って過ごしましょう。

✳**恋愛・結婚**　出会いのチャンスに乏しい。意中の人とも進展せず、悩むとき。片思いの人は相手に恋人がいたり、失恋したりすることも。カップルは、相手があなたの二股を疑っていたり、あなたの愛を信じていない場合もありそう。お金の問題に直面している二人は、一緒に苦労を乗り越えれば、将来的には結ばれる。結婚はまとまらない。結婚した方がいいか占ったのなら、答えはノー。婚後、経済的に苦労したり、障害が発生したりして困難が多そう。

✳**仕事**　経営悪化や売上減少など、問題が多いとき。新しいことに手を出すよりも、出費を抑え、忍耐で乗り切れば、窮地打開のきっかけをつかめる。ただし、その機会はできることをすべてやり切った後に到来。早々に見切りをつけたなら、また同じ悩みに陥るだけ。

✳**金運**　無駄遣いで家計が苦しくなったり、貯金が目減りしたりしそう。原因を突き止めて、まずは余計な出費を抑えること。投資や儲け話は赤字のもと。絶対に乗ってはいけない。失せ物は盗まれた可能性があり、戻ってくる見込みは薄い。

✳**対人関係**　悩ましいとき。余計な一言を口にして、周りのひんしゅくを買ったり、非難されたりするようなことになりがち。弁解すると余計に評判がダウン。良かれと思ってした助言や知恵も、真意が伝わりにくいので、口は堅く閉ざしておくこと。

✳**願望**　すぐには叶わない。忍耐強く努力を続ければ、実現のチャンスがやってくる。

✳**住居**　水回りの設備の問題や、湿気の多さでトラブルの予感。耐えられない場合は移転を。ただし、転居運は低調なので、問題なしなら見送りが無難。どうしてもの場合は、水漏れがないか、設備がきちんと動くかなど必ず確認を。

✳**健康**　悩みやストレスからくる食欲不振や精力減退、過労、腎臓病、口内炎などに注意。

✳**学問**　過去にサボったことが原因で苦労するとき。つまずきポイントを調べて、コツコツと取り組んでいくと後々助かる。

✳**開運のヒント**　寡黙、寝ること、神社に行く。

変爻

・・・✦ 宇宙が教える今後の展開 ✦・・・

初爻 もがくよりもじっと耐えて

苦労や困難が多いときです。のちのち苦労や悩みの種になりそうなことへの手出しは禁物です。もがくより、現状にとどまって耐えること。

二爻 酒や食事を与えられすぎて苦しむ

美味しいお酒や食べ物をもらいすぎるように、高すぎる地位や責任を与えられて苦しむとき。あまり積極的には動かず、神仏を祀るように謙虚な気持ちで過ごすとよいでしょう。

三爻 どこに行っても苦しい

困難のピーク。前進しても障害にあい、後退しても心が休まりません。実力以上のことをせず、控えめに過ごして、力を養うこと。一家離散のような憂き目にあうことも。

四爻 人のための願いは叶う

行くべきところに行こうとしても、障害や邪魔があって苦しみます。ですが、人のためになることであれば、最終的には目的を遂げることができます。

五爻 ようやく問題解決の兆し

長らくの困難の原因となるものを苦労して取り除き、助けになるものを得られる。慌てずに長い目で見て、物事に対処すること。神仏を祀ったり、神社に行ったりするとよいでしょう。

上爻 このままでは苦しい。方針転換を

次々と困難が起き、身動きが取れません。このままではダメ。自分の生き方を変える気持ちで進むなら運気も上向いていくでしょう。力を奪うものから離れ、高望みは理想を下げて。

48

水風井

坎(水)×巽(風)

✦キーワード✦

変わらぬ姿勢、奉仕

易経の言葉

井は、邑を改め井を改めず。喪うなく得るなし。往来井井たり。汔んど至らんとするも、また未だ井を繘せず。其の瓶を羸る。凶

宇宙からのメッセージ

- 足るを知って欲張らず必要な分で満足がうまくいくカギ
- 今まで通りを繰り返しながらより良いものにしていきましょう
- 持てる力を人に与えましょうそれが幸せを招きます

卦の意味

いつでも恵みの水を与えてくれる井戸

水風井の「井」は井戸の意味。

村や人々が変わることがあっても、井戸はいつでも同じ場所にあって、人々に分け隔てなく、水を無償で提供し、往来する人々を養ってくれます。

井戸の中のつるべは上下を行ったり来たりして、水を運びます。

涸れることもなく、あふれることもなく、いつでもそこにある井戸の水を人々は必要な分だけ汲み、のどを潤し、生活に用います。

キーワードは、生活、養う、行ったり来たり、過不足がない。必要な分だけ得る。

水を一度にたくさん汲もうとつるべや縄に負担をかけると、井戸が壊れてしまい、水が汲めなくなります。無理をせず、必要なことを必要な分だけするのがよいとも説く卦です。

いつも変わらず自分の役目に集中

この卦を得たら、現状維持が基本です。何をするにしても、これまで通りのやり方をし、今、あるものの中に恵みを見出し、それに満足して感謝する姿勢で事に当たりましょう。

運気的には弱く、動くときではありません。リスクのあることに挑んだり、無謀なことをするのは慎み、何事も分相応な範囲のことをしていれば、必要なものは与えられます。

また、井戸は、人や村が変わっても、いつも同じ場所にあり、分け隔てなく、水を提供しています。

このように、周りに左右されず、マイペースで、自分の本分や役割を忠実に守りながら、他者に奉仕をし、才能や智恵を大いに人のために役立てることが福を招きます。

この卦を活かして最善の未来を創る方法

自分や周りの純度を高め恵みに感謝する

また、この卦が出たときは、移動や変化には向きません。基本的なスタンスは今まで通りをキープしながら、今いる場所をより良くすることです。

なぜなら、井戸の水は泥で濁っているより、澄んだ綺麗な水が喜ばれるからです。

このように、自分自身や環境から汚れを取り除き、純度を高くすること、能力を高めることによって、人に喜ばれ、感謝されます。

自分が感謝することも大切です。当たり前に存在する井戸のように、価値あるものなのに気づけていないことはないでしょうか？

ひょっとすると、孤独だと思っていたら、案外周りにたくさんの味方がいるかもしれませんよ。

✳**恋愛・結婚**　華やかさはないものの、釣り合いのとれた相手とならば、穏やかな恋ができそう。片思いの人は、相手のことを助けたり、ケアしたりすると距離が縮まる。高望みをしたり、相手に多くを望むと、関係悪化のおそれ。結婚はまとまりやすく、穏やかで平凡な家庭が築ける。相手に自分の理想を押し付けたり、背伸びをした生活をすると、うまくいかなくなりがち。

✳**仕事**　大きな成果をあげたり、高い評価を得るようなときではなく、下積みや努力を積み重ねるとき。人や社会に役立つことをするとともに、手間のかかることや体を使って働くことをいとわない姿勢がツキを招く。これまでのやり方を維持するのが吉で、事業拡大や新規事業に手を出すのは凶。

✳**金運**　これまでの生活を維持すれば、得はないが損もない。リスクのある投資をするのは危険。むしろ、人に喜ばれることをアルバイト感覚で始めると、それが将来の実りにつながりそう。失せ物は見つかりにくい。

✳**対人関係**　助け合う姿勢が人間関係を良くするカギ。奉仕精神を発揮して、得意なことをコミュニティで発揮すれば、人からも慕われ、あなたの実力も高まり、いいことずくめ。

✳**願望**　小さな願いは叶うが、分不相応の願望は叶わない。

✳**住居**　現状維持がよいとき。引っ越しや移転は控えたほうが吉と出る。生活していく上で必要な修繕や改築なら、行っても問題は起こらない。

✳**健康**　穏やかにマイペースに過ごしていれば問題なし。病状を占った場合は、養生第一。体に良いものを食べ、悪いものはやめるとよい。良くなったと思って、これまでの生活を変えると、ぶり返すので注意。

✳**学問**　ケアレスミスを減らすための努力や、しなければいけないと思いながらも後回しにしていることに取り組むことで、失点を減らすことができそう。机の上を片づけるなど、環境を整えることも大切。人に教えることが成績向上に結びつく。

✳**開運のヒント**　古くからずっと使われ続けているもの、ボランティア、浄化、綺麗な水。

変爻

・・・✦ 宇宙が教える今後の展開 ✦・・・

初爻 自分を磨くべきとき

人や社会から必要とされ、役に立つような実力や才能に乏しく、何か新しいことをしようとしても、うまくいかなそうです。自分の中の弱点や欠点と向き合って、それを取り除く努力をすること。

二爻 漏れの穴をふさぐ

養う力や人に役立つものは持っているのに、それを活かす環境が整っていないために、発揮できないようです。苦労や困難に耐えて時を待って。無駄や浪費も多いので、穴を塞ぐこと。

三爻 才能を人に知ってもらう

能力があっても、それを評価し、用いてくれるような人や環境に恵まれません。積極的に才能や知恵を披露し、さらに努力を続けて。人の目に留まり、今までの苦労が報われ、お互いに幸せになれます。

四爻 才能発揮のときに備える

飛びぬけてスゴイ才能はなくても、人や社会に役立つものは持っています。現状を維持しながら、自分の内面を磨き、整えることに力を注ぎ、才を発揮する機会に備えましょう。

五爻 才能発揮で喜びが循環

周りの人からあなたの存在や才能が認められ、喜ばれるときです。労をいとわず、奉仕的な姿勢で行えば、周りから信用も得られ、あなたにもたくさんの恵みがあります。

上爻 変わらぬ奉仕で幸運

これまでの苦労や努力が報われて、認められ、地位が向上します。成功を収めても、これまでと変わらず、万人に役立とうと努力を続けるなら、さらなる幸運が。利益は少なめです。

49

沢火革

兌(沢)×離(火)

✦キーワード✦

改革をするとき

易経の言葉

革は、已る日にして乃ち孚す。元いに亨る。貞に利ろし。悔い亡ぶ

宇宙からのメッセージ

- 古いものを一掃し新しいものと入れ替えましょう
- 誰の目にも明らかな問題を大胆に改革しましょう
- 優れた知恵を持つ人からのアドバイスが有効です

卦の意味

大変革と刷新のタイミング

「革」は改革、革新の意味。転機を迎えたり、状況が大きく変わろうとしているときに得る卦です。

また、占ったことについて、何かしら改め、見直す必要があるというメッセージでもあります。

この卦は動物の毛がすべて抜けて、生え替わることに関係しているので、今までのやり方に新たなものを加えるのではなく、古いものをすべて取り去り、総取り替えするような思い切った改革を断行する必要があります。

キーワードは、変革、改める、古いものを捨てる、一新。

「火」は明智や優れた知恵、「沢」は言葉やコミュニケーションを表すので、独力ではなく周りの人に相談したり、改善したいことを言葉にして明確な方向性を打ち出したりすると吉です。

改革には適切な理由と時期も大事

この卦を得たときは、万事改まるとき。これまでのやり方や態度を見直し、方向転換が必要です。

やり方次第で、これから先の未来が大きく変わるときなので、よくよく考え、タイミングを見計らって動きましょう。

ただし、大きな変化であれば、不安を感じたり、それに抵抗する人が出てきて、争いが生じることもあります。

だから、正しい理由で、適切な時期に行うことも重要になります。

特に相手があったり、大勢の人が関わるのなら、よくよく話し合うこと。動機がはっきりせず、自分にも人にも不利益となるのなら見送りましょう。

この卦を活かして最善の未来を創る方法

変化が定着するまで根気よく努力を

沢火革のときは、金銭や書類上のトラブルの心配もあるので、それに関わることは、慎重に改革すべきです。

やり方としては、少し変えるだけでは意味がありません。

自然に元の状態に戻る可能性もあるので、刷新した後には、それをしっかり定着させる根気強さも必要となります。

変化を示す卦であるため、大逆転や大どんでん返しも起こりやすいでしょう。

また、改めたいことだけでなく、現状を維持したいと望んでいたことも大きく変わる場合があります。

その点は考慮しておきましょう。

✳**恋愛・結婚**　今までの付き合い方などを見直すとき。別れることになったり、一方が変化を受け入れることに抵抗し、争いごとが起きたりもしやすい。別れを告げられた人は、今までの態度を改めて、自らの振る舞いを変えるべき。結婚は、今進めている話や相手とはうまくいかなそう。相手を変えることが吉。相手の気持ちは、以前とは変わっているか、あなたとの関係を変えたいと思っている模様。それができなければ、別れの可能性も考えていそう。

✳**仕事**　社会情勢の変化などにより、職場の人事も変わるとき。社内改革やリストラ、クーデター的なことが起こることも。設備ややり方など、古いものを見直していく必要性が出てくる。新規事業に着手するのも吉。転勤や転職の機会が訪れる場合もあり。正しい動機を持ち、人に役立ち、人生を変える覚悟で進めれば、素晴らしい結果に。

✳**金運**　お金に対する考え方や使い方を見直し、改める必要あり。支出項目やムダを洗い出すと経済状況が一変しそう。失せ物は、書類や現金、アクセサリーなどを紛失しやすいとき。出てきても、前の状態とは変わっていそう。

✳**対人関係**　付き合い方が変わったり、変えなくてはいけないとき。ただ、一方的に態度を急変させると相手との関係が悪化するので、タイミングを見ながら慎重に行うこと。

✳**願望**　長いこと叶わなかった願望は手放し、正しい目標を描けば叶う。

✳**住居**　移転や改築の検討にはベストタイミング。この物件でよいか占ったのなら、見方を変えて再考を。

✳**健康**　体調に変化の兆し。気になるときは健康診断や受診を。口腔、歯、声帯、のど、心臓、眼、貧血などの不調や急な悪化に注意。長引く病は治療法の再考やセカンドオピニオンを得ると吉。

✳**学問**　今までのやり方を続けていても、向上は期待できないので、思い切った改革が必要。先生や先輩に相談すると吉。

✳**開運のヒント**　古いものを捨てる、刷新、入れ替える、イメチェン。

変爻

宇宙が教える今後の展開

初爻 改革前の下準備

改革に着手するのは時期尚早。積極的に動くより、じっくり考えるときです。直感がひらめいて、心が満たされ、周りも感化できそうなアイデアを思いつきそうです。

二爻 進むタイミングを見極める

タイミングが大事。焦って改革を進めたり、新しいことにチャレンジするのではなく、着々と準備をして、機が熟してから行えばうまくいきます。大きな障害もないでしょう。

三爻 進めば凶、改革の議論が三度繰り返される

変革のときですが、思い付きで動くのは凶。ほかの人と最低三回は話し合いを重ね、お互いに納得した上で改革を行えば、時勢や状況に合ったプランになるでしょう。

四爻 誠意をもって改革！

改革を行うときが来ました。今なら後悔もなくやり遂げられそうです。誠意をもって実行すれば結果上々。事を成し遂げた後も、気を抜かず、将来に備えましょう。

五爻 自分を信じて一新のとき

改革が成就します。変えるときは思い切って何もかも刷新しましょう。正々堂々と自分の判断を信じて行えば、好結果を招きます。転職も吉。

上爻 君子は豹変す、ほどよいところで改革完了を

改革が一段落して、皆、豹のように立派に変身。「君子豹変」という言葉の由来はこの爻辞です。後は改革が定着する仕組み作りに専念するのが吉。

50
火風鼎（かふうてい）

離（火）×巽（風）

キーワード

協調、協力

易経の言葉

鼎（てい）は、元（おお）いに吉（きち）。亨（とお）る

宇宙からのメッセージ

- 一人よりも三人
  協調性が福を呼びます
- じっくり煮込むように
  何事も時間をかけて
- 焦らず機が熟すのを
  待ちましょう

卦の意味

協力してじっくり煮込み、機を待つ

「鼎」は「かなえ」、すなわち、煮炊きする三本足の器のこと。三本足は安定、安泰を意味します。

キーワードは、安定、安泰、三者、協力、協調、機が熟す、成熟。

三本足により安定を得られることから、良い結果が予感される卦です。

そのためには、協力や協調性がカギとなります。

この卦は「火」の下に「木（風）」があり、火に木をくべて物を煮る姿を示しています。鍋で食材を煮込むと、味や食感が変わるように、変化、改良という意味を持ちます。

また、生ものに火が通って柔らかくなるには時間や手間を要することから、時間が経つにつれ良くなる、調整が必要、希望が通るまでには苦労もありそう、という意味もあります。

一人ではなく周りとの協力で成果あり

この卦を得たときは、独力ではなく、周りとの協力が、好結果につながります。

鼎(かなえ)という容器の三本足のバランスの良さから、他者との交流や意見交換、協調が、重要であることが暗示されているからです。

「火」は知恵や知識、「風」は情報や意思疎通。お互いに知恵や技術を出し合ったり、話し合うことで、一人では不可能な素晴らしい成果が得られることもあります。

また、新しいことに取り組むのにもよいタイミングです。

その際は、材料の様子を見て、火加減を整える料理のように、最初のプランにこだわらず、どんどん改良していくほうがより良いものになります。

・・・✦・・・

この卦を活かして最善の未来を創る方法

・・・✦・・・

結果が出るまでには時間がかかる

火風鼎を得たときは、時間をかけることも大切です。

というのも、熟成や煮込むことで食べ物の味わいが深まるように、焦らずゆっくり進めることで、素晴らしいものができあがるからです。

また、鼎とは、本来、お供え物を調理する器です。

だから、手抜きは禁物。神様に捧げる気持ちで丁寧にじっくりと物事に取り組めば、望みは叶っていきます。

むやみやたらに行動せず、物事を進める際には慎重に検討し、どっしりと心を安定させて事に当たるとよいでしょう。

✳**恋愛・結婚**　時間とともに熱く親密になっていきやすい関係だが、第三者が介入することで気持ちに変化が起こりやすい傾向あり。友達を交えてのデートなどは避けるのが無難。もし今、三角関係であるのならば、それにけじめをつければ運気アップ。結婚は急ぐと凶。進めている途中で破談の危機もあるが、それを乗り越えればまとまる。お互いの気持ちや理想について、じっくりと話し合うこと。

✳**仕事**　人間関係の調和や協力が、業績や売上アップにつながる。新事業、新たな人材、内容の見直しなどの改善策を進めるのにも良いときだが、成果が出るにはそれなりの時間がかかる。簡単に諦めず継続を。印鑑や書類などに関わるトラブルには注意。転職も良いとき。一人で探すより誰かに相談するなど、人に声をかけておくと好ましい職場が見つかりそう。

✳**金運**　食費と交際費を中心に、生活費の支出が多いとき。人とのつながりや協調性の発揮がお金を呼ぶ。人を通して、収入アップにつながる話が舞い込んだり、好情報を聞けたりしそう。投資や財産形成は時間をかけて行うものが有望。失せ物は、時間はかかっても見つかりそうだが、変形や変質の可能性もあり。人と一緒に探すと吉。

✳**対人関係**　良好。良き協力者を得られる。特定の人について占ったのなら、協力し合って、状況を改善できそう。お互いの得意な能力を発揮し合うとよい。

✳**願望**　時間をかけて成熟させることで叶う。単独より、協力者を得たり、三人で行うと吉。

✳**住居**　リフォームや内装替えに最適。引っ越しも吉。特に三人で住むと調和して暮らせる。

✳**健康**　食事が体調不良に関係しやすい。合わない食べ物や食べすぎに注意。胃腸、眼、心臓、肝臓、熱病などの疾患が出やすい。病勢は変化し、悪化しやすい傾向。なかなか良くならないときは、受診とともに、食事や生活習慣の見直しと改善を。

✳**学問**　成績低下や成果が出ない原因をあぶりだして取り除いていけば、時間をかけて向上。

✳**開運のヒント**　料理、バーベキュー、三人組。

変爻

宇宙が教える今後の展開

初爻 問題を片づけてから始動

不要はものや役に立たないものは手放し、かねてからの問題を解決すること。すべてがクリアになってから、新しいことを始めるなら問題なし。表面的なことや体裁にとらわれず、実を重視しましょう。

二爻 自分への嫉妬に注意

邪魔や誘惑をしようとする人が身の回りに存在しそう。魅力的に見えても惑わされず、自分の身を守り、慎重に過ごせば、安全にやり過ごせるでしょう。あなたの才能や財産を羨んで、足を引っ張られても助けあり。

三爻 失敗しても時が解決

初めは思うようにいきませんが、時間が経てばうまくいきます。強気に出たり、人に先んじたりせず、穏やかな態度で周りと協調すれば状況が改善。失敗しても慌てず、時を待てば解決策が見えてきます。

四爻 無理は失敗のもと

欲張ったり、実力以上のことに手を出したり、信頼してはいけない人に任せたりすると、失敗の危険。無理はせず、物事を依頼する際は、きちんと実力がある人を慎重に選ぶとよいでしょう。

五爻 たくさんの成果あり

今までの努力が報われ、成果が出ます。チャンスや良い出会いがあなたのもとにやってくる予感。信頼できる部下や後輩と一緒に進め、人の意見によく耳を傾けて。謙虚な姿勢をキープ。

上爻 繁栄を分かち合う

状況改善で素晴らしい結果を得て、大いに繁栄するとき。周りの人々と喜びを分かち合いましょう。強さの中にも優しさのある姿勢を貫けば、人から支持され、さらなる成功につながります。

51

震為雷（しんいらい）

震（雷）×震（雷）

✦ キーワード ✦

驚きの出来事

易経の言葉

震（しん）は、亨（とお）る。震来（しんきた）るに虩虩（げきげき）たり。笑言（しょうげん）唖唖（あくあく）たり。震百里（しんひやくり）を驚（おどろ）かすも、七鬯（ひちょう）を喪（うしな）わず

宇宙からのメッセージ

・驚くようなことがあっても落ち着いていれば大丈夫
・発奮して事を起こすのは吉
しっかり準備した上で動くこと
・喜ぶのも悲しむのも何事も事の真相を確かめてから

卦の意味

雷鳴のような一大事に恐れ驚く

「震」は雷や地震のこと。

雷が二つ重なったこの卦は、空に雷鳴が響くように、驚き、恐れ、慌てるような出来事が起こりやすいことを暗示しています。

しかし、騒がしいわりには、実害がほとんどなく、何か問題が起きても、見た目ほど大したことはありません。冷静沈着に対応すれば、のちに笑い話になるようなことです。

また、「声あって形なし」のときでもあり、内容や実力、実利が伴わないことが多いでしょう。

キーワードは、震動、雷鳴、動く、進む、奮う、決断、大声、驚愕、驚くような出来事、怒り、衝動、長男、音。

見た目の大仰（おおぎょう）さに惑わされず、人や物事の本質をよく見極めましょう。

びっくりすることが起きても冷静に

この卦を得たときは、驚くようなことが起こるときです。

それも一度ではなく、二度重なりそうです（「雷」が二つ重なる卦のゆえ）。

それは、悪いことばかりではなく、ハッピーサプライズのこともあります。

しかし、音だけで、大きな影響を実感しにくい雷のごとく、幸運も凶運もなく終わることがほとんどです。

ですから、驚くようなことが起きても冷静さを失わないこと。

また、衝動的に事を起こしたり反射的に動き出してしまいがちなときでもあります。

そのようであると損を招きますので、戒めましょう。

この卦を活かして最善の未来を創る方法

前進ＯＫ　ただし中身はじっくり確認を

「震」には、動くという意味があるため、前進するには良い時期です。

ただし、勢いに任せてではなく、準備をした上で動くこと。

また、順序や方法を守りながら進めるのが成功のコツです。

なお、外見（そとみ）に一喜一憂して、取り越し苦労やぬか喜びも増えるとき。

しっかり中身や実態は確認しましょう。

うまい話には裏があったり、逆に中身がなかったりしますので要注意。

また、自分の印象で不確実な噂を触れ回ったりして、あなた自身が人騒がせな人にならないよう気をつけてください。

✳**恋愛・結婚**　積極的にアプローチしたくなるときだが、自分の気持ちを押し付ける一方では報われない。相手の状況、立場なども配慮した上でアタックすること。嬉しいこともショックなこともどちらも勘違いということも。慌てないで本当かどうか確認を。結婚は、一時的に盛り上がったり、衝動的に進むことはあっても、ゴールインは難しく、無理はしなくていい縁。

✳**仕事**　突発的な依頼や予定外のことが多く、多忙な割に成果や売り上げが上がらない気配。複数の依頼が来たり、仕事を掛け持ちしたりしたくなっても、一つのことに専念したほうが成果はあがる。転職はなかなか結果が出ないが、焦って手近で済ませないこと。適職は、新しい職種や声や音に関係すること。

✳**金運**　衝動買いや思いつきでお金を使うことで家計がピンチに。投資や儲け話など、いろいろチャレンジしても、なかなか利益を得られない。楽して儲ける話はスルーで。失せ物は、家や現在地から離れたところで失くしたか、失くした場所から品物が動いていて、なかなか見つからない。

✳**対人関係**　相手の言動に驚かされてストレスや不安を感じることがありそう。相手に悪気はなく、ストレートなだけなので、無理せず、正直に付き合うのがよい。

✳**願望**　叶いそうな話や動きはあるものの実現はまだまだ。実際的な努力を積み重ねるべし。

✳**住居**　騒音やご近所トラブルの度が過ぎる場合は、転居も要検討。物件を占ったのなら、何か驚くようなことがありそう。中身、条件など、突っ込んで話を聞くこと。

✳**健康**　ヒヤッとするようなケガや事故に注意。大事には至らなそう。出会い頭の事故にも要警戒。病気は、肝臓、神経の高ぶり、ヒステリーなどの可能性。病状は変動が多いが、見た目ほどは悪くならないことが多い。

✳**学問**　口先だけでなくやる気を行動力に結びつけること。音声を使った学習は効果あり。

✳**開運のヒント**　新作、新番組、音、ｉＰｏｄのような歩きながら音を聴くもの、ポップな曲。

変爻

・・・✦ 宇宙が教える今後の展開 ✦・・・

初爻 驚きの出来事がありそう

驚くようなことが起きても、その後は喜びに変わるので、心配ありません。ただ、油断や慢心をすると、トラブルもあるので、努力を持続することです。やってみたいと思ったことは行動に移して。

○○○○○●

二爻 失ったものは七日経てば戻ってくる

思いがけない出来事によって、財産を失ったり、これまで進めてきたことから一時的に撤退の可能性も。何かを失っても、あとで取り戻せるので、今は身を守り、危険から遠のくことです。

○○○○●○

三爻 慎重さで災いを回避する

慎重に事を進めるときです。あれもこれもと欲張らず、与えられたことをきちんとやること。自己過信せず、間違いを反省して改めながらやっていけばトラブルなし。

○○○●○○

四爻 良くないものと決別する

つまらないことに関わらざるを得ず、本当にしたいことができない状態。このままでは希望は通りません。悪習や悪縁は断ち切り、気力と体力を正しい方向にシフトして自分を高めれば、状況好転。

○○●○○○

五爻 なすべきことはしっかり

トラブルに見舞われて、どうしてよいかわからなくなりそう。もがくより、やるべきことに専心すればピンチを切り抜けられます。現状維持を意識して。面倒事を持ちこまれて苦労も。安請け合いはしないこと。

○●○○○○

上爻 雷が近くに迫ってきて恐れ驚いている

すべてにおいて、用心深く、慎重に進めることでトラブルを回避。やりたいことがあっても、今は見送って、これまで通りを守るとき。自分の身を守ることで精一杯で人を助ける余力はありません。

●○○○○○

艮為山

艮(山)×艮(山)

キーワード

止まって無事

易経の言葉

其の背に艮まりて、其の身を獲ず。其の庭に行きて其の人を見ず。咎なし

宇宙からのメッセージ

- 自分の本分を守り
他に心を移さず、とどまりましょう
- 焦りや欲を手放せば
いらぬ苦労から解放されます
- 途方もない高い山に
無理して登ろうとしていませんか？

卦の意味

山＝障害が重なる試練の象

「艮」は山を表し、とどまることを意味します。山は、立ちはだかる壁や障害です。

この卦は、「山」が二つ重なり、物事が止まったり、動けない状態を表しています。一難去ってまた一難といった試練の連続が起こりやすいときでもあります。

キーワードは、止まる、停止、制止、塞ぐ、沈黙、頑固。

易経の「其の背に艮まり」とは背中に止まるということ。進めば悩みや難題にあうときですが、自由に動かせない背中のようなところにあえてとどまることで、周りに惑わされず、無事を得ます。

欲を手放し、何も求めず、本分をじっと守っていれば、やがて良い兆しが表れてきます。

運気停滞
立ち止まるとき

占ってこの卦を得たら、運気が停滞し、何事も順調にはいかないときだと覚悟しましょう。

進もうとすれば、障害にあったり、憂慮すべきことが起こるので、前進するよりも、休止し、目の前のことに冷静に対処するのがよいときです。

大きな決断や変化を避け、余計なことに手を出さず、今あるものに感謝し、その中でなんとかやっていくことを考えましょう。

頑固さによってもめ事や対立が起きることもあるので、自分の意見に固執したり、意地を張ったりしないこと。

多少のことは、我慢する姿勢が、運気を高めます。

この卦を活かして最善の未来を創る方法

高すぎる目標は
チェンジすることで開運

すでに着手していることであれば、やめたり、方針を変えたりせずに継続することが大事です。未着手のことは中止を。

自分のいるべき場所を守って、自然に来るものに対応するのが最善なときです。

低迷期であることを受け入れて、余計な欲を諦めると、ぐっと楽になります。

自分の実力に合っていない高すぎる山に登ろうとして苦労が続く暗示も。目指すものの本質を見極めると、より実現度の高い目標にシフトできます。

孤独になりやすく、協力も得られにくいときですが、人を当てにせず忍耐強く、淡々と過ごしましょう。

運勢

✳︎**恋愛・結婚**　恋愛は、悩みや障害が次々と訪れやすいとき。意中の人と距離を縮めようとしても、お互いの消極的な態度やプライドが邪魔をして、親しくなりにくい。無理に仲良くなろうと努力するよりも、自然にチャンスが来るまで待つのが吉。結婚は、邪魔が入ったり、何か来なければほかの縁を探して。と支障があったりと、まとまりにくい縁。無理をして一緒になっても、お互いの頑固さが原因で不和になりそう。

✳︎**仕事**　誠実に実直に取り組むとき。すぐに成果が出なくても、力をつければ、周りからの信頼も次第に得られる。事業の新規開拓や拡大には不適。今まで通りを守り、最も重要で安定している事業に集中して取り組むべき。転職は凶。今は止まって現状維持を。

✳︎**金運**　無理をして高価な買い物をしたり、リスクのある投資をしたりするときではない。今ある収入やお金でやりくりするよう努めること。失せ物は、動いてはいないようなので、記憶をたどって探せば見つかりそう。

✳︎**対人関係**　孤独を感じたり、うまく意思疎通ができないとき。無理に親しくしようとせず、相手から来たら、応対する程度でOK。相手の性格を占った場合は、保守的で頑固な人。誠実で真面目な人ではあるが、とっつきにくそう。

✳︎**願望**　思うように進むことができないときなので、無理に進めようとすればトラブル必至。今はまだ叶えるのは難しい。

✳︎**住居**　引っ越しや移転はせず、今のところにとどまるのが無難。増築は、階を増やしたり上へ延ばす工事は吉。

✳︎**健康**　背中、脊髄、腰や関節の病や不調に注意。病気が体にとどまり、慢性化したり、持病化したりしやすいので、早めのケアを心がけること。運動不足にならないよう、定期的に体を動かすとよい。

✳︎**学問**　停滞期だが、ここで諦めたり、方針を変えたりせずに粘り強く努力を。試験運は厳しそう。高望みせず実力相応の志望校を探して。

✳︎**開運のヒント**　止まる、休む、どっしりと構える。

変爻

・・・✦ 宇宙が教える今後の展開 ✦・・・

初爻 停滞運。留まるのがよい

力が弱いため、前に進んでも、障害にあって自信をなくしたり、悲観的になってしまいそう。無理せず、休んで止まることで無事を得ます。欲を捨て、謙虚で正しい姿勢で物事に向き合う姿勢が大切。

二爻 ままならないが信念は固守

やりたくないことをやらされたり、穏やかに過ごしたいのに周りに振り回されたりと、イライラ不快な気持ちになりやすいとき。嫌でもやるしかありませんが、自分のポリシーは見失わないで。

三爻 意地を張らず、柔軟に

何かに執着したり、意地を張ったりして、周囲とぶつかりやすいときです。柔軟になり、周りの人の意見も聞くこと。現状維持でも不安。動いてもうまくいかず……。時を待つこと。

四爻 自分本来の姿勢を貫く

実力や立場を理解し、自分自身がいるべきところを保てば、問題はない。困難や障害が目の前に立ちはだかっても、焦らず、静かに、自分本来の姿勢を貫きましょう。

五爻 口が招く災いに注意

みだりに発言せず、言葉を慎むこと。話すときには筋道を立てて話せば問題は起こりません。軽挙妄動せず、落ち着いて、秩序正しく事を行えば、後悔するようなことにはなりません。

上爻 優れた止まり方をする。吉

何事にも動じず、自分を貫き通すことが無理なくできるとき。このようであるならば、よい結果に通じます。まもなく、困難や障害は取り除かれ、最善の展開へと進んでいくでしょう。

53

風山漸

巽（風）×艮（山）

キーワード

漸進、結婚

易経の言葉

漸は女帰ぐに吉。貞に利ろし

宇宙からのメッセージ

- 小さいことを積み上げながら大事を成しましょう
- しかるべき手順を踏んで進めば大きく成長し、望みも叶います
- 嫁入りの卦。結婚は成就します

卦の意味

次第に進んでいく

「漸」はだんだんと進んでいくこと。「風」は木を示し、「山」の上で樹木が成長する姿を表す卦です。

山の上の木は、ゆっくりでも着実に育っていきます。

ここから導かれるキーワードは、次第に進んでいく、正しい手順を踏んで進めば成功する、結婚。

結婚というのは、易経の「女帰ぐに吉」から来ています（「帰」は嫁ぐの意味）。

これは、きちんとした手順を踏んで、ゆっくりと進んだなら嫁入りがうまくいくと説いているのです。

この卦を得たら、何事においても焦らず、正しい順序で進めていくこと。そうすれば、素晴らしい成果や利益を得ることができます。

嫁入りのように順序正しくがカギ

この卦を得たときは、占った事柄が、これから上昇したり、前進したりしていくことが暗示されています。

仕事でいえば、昇進。進むことで地位や立場が上がって、功績を残し、物事を成就させることができます。

しかし、大切なのはその進み方で、「ゆっくり、着実に」というのがカギになります。

女性の嫁入りが、両親への報告、結納、結婚式へと進むように、正しい順序で手続きを進めていくと良い結果につながります。

早く結果を出そうと慌てたり、やるべきことを端折ったりすると、せっかくの好運に水を差して台無しにしかねないので気をつけましょう。

・・・✦・・・

この卦を活かして最善の未来を創る方法

・・・✦・・・

地道に着実に大きな成果を狙うとき

「良い卦が出たから、大丈夫。うまくいく！」と慢心するのではなく、成果を得るにはじっくり取り組む必要があることを肝に銘じ、目標を達成するまで、コツコツと地道にやっていく気概で臨むことが大切です。

また、ゆっくり進めるのがよいといっても、ダラダラと時間をかければよいというわけではありません。

正しい順番とプロセスを踏みながら、着実に事を進める行動力がもう一つのカギです。

この卦が出たときに成すのは、大きな成功や発展で、小さな成果や利益ではありません。だからこそ、相応の実りを手にするためには、根気よく時間をかけなければならないのです。

運勢

✳**恋愛・結婚**　恋愛も結婚も焦らず進めていけば成就の見込み。相手はあなたに好意を抱いているので、あなたが受け入れればうまくいく。片思いの人は、積極的なアプローチよりも、相手のペースに合わせて距離を縮めていくとよい。結婚は大吉。両家の顔合わせや挨拶など、きちんと進めていけば、みんなに祝福されて幸せな結婚に。

✳**仕事**　徐々に発展。新しいことを始めるのにも最適なタイミング。結果を焦らず、正しいプロセスを踏んで、一つ一つ丁寧に進めること。人からの提案や相談には進んで協力するとチャンスにつながる。

✳**金運**　だんだん良くなるので、急激に利益を得ようとせずに、少しずつ増やしていくようなやり方がよい。投資は、時間を味方にして、積み上げていくやり方が吉。「進み、最後には飛び立つ」の意味がある卦のため、失せ物は戻ってこない暗示。

✳**対人関係**　長期的な信頼関係を築くチャンス。急速に距離を縮めようとせず、一つ一つの約束を守るなど誠実に付き合うと吉。相手の性格は慎重で物事を着実に進める人で、腰の重いところがありそう。

✳**願望**　しかるべき順序や手続きを踏みながら、努力を続けていけば叶う。成長を楽しみながら、じっくりと物事に取り組んでいくこと。

✳**住居**　引っ越しや移転を占ったのであれば、まったく問題ない。話を進めて吉。ただし、慌てないで、納得いく場所が見つかるまで探し続けること。気に入った物件でも、条件などを丁寧に見て、検討を。

✳**健康**　体調的には問題なく過ごせるとき。病状について占った場合は、次第に進んでいく暗示があるので要注意。風邪、神経症、癌、食あたりにも十分気をつけること。

✳**学問**　成績は上昇に向かっていく。無理のない計画を立て、一つひとつのステップを大切にして努力を重ねていけば、素晴らしい結果につながりそう。試験も、今の実力より上のところも狙える見込み大。

✳**開運のヒント**　儀式、手順を踏む、計画表。

変爻

…✦ 宇宙が教える今後の展開 ✦…

初爻 ゆっくり進めば多少のミスも問題なし

高いところへと向かって進む第一歩です。経験や実力の不足から、人から批判されたり、小言を言われるようなミスをする危険もありますが、計画を立てながらゆっくりと進めば問題なし。

二爻 目上からの引き立てで安定

目上の人の引き立てや援助で、安定した状態を得られそう。役目をしっかりと果たせば、相応の報酬を得て、楽しく過ごせます。食べるのにも困りません。ただし、油断は禁物。

三爻 前に出ず慎み深くする

道ならぬ恋に走ったり、目的のためにやりすぎて、孤立や問題が生じそう。安定や満足は得られにくい。外からの誘惑やうまい話に乗らないこと。人に非難されるような行いは避け、身近な人とうまくやる努力を。

四爻 素直に従えば波風なし

不安定な状況になりがちなときですが、穏やかな態度で、周りの人に従い、有力な人の力添えを得れば、安定を得られます。正しい道を守りながら、ゆっくりと進むよう心がけましょう。

五爻 障害はあっても前進OK

成功に向かっているものの、途中で邪魔が入りがち。三年間くらいかかる覚悟をもって、方針転換はせずに貫けば、次第に良くなり、最後には成功を得られます。

上爻 目的が叶い、栄誉を受ける

必要なプロセスを踏んで、大きく成長。今までの功績を認められて名誉や地位を与えられることも。目的地に着いたら、さらに上を目指すより、一歩引いて自由気ままに過ごしたり、旅に出たりすると吉。

54

雷沢帰妹

震(雷)×兌(沢)

キーワード

順序無視

易経の言葉

帰妹、征けば凶。利ろしき攸なし

宇宙からのメッセージ

・今進もうとしているのはあなたにふさわしい道か再考を
・目先の欲や感情で動かず何事も長い目で見て判断しましょう
・見かけより中身が大事です

卦の意味

欲や感情に駆られてのトラブルに注意

「帰」は嫁入り、「妹」は若い女のこと。年若い妹(沢)が年かさの男(雷)を追いかけている象で、一時的な欲によって女性が男性のところへ押しかける様子を表しています。

とかく順序を無視して、目先の楽しみや悦びに走りやすいときです。

その結果、ふさわしくない道へと進もうとしたり、手違いや間違いも起こりがち。異性問題でもトラブルが勃発しやすいという意味もあります。

キーワードは、順序を無視、一時の感情で動く、釣り合いが取れていない、愛人、妾、目先の欲を追って失敗など。

欲望に絡んだ問題が生じやすく、目先のことに熱くなる傾向も強いとき。

何事も長い目で見て判断することが大切です。

目先の欲望に駆られて暴走しないこと

この卦を得たときは、目先の楽しみや悦びに飛びついたり、周囲の状況や相手の立場を考えず、勝手な思い込みで突っ走ってしまいがちです。

自分の感情をコントロールできていないことで、周囲に迷惑をかけてしまっていないか、よくよく省みましょう。

この卦に導かれたなら、気持ちのままに行動に移さないほうが安全です。このまま進んでも利益や良いことはありません。

ふさわしくない道に進もうとしたり、手違いや間違いも起こりがちなので要注意です。ルールや常識を無視した行動はやめて、周りの人の意見にも耳を傾け、思慮深い行動をとることが大切です。

この卦を活かして最善の未来を創る方法

不釣合な相手との色恋沙汰は凶

失敗やトラブルを招きやすい卦ですが、その原因は、未熟さや知識・経験不足です。だから、よくよく調べたり、経験者に話を聞くなど十分に情報を集めた上で、順を踏まえて行動することが大切です。

異性問題でもトラブルが起こりやすいときです。とりわけ、あまりにも立場や経験値が違う人への一方的な恋慕や、既婚者との道ならぬ恋愛は、大きな問題に発展する場合もあるので気をつけましょう。

この卦は別名「副妻の卦」。自分の立場や身分を把握し、それに応じた振る舞いをすること。体裁より中身を重視したほうが良い結果を招きます。

✳**恋愛・結婚**　恋愛は、感情のままに進むと後悔しそう。女性は年齢差のある男性に惹かれやすいときだが、一時の情熱で突っ走っても、のちのちトラブルの暗示。それ以外でも、釣り合いの取れていない人との関係は悩みや問題が出てきがち。結婚は進めにくい縁。急いで一緒になろうと強引に話を進めず、慎重に付き合うこと。結婚した場合は、かかあ天下になるかも。相手の気持ちを占った場合は、あなたを肉体的な欲望の対象か、本命ではなく、セカンドとして考えていそう。

✳**仕事**　欲によって思わしくないほうへと進んでしまいやすいとき。目先の欲に駆られて、新規のことに手を出したり、これまでのことを急にやめたりせず、長い目で見ること。また、楽しそうだからといって転職を急ぐと後悔しやすい。何事も控えめにして、何か問題があっても様子を見ること。就職先は、今だけ人気の華やかな業種ではなく、長期的視野で判断して。副業やサイドビジネスに乗り出すのは吉。本業をしっかり守った上で進めること。

✳**金運**　欲に駆られた行動が失敗を招く。経験不足、知識不足のことに飛びついても、損失を生むだけ。オイシイ話には裏がある。見送って無事。買い物も散財につながる。失せ物はなかなか見つからない。発見できても、破損や欠損がありそう。

✳**対人関係**　トラブルの暗示。独りよがりな態度や感情的な態度で相手を振り回さないように。いろいろと親切にしてくれる人は裏がありそう。欲得に絡む話には耳を傾けないこと。

✳**願望**　その願いが本当の幸せにつながるか再考すること。

✳**住居**　移転は後悔のもと。リフォームなども見合わせが吉。

✳**健康**　食欲や性欲など欲望が原因の病気や、薬、診断関係の手違いに注意。

✳**学問**　恋愛や遊びに熱中しすぎて成績ダウンのおそれ。勉強は順を追って進めること。テキストの読み飛ばしや苦手科目のスキップもNG。

✳**開運のヒント**　シルバーのアクセサリー、物事を俯瞰して見る。

変爻

•••✦ 宇宙が教える今後の展開 ✦•••

初爻 控えめにサポートする

言動を控えめにすれば、進んでもよいときです。先頭に立たず、誰かを支える役回りが吉。急がずゆっくり進めることです。あなたの才能や魅力を発揮したり、評価されるときではありません。

○
○
○
○
○
●

二爻 隠者として自分を守り通す

現状が思わしくなくても、新しいことへの手出しは凶。人のことを批判したり、とやかく言うのはやめて、見て見ぬふりをしてやり過ごしましょう。忍耐強く、自分の身を守ることを第一に考えるとき。

○
○
○
○
●
○

三爻 欲得だけでは動きづらい

目先のメリットを追いかけても希望は叶いません。やりたいことがあっても今は積極的に出るタイミングではありません。結婚も急がないほうがよいでしょう。釣り合いが取れていない人との交際は凶。

○
○
○
●
○
○

四爻 適齢期を過ぎても嫁には行ける

賢く、実力があってもなかなか努力が報われませんが、忍耐強く時を待てば、遅い嫁入りのようにチャンスは必ずやってきます。これまでの自分のスタイルを守り、しっかりと準備を。

○
○
●
○
○
○

五爻 内面の美しさを輝かす

何事も見た目より中身を重視しましょう。華やかなものを着て自己アピールしなくても、あなたの内側の美しさや徳が表れて輝くとき。目の前の利益や欲よりも本当に価値あるモノが何かをよく考えて。

○
●
○
○
○
○

上爻 嫁ぎ先に持参する箱に中はない

外側はよく見えても、内実は伴わないとき。誠意がないのに物事を進めても、損失やトラブルを招くだけです。悪い予感や不吉な前兆は見逃さずに対策を。損得勘定の恋愛は、婚約破棄や短期での離婚のおそれも。

●
○
○
○
○
○

55

雷火豊

震（雷）×離（火）

キーワード

豊かで盛大

易経の言葉

豊は亨る。王之に仮る。憂うる勿れ。日中に宜し

宇宙からのメッセージ

- 知恵と行動力で成功を手にできます
- 豊かで華やかに見えて実際にはそうでないことも
- 今の豊かさをキープするために慎しみ、倹約しましょう

卦の意味

運気は最高潮！ 来るべき衰運に備える

「豊」は豊かで満ち足りていること。天空で「雷」と「火（太陽）」が交わり、たいへん勢いと活気がある状態です。

運気は明るく盛大で、エネルギーに満ちあふれています。太陽のような存在感と明るさによって、何かと注目されたり、称賛を浴びたりしやすいときです。

このエネルギーのもとで、火の知恵と雷の行動力を合わせれば、成功を手にすることができます。

ただし、満ちれば欠けるのが宇宙の法則で、自然の摂理です。盛大な勢いは未来永劫続くわけではないので、将来の衰退に備えて、いかに現状を維持するかを考えるときです。

結果が出るのに時間がかかることをするのにも向きません。今すぐできることをスピーディにしましょう。

華やかなときだからこそ気を引き締めて

この卦を得たときは、好調運で希望は通りやすいと見ます。力、金銭、知恵、行動力も味方します。

太陽が天の高いところを進むように、知恵を用い、誠実に王道を進みましょう。

ただし、この卦は手放しで喜べるものではありません。

なぜなら、夕方になれば日が沈むように、いずれ運気は下方に向かうからです。

だから、この卦を得たときは、慢心せず、今の良い状態がずっと続くわけではないという危機意識を持つことが大切なのです。

そのためには、徳を積むこと。そのようであれば、王者のような威厳とパワーを維持することができるでしょう。

この卦を活かして最善の未来を創る方法

幸運期をどれだけ持続させられるかがカギ

雷火豊には、表面的には華やかでも内実は苦しいという意味もあります。背伸びをして、派手で大胆なことをしたくなるときですが、虚栄心や見栄は手放すこと。

また、内部に抱えている問題を知恵と行動力で解決していくことで、現状をキープできます。

必要な行動を取った後は、内面の充実を図りましょう。

火は目立つエネルギーであるため、人からの評価が気になりがちなときですが、目を向けるべきは、外よりも内です。

パフォーマンスに走らず、真の実力を磨くために精進し、ひたむきに努力することが、幸運のパワーを持続させます。

✳恋愛・結婚 片思いの人は成就のチャンスあり。ただし、熱くなりすぎての、相手への過大評価や、デートやファッションへの散財は注意。今が恋の最高のとき。この先、熱が冷めてきたり、「恋は盲目」で気づかなかった問題点も見えてきそう。カップルは派手なケンカが別れの引き金になることも。結婚はまとまりにくい。早い段階なら進められるが、無理をしないほうがよい縁。

✳仕事 順調だが、計画以上の結果を得て、調子に乗りやすい点には注意。さらに利益を増やそうと、事業を拡大したり、新規のことに手を出すのは控えること。今の良い状態をいかにキープするかがカギ。内部に今後の衰退の原因になるような問題や火種が隠れている暗示も。疑わしいこと、不審に思うことは明らかにして。

✳金運 豊かさを意味する卦ゆえ好調。投資・ギャンブル運もあるが、先細りなので、短期決戦にしぼり、一回勝ったら手仕舞いを。贅沢や無理をすると後から苦しくなる。失せ物は、置き忘れが多く、比較的早い段階で見つかる。相場は間もなく最高値をつけて下落傾向。高値づかみに注意。

✳対人関係 相手は、才能や行動力があって目立つ人ですが、浪費家で見栄っ張りなところもありそう。相手のプライドや自信を傷つけないように関わることが衝突を避けるカギ。

✳願望 今ある知恵や情報、行動力を用いて、誠実に行えば叶う。できるだけ早くすること。

✳住居 身の丈以上の高額な物件など分不相応なモノ以外なら転居は問題ありませんが見かけ倒しに注意。中味をじっくりチェック。気に入ったところがあれば、早めに決定を。

✳健康 活力もあり良好。高血圧、目、心臓、神経系統の疾患、高熱、やけどに注意。上爻は長引くと三年かかることも。

✳学問 油断すると成績下降。頭脳明晰な人と協力して勉強を教え合ったり、優秀な人のやり方を見習うこと。

✳開運のヒント アートに触れる、美術館、華やかなファッション。

変爻

宇宙が教える今後の展開

初爻 厚遇してもらえそう

豊かさの始まりで好調運をキープできる状態。進んで物事を行えばうまくいくでしょう。自分を大切にしてくれたり、引き立ててくれる人と出会います。利益もそれなりに得られるでしょう。

二爻 真心で疑いを取り除く

むやみに事を進めると、誤解されたり、嫌われたりすることになりそう。疑いを取り除き、誠実に心をこめて尽くすならば、良い結果につながるでしょう。何事も本気で取り組むこと。

三爻 不調気味、好機を待て

好調運に陰り。上司から冷遇されたり、タイミングが合わず実力が発揮できないことも。希望は通りにくく、大きなことも難しそう。進退に悩むときですが、人を当てにせず、平常心で事に当たり、好機を待って。

四爻 目下の有能な人と協力を

今までの盛大さが弱まっているのを感じ、不安があるとき。でも、知恵と徳のある人と協力するならば良い結果につながります。有能な部下や後輩が力になってくれそう。

五爻 徳ある人とつながって

あなた自身のパワーは弱まっていますが、賢い人、文章に長けている人、華やかさや美しさを表現できる人の協力を得れば嬉しい結果や名誉を得られるでしょう。学問、文化、芸術面は吉。

上爻 勢いだけではダメ

盛運のときに、勢いよく進みすぎたツケが回り、大失敗を招く危険が。これまではなんとかなっても、今後はそうはいきません。自分の考えややり方にこだわるとうまくいかないので、周りの意見に耳を傾けて。

56

火山旅

離(火)×艮(山)

キーワード

危険な旅

易経の言葉

旅は、小しく亨る。旅は貞にして吉

宇宙からのメッセージ

- 不安でも、目的地を目指して一歩一歩進んでいきましょう
- 学びや精神修養、芸を磨くといったことは大吉です
- 身を低くして強い者についていくことで安定を得ます

卦の意味

不安とともにさまよい歩く

「山」の上に「火」があることから、旅人が山で火を焚き、野宿している姿を表す卦です。

現代のように交通が発達していない古代の旅は、不安や迷いを伴うものでした。そのため、旅の道中における不安、寂しさ、孤独、苦労、物事が移り変わっていくことも表しています。

キーワードは、不安、移り変わり、孤独、孤立、迷い、動く、別れ。

物事が移り変わり、気持ちが不安定になりやすいときです。

火の扱いを間違えると山火事を起こすような危険も秘めているため、軽はずみな行動は控え、慎重さを心がければ、小さな願い事は叶えられます。

学問や芸術、精神な事柄を探究したり、磨くには良いときです。

迷いの旅路を一歩一歩進んでいく

この卦を得たときは、占った事柄に対し、見通しが不安定で、気苦労があったり、気持ちが落ち着かないときです。

目的地への道中で、予想外のことが起こり、戸惑い、迷いながら進むことになったり、自分の居場所や心安らげる定位置が見つからず、不安や心配を感じやすいでしょう。また、何かから逃れるために、自ら険しい道を進んでしまうようなこともありえます。

このようなときは、慎重に行動し、謙虚に正しい道を守る姿勢を心がければ、吉となります。

旅先ではよく知っている人もおらず孤独を感じるように、人間関係では孤立やさびしさを感じがち。身を低くしてしっかりした信頼できる人についていくのがよいでしょう。

この卦を活かして最善の未来を創る方法

学問や芸術で心の拠り所を作る

また、「火」は学問や芸術であり、「山」は目標や到達を表します。

ですから、目標を持って、何かを学んだり、大きな芸術作品を作るようなことに挑むのにはたいへん良いときです。

独学より、精神性の高い、信頼できる人から学ぶのが吉。

学問・芸術面の充実は、あなたの心の大きな拠り所になってくれます。

物事や社会が移り変わっていくときであるため、長期的な展望は持たないほうがよいでしょう。

先のことを考えるよりも、目の前にあることにしっかりと取り組み、一日一日を大切に過ごすことを重視しましょう。

✳**恋愛・結婚**　旅先での恋のような一時的な関係になりやすい。相手に対する疑いから不安になって別れを決意するということになりがち。カップルは、二人を取り巻く環境が変わったり、心変わりが起こったりしそう。結婚は、釣り合いがとれない相手との縁。安定した関係が築けず、たとえ成就しても、長く保つことが難しく、ゆくゆくは離別することも。

✳**仕事**　経営の先細りや不安定な雇用など、心配が多いとき。方針や目的、計画を確認し、無理せず、道をはずれないように進むと吉。職場での孤立やスランプに陥ったら、周りの人と協調するか、優れたリーダーについていくこと。新規事業、拡大などは凶。店舗の火事にも注意。

✳**金運**　何かと出費が多く、散財しがちなとき。また、迷いによって利益を逃すこともあり。決断は早めに行い、無駄はできるだけ省くとよい。失せ物は、旅先や移動中で失くすことが多いが、お金や貴金属以外であれば戻ってきそう。

✳**対人関係**　孤独を感じたり、馴染んで親しくなれる人を見つけられなかったりと、さびしさを感じがち。郷に入れば郷に従えの精神で周りに合わせること。警戒心や疑いが強すぎるのも、孤立の原因になるので気をつけて。人格者についていくと状況が改善してきそう。

✳**願望**　不安を感じやすいときではあるが、強い意志と知恵ある行動をすれば、小さな願い事なら叶う。

✳**住居**　家を手放す暗示があるが、引っ越ししても、なかなか落ち着く場所が見つかりにくい。

✳**健康**　不安やストレス、躁鬱病、肩や腰などの関節痛、炎症、熱に注意。疲労や偏食が病気の原因になりやすいため、休息を取り、バランスの良い食事を。「冥土への旅」という意味もあるので、病気は油断は禁物。

✳**学問**　目標を明確にして、そこを目指して進むことで、成績向上。思うように進めなくても、諦めず続けること。試験運はメンタルも重要。今までやってきたことが自信になる。

✳**開運のヒント**　瞑想、アートを飾る、リスク管理。

56 火山旅

変爻

・・・✦ 宇宙が教える今後の展開 ✦・・・

初爻 ケチが災いを招く

不安や迷いが多く心にゆとりがない。小さな利益にこだわったり、ケチケチして、損失を招くとき。出すときは惜しまず、思い切って行いましょう。ただし、見栄っ張りや分不相応なことはしないこと。

二爻 居場所もお金もあって安心

不安定な中にも安心できるものを見出せ、順調です。心安らぐ居場所を見つけ、お金や物も入ってきます。後輩や部下からの協力も得られそう。ただし、心のさびしさはつきまといがち。

三爻 我の強さでピンチ

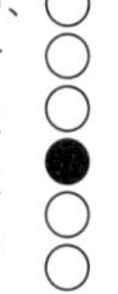

自己中心的な態度や強気さから、仲間や部下が離れ、孤立しやすいとき。自分の都合ばかり考えず、周りと協調することを考えましょう。前進は凶。旅行もNG。持ち逃げにも注意。

四爻 希望は自分で叶える

優遇してもらって、希望しているものや地位は手に入るが、器に合わず心地良いわけではない状態。周りの人は頼りにはならなそう。自分の希望は自分で叶える気持ちで進みましょう。

五爻 損失が名誉につながる

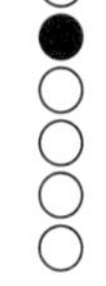

初めはうまくいかず、失敗したり、初期投資が必要ですが、最後には大きな功績を得ます。知恵を使い、アイデアを出し、実行を。探しものも見つかりそうです。小さな出費で大きな利益を得ることも。

上爻 慢心には要注意

慢心や傲慢さによって居場所を失い、転落の危機。人から恨まれ、大切なものを失うことも。うまくいっているようでも、積極的に事を行うのは凶。謙虚な態度で控えめに過ごすこと。火事にも注意。

巽為風

巽(風)×巽(風)

✦キーワード✦

風向きに従う

易経の言葉

巽は、小しく亨る。往く攸有るに利ろし。大人を見るに利ろし

宇宙からのメッセージ

- 小さなことなら叶います
- 風のようにしなやかに
- 迷いや疑いで判断を誤りやすいとき
- 決断力のある人についていくと吉
- 時代やトレンドの流れを読み
- うまく乗りましょう

卦の意味

風のごとく流動的な運気

巽為風は「風」が二つ並んだ卦です。「巽」は従う、へりくだる、入り込むという意味。風は、どこへでもすうーっと入っていき、その中で自由自在に動き回ります。

しかし、山のような信念や、大地のように草木を育む力はありません。

だから、占ってこの卦を得たときは、問題に対して、主体的にアプローチする力は弱く、断固とした方針や強い信念はない状態と見ます。周囲の状況も変わりやすく不安定です。

一方で、何かが完全に閉ざされたわけでも、非常に厳しい状況にあるというわけでもありません。

風向きや時流、周囲の人の心をうまく読んで、それに合わせていけば、何かしら、手がかりや発展の糸口をつかめるときでもあるのです。

情報を駆使して入り込めるところを探す

「風」は、動き回ることで物事を動かしていくエネルギーです。だから、この卦を得たら、立ち止まらずに積極的に動くことが大切です。

といっても、状況や相手の気持ちなどおかまいなしに、あなたがやりたいことを勝手にしてはいけません。

「風」はモノの隙間に入り、内部から風を送って状況を動かします。情報やコミュニケーションの意味もあるので、それらを駆使して入り込める先を探しましょう。

風向きは突如変わったりします。つねに最新の状況をチェックすべく、アンテナはしっかりと立てておきましょう。

そうして、雲行きが怪しくなってきたら、サッと逃げたり、切り替える柔軟性を持てばピンチも切り抜けられます。

この卦を活かして最善の未来を創る方法

従うべき相手を選びついていく

この卦が伝えているメッセージは三つ。

①少し願いが叶う（ほどほどで満足しましょう）

②前進してよろしい

③偉大な人物に出会えば利益があるでしょう

進退を占った場合は、進んで吉。ただし、自分主体で物事を進めようとしてもうまくいきません。

「巽為風」には「旅人」の意味もあります。謙虚に振る舞い、その土地の慣習に従うことで、受け入れられ、楽しい体験ができます。

さらに「巽」は人とのつながり、ご縁も意味します。素晴らしい人物に従うことで自分だけでは成しえないことが可能になるのです。ただし、相手はしっかり選ぶこと。

✳恋愛・結婚　出会いはあるが、相手の真意がつかみにくく、不安を感じたり、一喜一憂したりしやすい。二人の候補や複数の相手で迷うこともあるが、それは相手も同じ。甘い言葉をうのみにせず、深いコミュニケーションを心がけて。相手選びに迷う人は、独断より、周りの意見にも耳を傾けるのが吉。再婚や再縁など、二度目の人は有望。

✳仕事　あちこちから仕事や依頼が舞い込んで忙しくなりそう。リピート依頼につなげやすいので、できるだけ相手の要望に沿うようにするとよい。お金もそれなりについてくる。遠方との取引も。売上アップのカギは情報発信。交渉は長引かせると不利。

✳金運　不用品や使わないものを売ることで利益があがる。ただし、欲を出しすぎるとよくない。循環を良くすることが運気アップのカギ。お金や物を人から借りている人は催促されそう。早めに清算を。失せ物は、物の隙間に入り込んでいるか、飛ばされてなくなった可能性があり、出にくい。

✳対人関係　下手に出て、相手に合わせれば、気に入られ、新しい環境にもなじみやすい。信頼できる人を見つけて、ついていくことが幸運のカギ。

✳願望　あなたの心を安定させるような信頼できる人についていけば、いくつかは叶う。

✳住居　引っ越しの話が浮上するとき。損得を考えすぎて、迷っている間にチャンスを逃すことも。有識者に相談を。

✳健康　風邪や感染症など、人から人にうつりやすい病気に注意。症状は良くなったり、ぶり返したりを繰り返しやすいので、快方に向かっても油断しないこと。精神的に不安定になりやすい傾向もあり。ストレスを溜めないよう、リフレッシュを。

✳学問　上がったり下がったりと不安定な運気。勉強は一回限りではなく、繰り返し行うことで定着する。予習、復習をするだけでも向上。

✳開運のヒント　公明正大で賢い人、人の意見に従う、情報、コミュニケーション、トレンド。

変爻

・・・✦ 宇宙が教える今後の展開 ✦・・・

初爻 正しい道を守ること

進退に迷い、フラフラしがち。意志力が弱く、人を疑いすぎるとチャンスを失うことに。何に従うか方針を定め、いったん決めたら、強い意志でそれを守り抜くと道が開けます。

二爻 丁寧すぎるくらい確かめる

疑わしく紛らわしいことが多いので、丁寧すぎるくらいに確かめながら進めれば問題なし。神仏を祀ることも吉と出ます。人との交流を密にして情報を集めて。

三爻 自分だけの信念を見つけて

本来の我の強さを抑えて、無理をして人に従い、頼っても、長続きせず、うまくいかないでしょう。信頼できる確固としたものを見つけましょう。心に沿わないことはやめるべきです。

四爻 迷いを捨てて進めば、大きく成功

迷いを捨て、覚悟を決めて、思うように行動すれば、大きな功績をあげることができます。上司や信頼できる人に従えば利益や成功も得られるでしょう。

五爻 有終の美

初めはうまくいかないことがあっても、最後はよい結果を得るでしょう。 何かを変更したり、改革する際は、その前と後の状況を丁寧に見て、調整をしていくこと。

上爻 自分軸を取り戻す

間違った相手に従い、こびへつらってはいけません。その結果、適切な判断力を失い、自分の良さも出せず、お金や権力を失うことに。自分の軸となるものを取り戻しましょう。

58

兌為沢

兌(沢)×兌(沢)

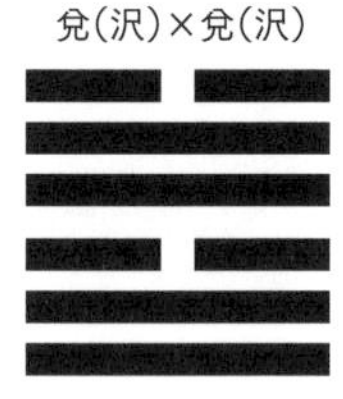

キーワード

喜び楽しむ

易経の言葉

兌は、亨る。貞に利ろし

宇宙からのメッセージ

- 正しい道を守りながら喜び、楽しみましょう
- 笑顔と愛嬌で人をひきつければ嬉しいことがどんどん起こります
- 力ある人の後押しあっての喜びです自覚して謙虚に

卦の意味

強剛な者に支えられて喜びを得る

「兌」は、喜びや楽しみを表します。それが二つ重なった状態なので、楽しみや喜びがとても多いとき。

「兌」は二陽の上に一陰があります。これは、力の弱い者が強い者に持ち上げられている姿です。少女が力強い男性に「高い高い」をされてキャッキャと喜んでいる、そんなイメージです。

ほほえましく、愛らしい姿ですが、大きなことを成し遂げる力はありません。力ある人の後押しを得て、初めて嬉しい結果を手にすることができるので、謙虚さが大切です。

また、「兌」は口を意味します。楽しいおしゃべりでついつい口を滑らしたり、余計なことを言ったりしないこと。口論や批判にも注意すべき。

苦手なことや面倒なことを避けてしまう傾向にも気をつけて。

喜びを得たいなら、まずは人を喜ばせること

この卦は、占った事柄について、喜びや楽しみを得られることを暗示しています。

ただしそれは、周りの人の好意やサポートがあってこそのもの。誰かのお膳立てによって活躍したり、引き立てられて有利な立場を得ることができるのです。

だから、最高の未来を創るカギは、人を喜ばせること。意中の人や仕事関係の人、お客さん……まず、喜ばせる相手は誰なのか、何をしたら喜んでもらえるかを考えてみましょう。

「兌」は体の部位では口を表し、対話にも関係します。相手に感謝する、相手が喜ぶような言葉を口にする、ちょっとしたプレゼントやお礼をするといったことも有効です。

この卦を活かして最善の未来を創る方法

真の喜びが幸運を招く

喜ばせるといっても、心にもないお世辞や口からの出まかせは禁物です。「兌」を得たら、大切なのは「信(まこと)」。信頼関係、嘘や偽りがないこと、誠実さ、本物であることを何より大切にしましょう。

それは言葉だけではなく、「喜び」に対しても同じです。一時の快楽ではなく、真の喜び、本当の楽しみを求めることです。

また、この卦を得たときは、謙虚さや慎み深さも大切です。喜びや楽しみは、度重なると慣れてきて、要求が強まったり、さらに刺激的なものを求めたりしがちです。快楽をむさぼり、生活が堕落することもありえます。

だからこそ、身の程を守り、小さな喜びを大切にする姿勢をキープすることを心がけたいとき。そういう態度であるならば、幸運を引き寄せ、願いも叶っていきます。

✳**恋愛・結婚**　恋愛は相手とのおしゃべりが楽しめるときだが、余計な一言には注意。相手を褒めたり、喜ばせるような会話を心がけて。不満やグチは関係悪化のもと。結婚は相手側が迷っていそう。お互いの金銭感覚、価値観などをきちんと話し合い、すり合わせることが必要。

✳**仕事**　趣味や遊びを仕事にしたり、楽しみながらできるやり方をしたりするとよい。自分だけが楽しむのではなく、取引先の人やお客さん、同僚など、関わる人皆を喜ばせることで、順調に進み、売り上げも上昇する。人と話す仕事や、飲食に関わる職種、金融関係にも適性あり。同僚とも積極的に会話をすること。ただし、口論や批判は×。意見が対立したときは強い自己主張よりも、相手に従う姿勢を見せること。

✳**金運**　愛嬌を振りまき、相手を喜ばせることで利益の暗示。大きな財産というよりも、お小遣い程度のお金を複数回受け取るチャンスあり。二カ所からお金が入ってくることも。欲張らないことが大切。買い物は、高級品よりも、若い女性でも手に届くようなプチプラ商品を楽しむのが吉。現金、アクセサリー、貴金属の失せ物が多いとき。ただし、置き忘れやしまい忘れなどが原因で、盗まれた可能性は低い。相場は安値圏で推移。

✳**対人関係**　謙虚な態度で、相手が喜ぶようなことをすれば良い関係を築ける。余計な一言には注意。批判的なことや陰口、不満なども避けて。

✳**願望**　喜びが成就のキーとなる。快楽におぼれず正道を守ること。

✳**住居**　転居をしてもまた移りたくなりそう。より良い家を求めている人は今の不満を直したほうがベター。

✳**健康**　口内炎など口の中の病気や、肺や胸、また、性病など快楽に関わる病気に注意。

✳**学問**　仲間と楽しみながら学ぶ方法を考えて。ただし、勉強会にかこつけて、おしゃべりと飲食だけにならないように注意。

✳**開運のヒント**　口紅、リップクリーム、ブレスケア、愛嬌、遊び心、レジャー、ユーモア、おしゃべり。

58 兌為沢

変爻

・・・✦ 宇宙が教える今後の展開 ✦・・・

初爻 上下関係なく調和して喜ぶ

喜びの始まり。人とのしがらみや身分・地位にこだわらず、調子にも乗らなければ純粋な喜びを得ます。目の前の人を喜ばせようとするサービス精神を発揮すると、さらなる幸運を引き寄せます。

二爻 真心があり喜ぶ

目先の楽しみや私欲を満たすことよりも、信念と真心をこめて、人を喜ばせようとすれば吉。真面目に取り組むことで、人からの信頼を得られ、不安もなくなるでしょう。

三爻 快楽の追求は凶

才能も謙虚さもモラルもなく、ただひたすら快楽ばかり追い求めていては、周りからの信頼を失います。本当に信頼に値する相手か確かめる必要あり。

四爻 信念を持てば喜びあり

どちらの道を取るべきか思い悩みそう。正しい道を知っていますが、もう一つの道も楽しそうで捨てがたいとき。快楽や見栄ではなく、真の喜びへと向かうならば、大いなる実りが得られます。

五爻 危険人物に注意！

近寄ってくる人の多いときですが、中にはあなたの持つ力を奪ったり、快楽におぼれさせようとする人も。甘い言葉や好意をそのまま信じるのは危険。安易な道を選ばず、関わる人はしっかりと選びましょう。

上爻 自分で自分を楽しませる

喜びの頂点にいて、楽しみ、遊びたくてたまりません。善悪の区別なく、喜びを与えてくれそうな人に声をかけるのは危険。自分で自分を楽しませることを考えましょう。

風水渙

巽(風)×坎(水)

キーワード

散らす、前進する

易経の言葉

渙は、亨る。王有廟に仮る。大川を渉るに利ろし。貞に利ろし

宇宙からのメッセージ

- これまでの悩みや憂いが吹き飛び新しい希望が湧いてきます
- 心の羅針盤を明確にすれば風が目的地に運んでくれます
- 人やモノも散っていく暗示あり

卦の意味

悩みも憂いも散っていく

「渙」とは「散らす」こと。風は「木」、すなわち「船」を表し、水は「海」。船が帆を上げ、風を受けて、海上を水しぶきをあげながら、まっすぐに進んでいく姿です。

キーワードは散らす、離散、船出。「水」には憂いや悩みといった意味もあるので、これまでの苦労やモヤモヤが吹き飛び、物事を前に進めるエネルギーが高まってくるときです。

類似の卦の「雷水解」は現実的・肉体的な悩みを、「風水渙」は精神的な悩みを解消します。

一方で、これまで順調だった人は、気のゆるみから、何かが散ってしまう暗示も。

魅力のある正しい目標を掲げれば、心一つに再集結でき、物事も順調に進んでいくでしょう。

「解消」の流れをうまく活かす

この卦を得たら、これまで困難を抱えてきた人はほっと一息。苦しい状況から解放されて運気上昇です。新しい可能性が開けることもあるかもしれません。

今の環境から遠く離れることがツキを招くため、遠出をしたり、遠くに住む人と交流したり、これまでとは違うことをするとよいでしょう。

一方で、これまで特に問題がなかった場合は、何かが離れていくようなことが起こります。契約解消、一家離散、散財、恋人との別離など、いずれにしても、さまざまなものが散るときです。

良い悪いは考えず、何事も心機一転。ゼロからやり直すつもりでいるとよいでしょう。

この卦を活かして最善の未来を創る方法

進むときは、より遠くに

風水渙のときは集中力も散りやすいので、何事も必要な手順を踏み、きちんと行うことが好結果を得るカギです。

また、「船が水の上を進む」という意味があるため、苦しい状況や問題のある場所から離れたり、脱出することも吉。その場合は近場ではなく遠方に行くとよいでしょう。

悩んでいるときにこの卦を得たのであれば問題ありませんが、逆に順風満帆なときだったら、思わぬトラブルに見舞われ、ショックを受けるかもしれません。

これまでのやり方に固執せず、より良い方法を探しましょう。

大きな冒険をしてもよいときですが、神仏の力を借りる気持ちで正しく謙虚に事を行うことが大切です。

運勢

✳**恋愛・結婚**　今までが悩み多い状況であれば、それを吹き消すような出来事があり、状況は好転。逆に、順調だった場合は、約束が白紙に戻ったり、関係解消へと向かったりする可能性あり。相手の愛情にあぐらをかいていないか、また、あなた自身の心が相手から離れていないかを振り返ってみて。結婚は、今の相手は、無理に進めてまで一緒になるご縁ではなさそう。既婚者は、心の中に引っ掛かっていることをクリアにすることが、夫婦関係好転のカギ。

✳**仕事**　伸び悩みからようやく前進する流れに。興味がなくなったものや時代に合わなくなったものは刷新。今まで順風満帆に進んできた人は問題発生や取引先との契約解消に注意。この卦は代償を払うことで成功や発展を得るので必要経費は惜しまず。転職は思い切って動いて吉。

✳**金運**　「吹き散らす」の意から、散財しやすく、何かとお金やモノも出ていくとき。しなくてもいい贅沢は避けて。スピーディに利を得ることができるが、時間とともに減っていくので、速やかな確定を。失せ物は、元の場所から遠くに行ってしまった可能性があり、発見は困難。相場は、これまで上昇していたものは、問題発生や人気低迷で下落傾向。利食いは早めに。これまで安値で停滞していたものは上昇の兆し。

✳**対人関係**　離合集散の暗示。今までの関係が解消しそう。一方で、同じ目標に向かって進める新しい人との出会いも。対人問題は、相手と利害が一致するポイントを探すこと。

✳**願望**　先祖の霊を祀り、ストレスや苦しい気持ちを解消し、心機一転取り組むことがカギ。望みに集中すること。

✳**住居**　引っ越しやリフォーム、新築は満足いく結果に。

✳**健康**　不調が吹き飛ぶ。健康だった人は、風邪、冷え性、膀胱、腎臓、泌尿器、生殖器、腸に関わる病気に注意。

✳**学問**　成績低迷には、計画の立て直しを。これまで好調だった人はスランプの兆し。新しいやり方へシフトして。

✳**開運のヒント**　神社参拝、お墓参り、エネルギー集中。

変爻

・・・✦ 宇宙が教える今後の展開 ✦・・・

初爻 強力な味方を得て吉

運気好転でスタートによいときですが、自力で前に進むには力不足です。力ある人のサポートを得て、一点集中でスピーディに行動すれば、物事は希望した方向に進みます。

二爻 頼り先を得て安定

苦しい状況の中でも、頼りになる人やものを得ることができ、安定した状態です。これまでの苦労や悩みが吹き飛ぶとき。有力者にサポートや助言を求め、しっかりとした基盤を築きましょう。人との交流が吉。

三爻 利己心を捨てて尽くす

私利私欲や自分勝手な感情は手放して、自分のことより周りの人々のことを優先し、尽くす気持ちで行動すれば、困難を脱し、道が開けるでしょう。自分に不都合なことでも周りの人に報告を。

四爻 高い志に再集結

大胆な行動と決断が功を奏すとき。今ひとつ効果が出ないものは、思い切って手放して。仲間の解散もありそうですが、その結果、大きな志で団結した力強い同志を得ることができます。

五爻 大きな富が戻ってくる

思い切った行動で成功。人のために自分の持つ力や財を惜しみなく与えることで、大きな富を得ます。散財や出費があっても必要なことは大胆に。苦労や損失の分だけ大きな成果あり。

上爻 問題からは離れる

困難や苦労から解放されるとき。その原因となるものから遠く離れること。何かあっても傍観に徹するのが一番。自分に関わりのないトラブルは、放っておくのが一番の解決策です。

60

水沢節（すいたくせつ）

坎（水）×兌（沢）

キーワード

何事もほどほどに

易経の言葉

節は、亨る。苦節は貞すべからず

宇宙からのメッセージ

- 節度を持ち、調整するからこそ物事が通っていくときです
- 「ちょっと物足りないくらい」がちょうどよし
- 何かに固執しすぎていませんか？何事も適切な距離感を

卦の意味

多すぎず、少なすぎず、適度を守る

「節」は節度、節制の意味。

この卦は「沢」の上に「水」があります。水が多すぎると沢はあふれ出し、少なすぎると涸れてしまうように、節度を越えれば乱れが生じ、適度な状態を保てば安定を得られることを説く卦です。

キーワードは節度、節操、節約、貞節、調節。

「節」は竹の節でもあり、節目を意味します。竹は強靭な植物ですが、それは、節が野放図な成長を食い止め、竹を引き締めているからです。

よって、要所要所で区切りをつけることで、物事が引き締まり、安定すると同時に強固となることも表します。

また外卦（上）が水（坎険）であることから、進むと悩みにあうので、止まることを良しとします。

節度を守り、区切りをつける

この卦を得るときは、たいてい、節度を越えているか、越えそうな懸念があるときです。

だから、まずは何事も適量、適度を守り、やりすぎていることがあれば、引くことを考えましょう。

反対に、やらなすぎのことに対しては、もう少し、行動を増やしたり、積極性を持ったほうがいいと解釈することもできます。

「節」は節目の意味もあるので、ダラダラとし続けていることには、いったん区切りをつけましょう。

それによって、気持ちが引き締まったり、心の整理がついたりなど、運気回復のきっかけを得ることができます。

また、節制のしすぎや度を越したガマンは「苦節」となり、それも困窮や停滞を招きます。

・・・✦・・・

この卦を活かして最善の未来を創る方法

・・・✦・・・

欲求はほどほどにとどめる

水沢節には、「制する」という意味もあります。

これは、積極的にやりたいという気持ちや欲を抑えて、ほどほどのところでやめておくということ。

もう少し食べたい、もう少し遊びたいといった欲望を押しとどめて、自分を律する、ルールや規則を順守する、欲望をコントロールすることが推奨されます。

それによって、波乱や問題を避けたり、安定した結果を得たりすることができるのです。

といっても、「制する」あまりに、停滞を招いてしまうのはよくありません。

何事も適度に、規則正しく生活することが安定を得るカギです。

✳**恋愛・結婚**　節度を保つと吉。相手に夢中でも、情熱は抑え気味に。色欲におぼれて、肉体的な関係が先行し、心の絆はそれほどでもないという関係にもなりやすい。求められるままに応じるよりも、少し控えめなくらいがうまくいく。片思いの人は、相手に隠し事や悩みがあるかも。焦らず、タイミングを待つこと。結婚は、二人の間に釣り合いの取れていない部分がありそう。節度をもち、時間をかけて付き合うとまとまり、穏やかで安定した家庭が築ける。

✳**仕事**　手堅く慎重に前進していけば、ほどほどの結果を得られる。実力以上の地位や収入を求めて、手を広げるのはNG。現状を維持し、一つ一つを大切にしていくと、良い結果に。

✳**金運**　節度を持つことが金運アップのカギ。無駄遣いをしているなら、節約を。反対に貯めこんでばかりであれば、楽しみや勉強のためにお金を使うと循環が良くなる。

✳**対人関係**　深入りでも疎遠でもなく、適度な距離感を保ちながら付き合うとうまくいく。相手の性格を占った場合は、質素で堅実で、無理や背伸びをしない人物。

✳**願望**　節度を守れば、願いは叶う。ただし、ほどほどの願いであることが条件。度を過ぎた大きな願望の実現は難しいので、適度なものに改めること。

✳**住居**　ちょっとした不具合の改修や小さなリフォームは吉。大規模な修繕や移転は見合わせを。

✳**健康**　節度を保った規則正しい生活をしていれば、大きな問題はなさそう。病気は、歯や口腔内、肺、消化器系統、性病などに注意。不摂生を改め、早めに診察を受け、手当をすること。

✳**学問**　ダラダラと勉強するのではなく、小さなゴールを設定して、一つ一つクリアしていくと実力が高まる。勉強は無理のない計画を立て、きちんと進めていけば、目標に近づける。特定の科目ばかりやるといった極端なやり方は避けて、バランスよく。

✳**開運のヒント**　竹のグッズ、ミリオンバンブー、区切りをつける、調節する、節制。

変爻（へんこう）

••• 宇宙が教える今後の展開 •••

初爻（しょこう） 内を固めるとき

余計なことに手を出さず、立ち止まることができれば、トラブルを免れます。焦りは失敗のもと。積極的に出るよりも、内部を固めましょう。才能も隠し、外に出さないほうが吉。

○○○○○●

二爻（にこう） 進んで外に出ていく

慎重になりすぎて動くべきときに動かないと、チャンスを逃します。現状維持が衰運を招くとき。進んで外へ出ていきましょう。無理と思えることでも話してみればすんなり通ることもあります。

○○○○●○

三爻（さんこう） 自制しないとピンチ

欲におぼれたり、楽しみに没頭しすぎたりして、節度や規律を守れず、自分でピンチを招きがち。自らを反省すれば、以降失敗を避けられるでしょう。計画的に行動すること。

○○○●○○

四爻（よんこう） 無理なく節度を守る

とびぬけた才能がなくても何事も無理せず、自己の実力や役割に合ったことをほどほどにやっていれば、自然と願いが叶っていく流れです。目上や上司の意見に素直に従うとよいでしょう。

○○●○○○

五爻（ごこう） 楽しくもちょうどいい状態

無理なく楽しく、節度を保てます。実力や才能におごらず、欲も抑えられるので、思うようにやっても、やりすぎることはありません。何事もそつなくやれて、人から尊敬されるような結果を得ます。

○●○○○○

上爻（じょうこう） 節制にこだわりすぎ

極端な節制をして、人にもそれを強制しがち。これが正しいと勘違いしているなら失敗を招きます。自分の考えを人に押しつけず、寛容になりましょう。

●○○○○○

61

風沢中孚

巽(風)×兌(沢)

キーワード

真心を伝えあう

易経の言葉

中孚は、豚魚吉。大川を渉るに利ろし。
貞に利ろし

宇宙からのメッセージ

- 正直と誠実さをモットーに過ごしましょう
- ハートで結ばれた強い絆があれば大きな冒険に出てもうまくいきます
- 真心をこめて付き合えば相手も真心で応じてくれます

卦の意味

心が通じ合えば大事も成せる

「中孚」は信という意味で、真心や誠実さを表します。

「風」は従順、「沢」は喜びや楽しみ。風が吹けば、沢の水がそれに従って動くように、上に下が喜んで従い、上も下を慈しむので、上下が和合し、お互いの信念や誠実さが通じ合う姿を示しています。

人と人とが愛に満ちた信頼関係で結びついていて、思いやりや真心が通じ合えば、大事を行ってもうまくいくことを伝えています。

キーワードは思いやり、真心、信頼関係、親愛、和合、親和、親子の愛情、真の友情、口づけ。

中身があり、本物で、正しい道を進んでいるときのみ利益がありますので、嘘やごまかしはご法度です。

愛の有無をすべてのモノサシに

この卦を得たら、真心や思いやり、誠実さが何よりも大切。

人間関係を円滑にして、信頼できる人に素直に従うことで運気が上昇します。

何事にも誠心誠意で対応すること。

誰かの世話を焼いたり、育てることもあるでしょう。その際は、愛情を伝え、心と心で向き合うことです。

何かを選ぶ際には、損得や合理的な考えではなく、それに対して愛を感じられるか、心の底からの思いがあるかということを重視すべきです。

相手が人であれば、誠実で信頼できる人かどうかで決めるのがよいでしょう。

また、愛をこめて接するだけで状況が変わるときです。

・・・✦・・・

この卦を活かして最善の未来を創る方法

・・・✦・・・

思いを伝えることに力を尽くす

この卦には、誠意や思いやりを「伝える」という意味もあります。

愛や優しさを持っていても、黙っていては意味がありません。なんらかの形で伝えるように努力をしましょう。

気持ちを伝える際に、何かを差し出さなければいけない状況もあるでしょう。その場合は、高価かどうかではなく、ちゃんと相手のことを思っているという気持ちが伝わるものでなければなりません。

また、困ったときは、周りの人に正直に打ち明けて。協力を得れば、一人では難しかった問題も解決できます。

ただし、嘘をついたり、人を利用するような態度であればすべて裏目に出ます。

✳恋愛・結婚　相思相愛で真剣な交際ができる。思いを言葉にして伝え合えば、信頼関係も深まります。シングルの人も素敵な出会いの予感。ときめきを感じた人とは絆を深めて。駆け引きを避けて、正直にまっすぐ愛を伝えることが成就の近道。結婚は、お互い一緒になることを望んでいる良縁。結婚後も温かい家庭を築けるが、夫婦仲が良すぎてなかなか子宝に恵まれないことも。

✳仕事　誠実さと協調性を発揮すればうまくいく。お客さんに対しては真心をこめたサービスを。損得よりも信用第一で。また、気持ちをプレゼントで示すなど、高価でなくても相手の立場や状況に合ったものを贈ると喜ばれる。そうすれば、売り上げも顧客も増えていきそう。転職は、心からしたいこと、誠意をもって行える仕事を見つけられればうまくいく。

✳金運　愛や真心を示す卦ゆえ、物質的な繁栄や大利は期待できない。コツコツと貯めるなど、誠実に努力を重ねれば上向く。捧げ物の意味もあるため、何かを得るためには先に投資が必要。勉強代やお礼などを出すことで、豊かさが入ってくる。交際費も投資だと思って使うと吉。失せ物は見つかる。親しくしている人に聞くと、どこを探せばよいかわかりそう。

✳対人関係　最高に良いとき。誠実で思いやりのある人と信頼関係を築ける。大勢で過ごすよりも、一対一で食事をしたり、じっくり話をしたほうが、強い絆を作れる。

✳願望　周囲と和合し、信頼関係のある人と協力すれば叶う。

✳住居　移転や引っ越しは妥協せず、心から良いと思った物件を選ぶこと。見た目だけで選ばないことが大切。

✳健康　心も体も満たされて心配ない。心臓、眼、熱病、性病には注意。

✳学問　真面目に勉強すれば成果あり。家庭教師など一対一で教えてもらう学習で成績向上。試験も有望。心から入学したい学校にトライ。

✳開運のヒント　懐かしい場所、お気に入りの曲、真心。

変爻

•••✦ 宇宙が教える今後の展開 ✦•••

初爻 信頼に価するかがキー

方針や関わる人などが信頼に値するか、それで大丈夫かを慎重に見極めましょう。いったん決定したあとは、コロコロと変えるのではなく、貫きましょう。

二爻 助け合いで幸せが増す

温かい思いや誠実さが相手に伝わり良い関係を築けるとき。助け合えば利益もあります。人との分かち合いで、さらに繁栄し、幸せが増すでしょう。特に目上の人との関係は大事にして。

三爻 不安定な方針を立て直す

強気になったり、弱気になったりの不安定で一貫性のない行動がトラブルや挫折を招きます。立ち止まって考え直して。恋愛は、求めるより与えられることは何か考えてみましょう。

四爻 ステージアップのために人間関係を整える

立場が上昇します。個人的な利益のためにしていることや意味がない人間関係は断ち切り、信頼できる人に礼を尽くすとき。全体の利益を優先し、大きなことを行う人とつながりましょう。

五爻 心を一つに前進

周囲の人たち、特に部下や目下の人と心を一つにして進むとよいでしょう。労力がかかったり、周りの人の世話をしたり、与えなくてはいけないこともありますが、あなたがしたくてするのであれば問題ありません。

上爻 実力にそぐわない挑戦は凶

空高く飛べない鶏が飛ぼうとするように、名声があっても、実力が伴わなければ、失敗や挫折は必至。現状を維持しながら、腕を磨いて。口約束に注意。愚痴や不満は人間関係に影を落とします。

62

雷山小過

震（雷）×艮（山）

キーワード

少し行きすぎ

易経の言葉

小過は亨る。貞に利ろし。小事に可なり。大事に可ならず。飛鳥之が音を遺す。上るに宜しからず、下るに宜し。大吉

宇宙からのメッセージ

- 上を目指して無理をするより後退すれば、安らげるでしょう
- 消極的なやり方や凡事であればやりすぎても大丈夫です
- 周りに陰の気がはびこっています身を守り、慎重に過ごしましょう

卦の意味

上がるのはよくない、下がるのはよろしい

「小過」は物事が少々過剰な状態。この卦は、上が動くことを表す「雷」、下が止まることを表す「山」で、チグハグさやバランスの悪さを意味します。

天高く飛びすぎて、鳴き声だけが残った鳥（飛鳥之が音を遺す）のように、行きすぎで空回りしたり、悩みや苦しみが多い状態です。

また、真ん中の二本の陽爻を境に、上と下の卦が背を向け合っているように見えるため、協力が得られにくい暗示もあります。

人間関係においても、裏切られたり、そっぽを向かれたり、離反が起きやすいと見ます。

キーワードは、少し行きすぎる、度が過ぎる、背中合わせ、離反、小事は可、大事は不可、前進より退くのが吉。何事もやりすぎは禁物な運気です。

はやる気持ちを抑えて静かにしていること

この卦を得たら、実力にも、環境にも恵まれていない状態と見ます。だから、何事も無理せず、控えめにすることが吉と出ます。

上を目指したり、拡大したり、もっと良いものを、と求めたりする気持ちを抑え、その逆を行くこと。一歩引いて、下に降りる、おとなしくしていたほうがよいのです。

しかし、当人は強気で、自分を過信していることも。そのため、鳥が飛び立ち、網にかかるように災いを招きがちです。

今は時でないと諦め、ジッとしているのが最善です。

小さなことや平凡なことであれば少しやりすぎても大丈夫ですが、大きなことや度を越すのは凶です。

この卦を活かして最善の未来を創る方法

自分本来の性質に反することはNG

この卦は、坎（水）に似ています。水は下る性質なので、上ることはそれに逆らうこと。このように、自分本来の性質に反することに手を出すと、苦悩を招くのです。

あなたが今、望んでいること、しようとしていることは、あなた本来の性質に合っていますか？ 実力は十分ですか？ 環境は整っていますか？

それを再確認しましょう。

むしろ今は、自分を過小評価するくらいの謙虚さで、低い立場に甘んじるのが吉です。

暮らしぶりも、贅沢をするより、質素倹約で、慎ましく過ごしたほうがよいとき。

人間関係も不和や離反を招きやすいので、共同計画の誘いには安易に乗らないのが賢明です。

運勢

✳**恋愛・結婚**　背反、離反を意味する卦ゆえ、スムーズにいかない。肉体関係から先に進展しにくく、また、しないほうがよいとき。婚活は、高望みが不調の原因。自分の性格に合う人や釣り合いの取れた相手を探して。結婚は、今は進めるタイミングではない。少し距離を置いて、お互いの関係を冷静に見つめ直すこと。家族への紹介なども今はしないほうがベター。相手の気持ちを占ったなら、あなたから離れていそう。無理につなぎとめようとすると、かえってその気持ちを決定的にすることも。

✳**仕事**　事業拡大や新規事業に手を出すより、足場固めに注力を。やりすぎは減らすとよい。信頼していた人に裏切られる、人が離れていくといったことも起きがち。傲慢さは慎み、謙虚な態度で控えめに過ごして。実力相応の仕事を無理のないスケジュールで行えば、大きな問題はなし。転職しても、仕事への不満や悩みは変わらなさそう。気に入らなくても、今の環境でガマンするのが無難。

✳**金運**　分不相応なものを手に入れようとしたり、高望みをすることで散財や損失を招くおそれあり。怪しいモノには近づかないことが大切。買い物はもう少し買いたいぐらいのところでやめておくのが吉。節約しすぎは問題なし。失せ物は見つからない暗示。諦めたほうが無難。

✳**対人関係**　裏切り、背反に注意。約束を守らなかったり、嘘が多い人は警戒し、できるだけ関わらないこと。合わない人と無理に一緒にいるより、一人でいたほうが安全。

✳**願望**　分相応な希望なら通る。

✳**住居**　思うような物件と出合えず、問題のあるような悪いモノをつかまされるおそれあり。今は動くときではない。

✳**健康**　食べすぎや過労が病気の原因に。癌、血液、腹痛、腎臓疾患、腹痛、下痢、人間関係のストレスにも注意。

✳**学問**　基礎固めのとき。失点の原因を調べ、それを防ぐこと。試験運は見込み薄。高望みな学校を選ぶと苦しむかも。

✳**開運のヒント**　降りる、下がる、本質に合ったこと、規則やルールを守る。

変爻

・・・✦ 宇宙が教える今後の展開 ✦・・・

初爻 実力以上の望みは不吉

実力に見合わない大望を抱いて、利益を急いではなりません。今は立ち止まって、慎み深く現状を守るとき。引き立てやコネはかえって悪い結果を招きます。

二爻 女性を頼るとツキを呼ぶ

謙虚で穏やかに過ごしていれば、最上の結果ではなくても、それなりの成果を得られます。女性を頼って、その人から上の人に伝えてもらったり、実力者の側近に相談したりするとよいでしょう。

三爻 悪者がはびこる、要警戒！

邪悪なものの勢力が強すぎる。むやみに高く昇ろうとすると危険な目にあいます。積極策はすべて凶。身を慎み、防御を第一に。頼まれごとの安請け合いもNG。弱みを握られて脅迫されたり。詐欺、色情問題にも注意。

四爻 状況の改善をジッと待つ

状況や環境が悪く、正しいことを主張しても、トラブルに巻き込まれやすいでしょう。そのうち改善するので、積極的な行動は避け、今は様子を見るべき。これまでのやり方にこだわらず、臨機応変に対処を。

五爻 意欲はあるが……

やりたいという意欲があっても、状況が悪く、力も及ばずで、何事も思い通りにいかないとき。積極的に事を進めるのはやめて、能力のある賢人の力を借りましょう。周りに良い人がいないかよく探してみて。

上爻 飛ぶ鳥が網にかかる

上を目指すべきではないときに前進すれば、網にかかった鳥のようにトラブルに巻き込まれても、それは自分で引き起こした災いです。自己過信は失敗と挫折のもと。下に降りて、安らげる場所を探しましょう。

63

水火既済

坎(水)×離(火)

キーワード

完成

易経の言葉

既済は亨る。小は貞に利ろし。初めは吉にして終りは乱る

宇宙からのメッセージ

- 物事が整い完成するとき攻めより守りを固めて
- 人よりちょっとできることを人よりも多く行うと吉
- 今あるものに感謝して現状維持に努めましょう

卦の意味

陽極まれば陰生ず

「既済」は「既に済う」、つまり完成の意味。「水」が「火」の上にあって燃えさかる火を消そうとしている象です。

この卦は、陽位に陽爻、陰位に陰爻があり、六つの爻がすべて正の位を得ています。このことから、物事が完成し、その道が極まった状態を表します。

でも、物事に変化はつきもの。陽極まれば陰生ずで、乱れ始めの意味もあります。キーワードは、整う、完成、必要なものがそろう、過不足なし、まとまる、初め順調で後に乱れる。

現状維持に努め、欲張ってはいけないとき。気になることはあらかじめ防げるよう注意を怠らないように過ごしましょう。

小さなことならできますが、リスクのあることや冒険に出るときではありません。

完成状態の維持に注力

この卦を得たときは、悩みや問題も一件落着し、とても良い状態にあるといえます。

それは同時に、これ以上の発展・進展は期待できないということも意味します。

占った事柄については、過不足ない状態といえますので、今あるものを活用し、さらに磨きをかけながら、現状の安定をより長く保つ努力をすることです。

今までしてきたことは完成に向かうので、それを維持するときです。さらなる上を求めたり、もっと良くしようと改革したり、新しいことを積極的に始めたりするときではありません。

攻めるより守るとき。

平穏さや好調さに慢心せず、謙虚な姿勢で努力を続けましょう。

・・・✦・・・

この卦を活かして最善の未来を創る方法

・・・✦・・・

来るべき運気下降に備える

易経の言葉に「初めは吉にして終りは乱る」とあるように、水火既済のときは、良いときでありながら、少し先に衰運の始まりも予感されます。

大難を小難に変えるためには、状況が悪くなったときのことを想定して、今から準備しておくことです。

ちょっとした油断が混乱を生じさせるときでもあります。

気になることがあれば、対応策を考えたり、備えたりしておきましょう。

乱れを防ぎ、現状を維持するカギは「努力」と「細かいところへの目配り」です。

完成した当初は丁寧にしていたことがおろそかにならないように、しっかり管理しましょう。

✳恋愛・結婚　アプローチ中の人は、成就し、最初はラブラブで順調。しかし、ちょっとしたことで不和や問題が生じるおそれがあるため、良い関係をキープするための努力を怠らないで。結婚は、まとまるときだが、結婚直後は順調だが、次第に悩みや不満が出てきそう。迷いや不安があるなら進めないこと。

✳仕事　安定運。小さなことを行うのは問題ないが、売り上げをさらにアップさせようとしたり、欲を出して手がけたりしたことが、反対に業績悪化につながったり、苦労を招いたりするので注意。現状を維持し、キャリアアップよりも、弱点克服に努めたほうがよいとき。

✳金運　今は問題なく過ごせそうだが、のちのち目減りする危険もあり。必要な支払いは早めに済ませ、将来に備えること。投資は、最初は順調でも長くは続かない気配。調子に乗ってやりすぎないこと。失せ物は、盗まれた可能性があり、相手は意外な人。一週間以内に出てこなければ諦めたほうがよい。

✳対人関係　今は順調で問題なく付き合えても、時間とともに、お互いの欠点などが目について、トラブルになりそう。相手の性格を占ったら、熱しやすく冷めやすい人。最初に急激に仲良くなった人とは、ささいなことで距離ができそうな予感。

✳願望　あと一歩というところまで来ているものは叶う。それ以外は、正しいやり方をすれば、小さな願いなら叶う。ただし、叶った後の運気下降に注意。

✳住居　今の住居に住むことで安定。必要にかられてではなく、よりよい家を求めての転居は見合わせが無難。結局、前の家がよかったと思うことに。小さなリフォームは早めに済ませて。

✳健康　無理をしなければ健康維持。心臓や眼、腎臓、冷えからくる症状や水難に注意。

✳学問　これまで頑張ってきた成果が出て、高め安定状態。サボるとダウンするので、努力はキープ。さらに向上するには、苦手科目の克服を。試験は、五爻以外は厳しい。

✳開運のヒント　体温計、エアコン、防災グッズ。

変爻

・・・✦ 宇宙が教える今後の展開 ✦・・・

初爻 既定路線がGOOD

実力以上のことに手を出して、失敗しやすいときです。何かがうまくいったとしても、さらに欲を出すと危険。前進は凶。慎重にこれまでの方針ややり方を守っていれば、問題ありません。

二爻 七日間待て

思うように進められないことがあっても、七日待てば自然に解決するでしょう。慌てず、ゆったりと構えて待つことです。無理になんとかしようと行動しても時間や労力の無駄になるだけです。

三爻 冒険は三年かかる覚悟を

冒険やチャレンジの達成には三年くらいかかりそう。かなり労力もいるので、よほどの覚悟がないなら見送るべき。現状維持に注力を。実力のない人に仕事や物事を頼むとうまくいきません。

四爻 これまでの常識が通じなくなる

整い、安定した状況にほころびが出てくるときです。今までならなんとかなっていたことが、通用しなくなることもあります。ちょっとした懸念や気がかりは、早く対応しておきましょう。

五爻 “今”を活かすとき

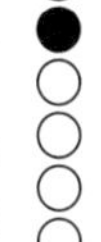

立場は上であっても衰運へと向かうとき。現在の安定や順調さにおごり、派手に振る舞うよりも、初心に返り、謙虚で質素な態度で事に当たりましょう。内部を充実させることに注力を。

上爻 自己過信で大ピンチ

これまで安定していたことが、崩れていくとき。経験不足にもかかわらず、自己過信で思い切ったことをすると、危うい目にあいます。損をしたら、すぐに手を引くこと。

64

火水未済（かすいびせい）

離(火)×坎(水)

キーワード

未完成

易経の言葉

未済（びせい）は、亨（とお）る。小狐（しょうこ）汔（ほと）んど済（わた）らんとして、其（そ）の尾（び）を濡（うるお）す。利（よ）ろしき攸（ところ）なし

宇宙からのメッセージ

- 最初はうまくいかなくても次第に良くなるので焦らずに
- 物事は未完成。終わったように思えても、まだ終わっていません
- うまくいかないのは、力不足だから真の実力をつけてから再挑戦を

卦の意味

今は準備不足だけど次第に良くなる

「未済」とは「未完成」の意。

今はまだ、準備が整っていません。

そのため、前進しても成功や望む結果は得られにくい時期であることを示しています。

キーワードは、未完成、未熟、未解決、時期尚早、背伸びして失敗。

この卦は、水火既済と逆で、陰位に陽爻が、陽位に陰爻があり、六つの爻すべてが不正です。

このことから完成されていないことを表しているのです。

現在は問題が多く、整わない状態ですが、次第に状況は良くなり、好転していきます。

目的を明確にし計画を立て、焦らず実力を養いながら、忍耐強く進めていきましょう。

実力不足を認めて基礎からやり直す

この卦を得たときは、まだ準備が不十分なので、思い切ったことをしたり、実力以上のことに挑戦したりするのはよくありません。

易経の言葉の意味は「火水未済のときは、努力すれば通じる。小狐が川をほとんど渡りきろうとして力尽き、その尾を濡らしてしまう。良いことはない」。

実力以上に勢いよく進む者は物事を成し遂げられない、ということです。

今は物事を達成するための計画を立て、きちんと準備をし、必要な力をつけることです。

もし、チャレンジして失敗に終わったとしたら、力量が足りないことを認め、基礎からやり直したほうがうまくいきます。

・・・✦・・・

この卦を活かして最善の未来を創る方法

・・・✦・・・

遠くの希望を目指して努力を続ける

しかし、うまくいかないから、失敗したからといって、簡単に諦めるときでもありません。

「努力すれば（願いが）通じる」とあるように、今後、未済を完成にもっていけるかはあなた次第。

準備が整わないのは、未熟さや実力不足が原因です。だから、忍耐強く、努力し、力を備えることが求められています。

自分に足りないものは何なのか、何をすれば成就するのかを見据え、長期的に取り組めば、明るい未来につながっていきます。

心がくじけてしまいそうな時期ですが、完全否定の卦ではありません。

諦めず完成に向けて取り組みましょう。

✳**恋愛・結婚**　恋愛も結婚も整わないことが多いとき。無理に仲を深めようとせず、自然体で過ごしながら、時が経って、お互いに気持ちとタイミングがピッタリ合ったときに付き合うくらいの気持ちでいるのが、今はベスト。結婚は、急いで一緒になろうとしても邪魔が入りそうな暗示があるが、時間をかければ、まとまる兆しが出てくる。

✳**仕事**　内部に問題があるため、それを解消し、整えてからでないと、何をやってもうまくいかない見通し。新しいことに乗り出すよりも、今しているいることの不調な部分を改善することが好結果を招くとき。奉仕精神を発揮すると吉。

✳**金運**　じっくり時間をかけることで、資産増加や収入アップにつなげられるとき。長期的な投資や能力を磨くための自己投資も吉。失せ物は、すぐには見つからなそうだが、忘れていた頃に出てくる予感。

✳**対人関係**　周りの人たちと打ち解けられず、相手との関係にも悩むとき。今はうまくいかなくても、将来的には仲良くなれる可能性もあるので、気に病みすぎないこと。少しずつ信頼関係を深めていくこと。

✳**願望**　かなりの努力が求められるが、最終的に願いごとは叶う見込み。しかし、利益は得られそうにない。

✳**住居**　引っ越しや移転は、今がタイミングではなさそうなので、中止することが最良の策。今の住居に不満がある場合も同じくで、大きな改築に乗り出すのではなく、模様替えや小さな修繕で乗り切ること。

✳**健康**　健康だと思っていても、何かしら問題がありそうなとき。冷えや血行不良、心臓や眼の疲れ、血液の病気、腎臓、膀胱、生理不順などに注意（特に初爻から三爻の場合）。体調で気になることがある場合は、受診や検査を怠らないように。

✳**学問**　たっぷり時間をかけて努力を重ねていくことで向上できる。焦らないことが大切。試験運は不調かも。志望校の見直しや、いざというときの対策も考えておくと安心。

✳**開運のヒント**　保温ポット、時間をかける、トレーニング。

変爻

••• ✦ 宇宙が教える今後の展開 ✦ •••

初爻 今は挑戦のときではない

自分の力量以上のことをしようとすると、失敗しそう。新しいこと、大きなことに挑戦するときではありません。タイミングが合うのを待ちながら、力をつけましょう。

二爻 待って力を養えば吉

見識や力量がありますが、今は前進するよりも、自分を抑えながら、実力を養うとき。慎重に過ごして機会を待てば、あとで功績をあげることができるでしょう。三カ月、三年待つと引き立てや良い結果を得ます。

三爻 焦らず修練すれば好機到来

まだ進むタイミングには来ていません。焦ることなく、慎重すぎるくらいの気持ちで実力を十分に養うこと。間もなく好機が訪れるので、そのとき自信を持って進めて有利です。

四爻 三年費やせばほうびを得る

これまでできなかったことをするチャンスが到来。三年は時間がかかることを覚悟して、粘り強く努力を続ければ達成でき、高い評価を受けるでしょう。自分の実力を試すべく、挑戦するときです。

五爻 成就は間もなく

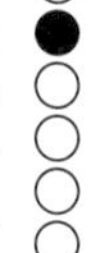

これまでやってきたことが実を結ぶとき。このままいけば、完成・成就はすぐそこ。未完成から完成へ導くリーダーとして活躍することも。立場や地位を得ても、謙虚な姿勢で、周りと協調しましょう。

上爻 調うまでゆっくり待つ

物事が調わない時期は間もなく終わり。焦らず、今を楽しみながら、ゆったりと機を待つのが吉。しかし、油断をすると、これまでの努力をムダにしてしまうことに。お酒の席で羽目を外しすぎないように注意。

コラム 光海先生が体験した易の神秘 ── ❶

易の導きで中学受験を突破！

子供が中学を受験するとき、志望校について悩みに悩んでいました。

同じ二月一日が受験日のA校とB校のどちらを受けるかということについてです。

もともとの志望はA校でしたが、過去問をさせると結果がかんばしくありません。

数ある私立校の中でも、A校は試験問題が独特であることで有名な学校です。

一方、B校は難易度や偏差値はA校と同じですが、そこまで問題にクセがありません。

過去問でも最初から、合格点に届いていました。

しかし、通っている塾の先生からはA校を強くすすめられていました。

でも、私は、このままでは、きっとA校には合格できないだろうと感じていました。

そこで、「それぞれの学校について、受験することについての導きをください」という問いで易を立ててみたのです。

そして、次のような結果が出ました。

【A校】➡❸水雷屯・三爻

水雷屯が示すのは、雪の下から若芽が出ようとするものの、雪の重みに芽吹くことができずに立ち往生している姿。

この卦が出たときは、状況が整わず、タイミングが悪い状態。大きな目標や望みがあっても困難が多く、すぐに叶えることは難しいことを暗示しています。

変爻は三爻なので、先の見通しは、

「案内人もいないのに獲物を追って山奥へ入って進んでしまう。危険を感じたら引き返すこと。そのまま進むのは凶」

というものでした。

甘い見通しと期待だけで進んでいっても、望むような結果にはつながらない。

これが易によるアドバイスです。

【B校】➡❼地水師・二爻

地水師は、集団の争いや軍隊を表す卦です。

受験は競争であり、集団での争いといえます。

この卦を得たときには、争いに巻き込まれがちです。

いったん戦（いくさ）になれば、多くの人を傷つけたり、代償を払わされたりします。

そのため、やるならば勝つべきであり、負け戦（勝つ見込みのない戦い）は避けるべきという意味があります。

戦に勝つためには、きちんとした戦略と、兵たちを率いる賢い司令官が必要です。

それによって勝ち目が出てくるのです。

変爻は二爻なので、先の見通しは、

「有能な司令官が中心にいるため吉である。王から三度も褒美が与えられる」

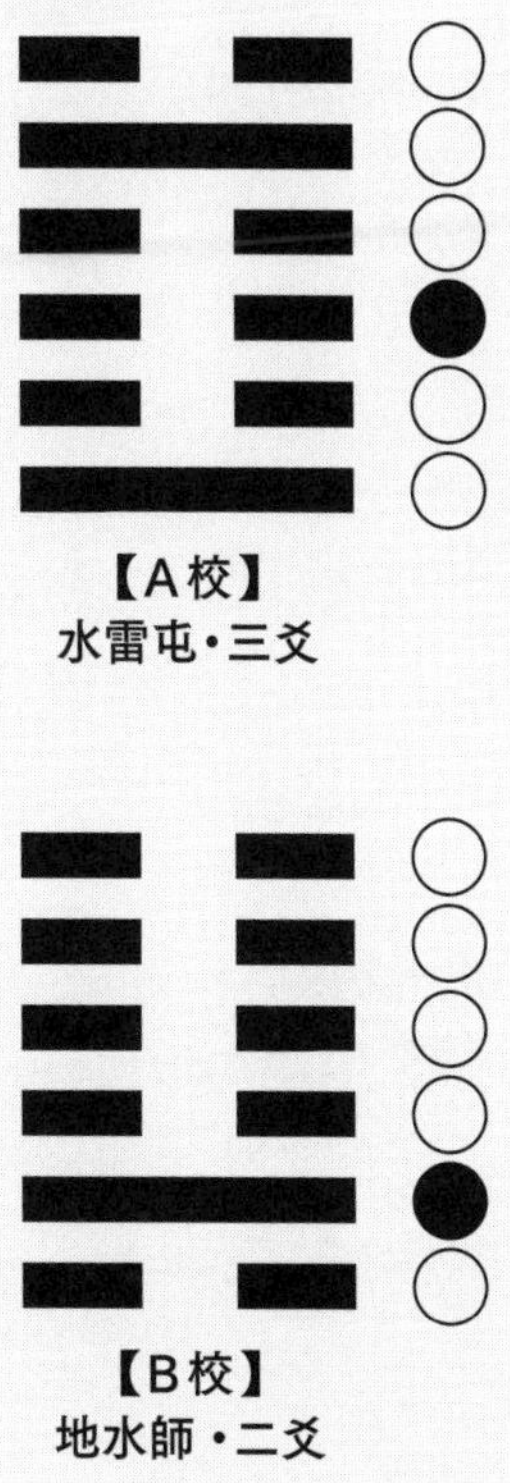

つまり、有能な指導者からのアドバイスや、力ある人の引き立てによって、良い結果や地位を得る、という導きを得ました。

A校の易の結果は、そのとき、私が感じていた不安そのものでした。

「案内人がいない」というのにも思い当たるところがありました。

通っていた塾では、問題傾向が特殊なA校の志望校対策を十分に行えないのでは……という懸念を以前から持っていたのです。

この卦を見て、このまま進めば、易の示すような結果になるだろうと確信しました。

B校のほうは、占った時点では、「有能な司令官」が誰なのかはわかりませんでした。

しかし、やはりA校は見込みがないと感じたため、志望校特訓クラスをA校からB校に変更していただきました。

それから一週間後――

B校クラスの代表の先生から電話があり、算数だけを個別で見て特訓したいと申し出があったのです。

この先生は塾でカリスマ講師と呼ばれている方でした。

さすがの指導力で、あっという間に子供の弱点を見抜くとともに、B校の傾向を踏まえ、「大問四と五は解かなくていい。その代わり、大問一〜三は絶対落とさない気持ちで、焦らず慎重に解くように」という具体的なアドバイスをくださいました。

結果は、B校を受験して合格！

受験を終えて久しぶりに登校した小学校の校門で、校長先生が迎えてくださって、肩をたたいて、「よく頑張ったな」と褒めていただいたそうです。

その話を聞いて、地水師二爻の「王」は、校長先生だったのかなと感じました。易の導きのすごさを実感した、忘れられない出来事です。

PART 3

易占いの鑑定例

恋愛・結婚

Q 結婚して二十年になります。夫とは共通の趣味もなく、会話が減り、子供も高校生になり、言うことを聞かず、必要最低限のコミュニケーションしかありません。

●占的＝卒婚（離婚）するか、家を出て一人で暮らしたほうがよいでしょうか？

●得卦＝㊲風火家人・四爻

A 家の中に居場所がなくなったように感じ、いっそ、家を出て一人で暮らしたほうがよいのではないか？　というご相談ですが、得卦（とくか）（得た卦のこと）は、家族を意味する「風火家人」でした。

この卦は、家族や身近な人と協力し、助け合うことが幸運につながることを説き、「女（じょ）の貞（てい）に利（よ）ろし」とあるように女性の力が必要であることを示しています。

一家の中の女性である妻や母がやるべきことをしていれば物事は正しい方向へと進むことを意味します。

また、この卦を得たときは、「外」よりも「内」に目を向けることが大切です。

四爻の爻辞は「家を富ます。大吉」。

この方は、家族や周りの人を幸せにし、繁栄をもたらす力を持っています。

●判断

外に出ることを考えるより、家の中や家族に目を向けましょう。

外に出て一人で暮らすよりも、家族と協力し、母や妻としての役割を果たしたほうが幸せになれます。

家を栄えさせる力も持っています。

●その後

鑑定を受けられた方は、この結果を聞いて、経済的にも精神的にも安定しているのは、ご主人の存在があってのことだと再認識したそうです。

また、仕事や趣味にかまけて、家族に目を向けていないのは自分自身だという気づきも

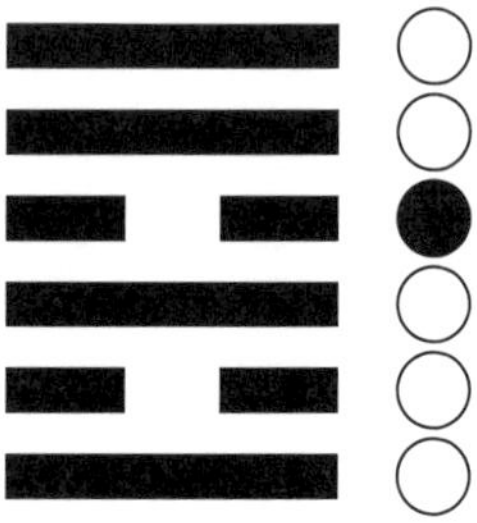

風火家人・四爻

得たそうです。

その後、家の中を片づけたり、家族に関心を向けたりするよう努力したところ、家族との関係にも変化が出てきて、ご自身も離婚や別居をしたいと考えることはなくなったそうです。

仕事

Q

飲食関係の接客業をしていましたが、コロナの影響で、収入が減り、知人の事業を手伝うようになりました。

収入も安定し、職場でも評価を得ていますが、チームで働く環境で人間関係のストレスがあります。

今までやっていた飲食関係のほうが、気楽で性に合っているため、コロナも落ち着いてきたので、戻りたいとも思うようになりました。

しかし、責任もあり、簡単にはやめられません。

このままでよいのか悩んでいます。

●占的＝以前していた飲食関係の接客業に戻ったほうがよいでしょうか？
●得卦＝㉔地雷復・三爻

A「復」は復活、復興、物事が原点に返り、戻ること。

衰運から、開運への転換を表す卦で、これまでの悩みや苦しい状況を終わらせ、前進するときであることを伝えています。

再出発や復活、諦めてしまったことへの再チャレンジも吉です。

ただし、この卦は陰が五つ、陽が一つで、まだ陽の気が表れはじめたばかりで、物事の達成には時間と手間がかかります。

進んだと思っても、また、後戻りするようなことも起こりやすいときです。

したがって、以前の仕事への復帰に対して前向きに取り組むのには良い時期ですが、コロナ前の順調だったときのような状態に戻るには時間も労力もかかるでしょう。

今まで停滞し、止まっていた状態が動き出したばかりなので、焦らず、コツコツと続けていくことが大切です。

何事もゆっくりと慎重に進めるときです。

また、この卦には、行く先には成功や喜びが待っているが、運気も実力もまだまだ十分開いていない、という意味もあります。

ブランクのため、過去の感覚を取り戻すのにも時間がかかりそうです。

過去の反省を踏まえて、足りないスキルをどのように補い、磨いていくかということを意識しながら進めていくことが成果や利益を得る上で重要です。

質問者の状況や今後の展開を暗示している変爻は、三爻です。

爻辞は、

「頻(しき)りに復(かえ)る。厲(あや)うけれども咎(とが)なし（進んでは戻る。危なっかしいがその都度改めれば、問題はない）」

三爻は奇数なので、本来は陽爻の場所ですが、この卦では陰です。

これは、質問者の意志の弱さや迷い、やや力不足であることを意味します。

また三爻は、内卦（下の卦）に位置するので、問題は自分の中にあることを意味しています。

これは、前職に戻りたい気持ちは高まっているけれど、気持ちが固まらず、やっていけ

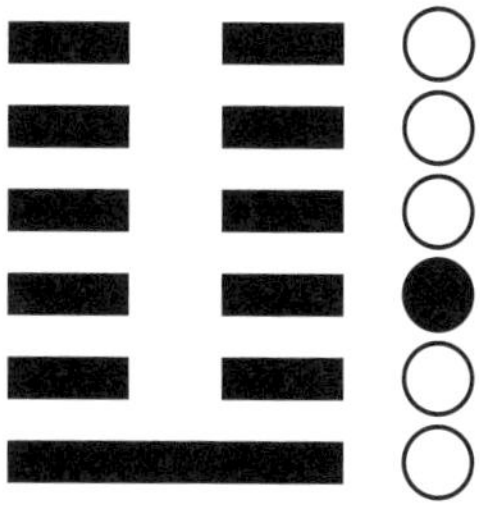

地雷復・三爻

る自信もない。そのため、前職に戻りたいということを実際に周囲に伝えたり、具体的なアクションを起こしたりしていない状態であると読みます。

●判断

以前の仕事をもう一度やり直すのはよいが、元に戻るには努力と時間を要する。今の状態で前職に戻っても、結果的に不安になって、安定を求めて他の仕事を考えたりし、行ったり来たりを繰り返す可能性があります。

まずは、方針を明確にし、計画を立て、長期的に努力をする覚悟を決めてから行動を起こすとよいでしょう。

●その後

飲食業には戻りたいと思いながらも、現在勤める会社の仕事を継続しながら、タイミングを見極めている状態とのことです。

金運

Q 優待投資という株式投資の方法があることを知りました。資産形成に興味があるので、ぜひトライしてみたいと考えています。

●占的＝**優待投資で利益を得られるでしょうか？**
●得卦＝**㉝天山遯・上爻**

A 「遯」は「逃れる」または「隠す」という意味です。

天の君子が、山の中に逃れ、俗世間から隠れて暮らす象です。

この卦が出たときは、衰運が近づき、困難や災いが迫っていることを表します。ただちに、そこから、逃げ、退くことが、難を避けるカギです。

何事においても進むのは凶です。

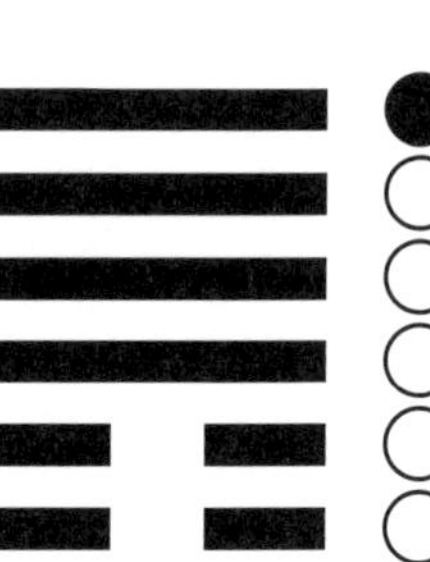

天山遯・上爻

金銭に関しても、利益を追うことで災いに巻き込まれやすいときです。

たとえば投資など、収入を増やすために今しようとしていることは期待通りにならないので、手を引くべきです。

俗世間から退き、地味に暮らして節約することが金運アップの近道である、とこの卦は伝えています。

上爻は、卦の最後の爻です。

これは、優待投資をするタイミングを過ぎたことを暗示します。

爻辞は「豊かに逃げる。よろしい」。

今は大きなことをするときではありません。

一歩引いて、良からぬものから逃げるが大吉です。

それを無理なく余裕をもって行えます。
結果的に、ゆったりと自分が好きなことに時間を使えるでしょう。

●判断
望んでいる利益を手にすることは難しいでしょう。進むより、退くときです。

●その後
優待株をいくつか買ったそうですが、優待品はもらったものの株価が値下がりし、塩づけになっている銘柄や、優待廃止になった銘柄もあり、今は別の投資方法をしているとのことです。

不動産の売却

Q 家を売りに出して一カ月ほど経ちますが、まだ、買い手がつきません。いつまでも売れないのでは……と不安です。

●占的＝**この家は無事、売れるでしょうか？**
●得卦＝**㉖山天大畜・三爻**

A 「山」は不動産、「天」はお金・財産を示すので、質問者様の売却する不動産はそれなりに価値があるものと判断します。

ただ、「大蓄」は　壮大なものが大きな力によってとどめられ、蓄えられていくという意味ですので、不動産としては価値があっても、すぐには売れない可能性があります。

「大蓄」は「停止、停滞」も示し、来るべきときに大いなるパワーを発揮するため、必要な力を正しく蓄積させるという卦です。

ですから、将来的には売れるでしょう。

変爻は三爻で、爻辞は次の通りです。

「良馬を逐（お）う。艱貞（かんてい）に利（よ）ろし（良い馬のように素晴らしい目標を追い求めているが、今は困難に耐えて正しい道を守るのがよい）」

忍耐が必要なときです。

●判断

今はなかなか売り手が見つからず焦るときですが、山天大蓄は財産を蓄える、大いに止まる卦ですから慌てて値段を下げたりせず、粘り強く時期を待つのがよいでしょう。

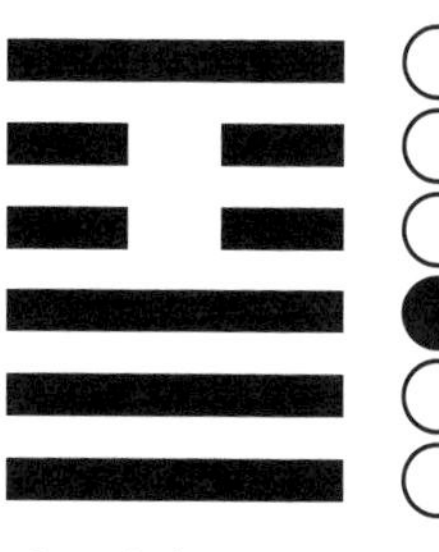

山天大畜・三爻

それでは、いつ頃売れるのか？

それはこの卦の上爻にヒントがあります。

山天大蓄の上爻は「天に通じる道を四方八方へ駆けめぐる」。

大いにとどめられていたものが動き出すことが示されています。

この上爻の時期に売買が成功する、と仮定します。

今は三爻なので、上爻まではあと三つ（四爻、五爻、上爻）。

つまり、三のつく周期で売れるでしょう。

「大蓄」で三日後は早すぎ、不動産の売却で三年後は遅すぎるため、おそらく三カ月後あたりがめどになります。

●その後

このご質問を占ったのは三月でしたが、ちょうど三カ月後の六月に買い手が見つかり、売買契約を結んだそうです！

対人関係

Q 私立高校に通う子供が学校になじめていないようです。
このまま通い続けたほうがよいでしょうか？
それとも他の学校に編入したほうがよいでしょうか？

質問が二つあるので、それぞれ易を立てます。

●占的①＝**このまま今の学校に通い続けたほうがよいですか？**
●得卦＝**㉕天雷无妄・三爻**

A 天雷无妄のキーワードは「あるがまま」。無為自然でいることです。
天と雷を表すこの卦を得たときは、天に任せ、成り行きに任せることが物事を進めるカギとなります。

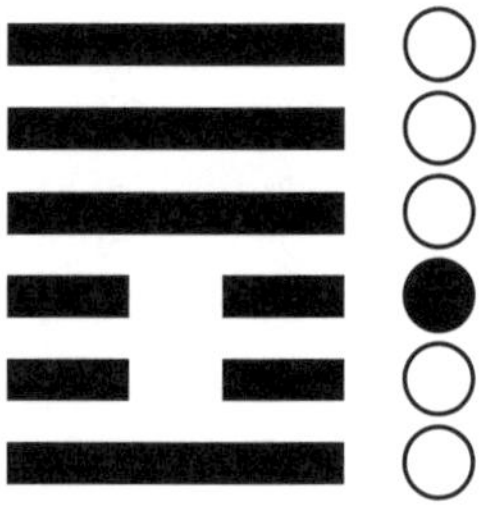

○○○●○○

【占的①】
天雷无妄・三爻

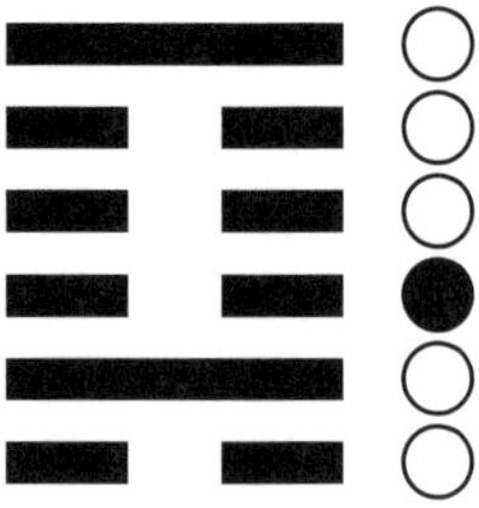

○○○●○○

【占的②】
山水蒙・三爻

学校になじめないお子様を心配し、何とかしてあげたいというお気持ちはとてもわかります。

しかし、この卦には、思うようにいかないことがあっても、作為的なことをしたり、何か手を打とうという考えは持ったりせず、自然の流れに任せたほうがよいという意味があります。

物事が自然の道理で動くときで、それに沿っていけば、道は、大いに通っていくことになります。邪心なく進めば望外の利を得ることもあります。

自分を偽ったり、同級生たちの輪に入ろうと無理をしたり、学校に相談して対策を講じるといったことをせず、自然体で過ごすことが、良い結果を招きます。

変爻は三爻です。

三爻は、天災などの思いがけないトラブルを意味します。

とばっちりを受けたり、濡れ衣を着せられたり、大切なものを盗まれたりといったことが起きやすいときであることを告げています。

常日頃から、誤解を招くような言葉や態度は慎み、身の回りのものはしっかりと管理するなど、慎重に過ごしましょう。


之卦（338ページ参照）は「⑬天火同人」となります。

同人は「仲間」を表します。

この先、同志や仲間を見つけたり、協力し合える存在の人が出てきたりする可能性もあります。

●占的②＝他の学校に編入したほうがいいですか？
●得卦＝❹山水蒙・三爻

A　山水蒙は、「山」に霧がかかったように、状況や見通しがハッキリしないときに表れる卦です。

「蒙」は、蒙昧、物事の道理に明るくないことを意味しますので、質問者様は、高校の編入について、まだ十分な知識を持っておられないのかもしれません。

また、思慮不足や考えの浅さといったこともこの卦は表しています。

見通しがハッキリせず、知識も不足している中で、むやみに動けば、状況を悪化させる懸念があります。

迷い、不安な中で物事を進めようとすれば、霧の中をさまようようなことになりかねません。

今のままでは、他校に編入しても満足いくような結果にはならないでしょう。

しかし、それに対して十分な知識を持ち、智恵を授けてくれるような信頼できる師を見つけ、教え導いてもらえば、道は開けていきます。

まずは、高校の編入について、調べ、情報を集め、信頼できる指導者を見つけ、ハッキリとした見通しを立てましょう。

変爻は三爻です。

「女を取るに用うる勿れ。金夫を見て躬を有たず（お金目当てで身を保てないような女を妻にしてはいけない）」―

打算的な考えではうまくいきません。

誘惑や金銭トラブルなどにも十分注意しましょう。

もし編入するにしても、教育よりも金儲けを第一にするような学校でないかなど、慎重に判断しましょう。


之卦は「⑱山風蠱」となります。

この卦は内部に膿（うみ）（＝問題）があるので、それを出し切り、刷新する必要性を示します。

つまり、転校しても問題は解決しない可能性が高く、対人関係への苦手意識やコミュニケーションの問題などと向き合うことになりそうです。

そして、徹底的に問題を出し切ることで、ピンチをチャンスに変えられます。

●判断
転校に関しては十分な知識と情報を集める必要があり、今のままの状況では進んでも良い結果につながりません。
①の卦の示す、成り行きに任せる姿勢が吉。
ご心配はあると思いますが、天や大いなる存在に守られ、導かれることを信じて、今の状況をお子様自身がどのように乗り越えていくかを温かく見守っていくのがよいでしょう。

●その後

「転校は考えず、現在も学校に通い続けています。休日に遊ぶ友人もでき、それなりにやっているようです」とのことです。

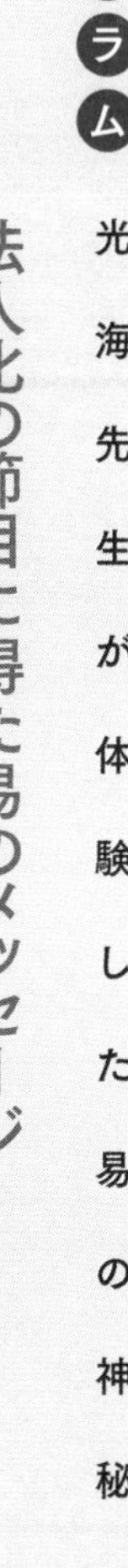

法人化の節目に得た易のメッセージ

今から二十年以上前のことです。

会社をやめた私は、フリーランスとして、占いの鑑定や雑誌の十二星座占い記事の執筆をしていました。

仕事も増えてきて、法人にすることを考えていたときに易を立てました。

●占的：個人事業主から法人になったほうがよいですか？

●得卦：㊻地風升・初爻

地風升は大地に蒔かれた種が発芽して、上へ上へと成長していく卦です。

木（巽＝風）が地中の養分を吸収しながら成長していく姿を表すので、土台を固め、生

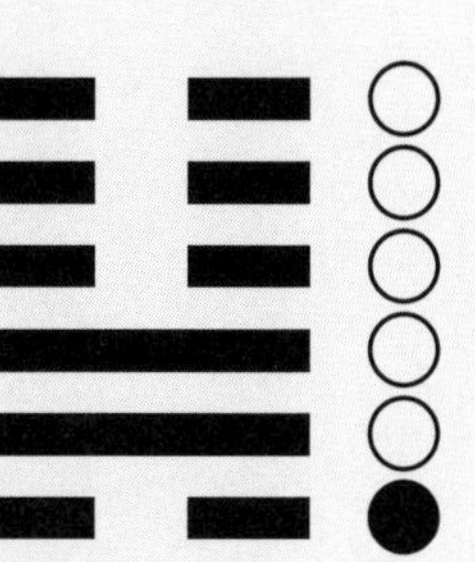

地風升・初爻

育するのにふさわしい環境を整えることが、成長し、発展していくカギとなります。木は時間をかけて成長していくため、焦らず、ゆっくりとコツコツと物事に取り組んでいくことが大切です、というのが易のメッセージでした。

変爻は初爻。まだ、事の初めであることを表しています。

爻辞は「允(まこと)に升(のぼ)る。大いに吉」。

「允」とは「信」のこと。

信頼を大切にして、昇り進めば、大いに吉であると告げています。

卦と爻辞の両方を読むと、法人になることは悪くなさそうです。コツコツやっていくことで、自分も仕事も成長していくことができるので、積極的かつ意欲的に進むように、とうながすようなメッセージです。

今、この卦を読むと、確かにその通りであったと感じます。

その後、法人化したことで、企業との取引や契約も増え、私の活動は次第に広がっていきました。

心に大きな理想を持ち、自分が信じるもの（＝まこと）に向かって進む。先人から学び、周囲の人との信頼関係を大事にし、つねに、成長することをモットーに事を行う。

まさしく、この卦が伝えるように、占いを始め、さまざまなことを独学ではなく師から学び、ご縁によって当初は考えてもいなかった仕事もするようになりました。

吉凶にとらわれず、良い卦であっても厳しい卦であっても、易が伝えようとしていることをじっくり読み解き、それを指針としていくならば、人生は拓かれていく。

それを今、改めて感じています。

P A R T 4

易をもっと上手に使いこなすために

悪い卦が出てしまったときは……

易占いで悪い結果が出たときは、嫌な気持ちになったり、もう一度占いたくなったりするかもしれません。

未来のことについては、占った結果が悪いと、「うまくいかないんだ」と思い込んだり、暗示になってしまったりすることもありそうです。

私は、基本的に、もうすると決まっていることや、自分の意志で変更できないようなことについては、占わないようにしています。

でも、「先のことが心配でたまらなくて……」といった方や、「もしも、良くない未来が予測されるなら、何らかの対処をしておきたい」と考え、将来のことを占いたいという方もいるでしょう。

そのときに避けたほうがよいのは、期待と異なる結果が出た場合に、同じ質問をもう一度占うことです。

易経の中にも、「易は最初に占ったことが正しく、それ以降に同じことを聞いても、正しい答えは得られない」とハッキリと書かれています。

立て続けに占って、たとえ良い卦が出たところで、「易は最初が正しい」とあるのですから、二度目、三度目の結果は当てになりません。

だから、悪い結果が出たから、もしくは、解釈が難しくよくわからないからといって、もう一度占うことはしないほうがよいでしょう。

また、悪い結果が出たからといって、

「ガーン、うまくいかないんだ！」

と嘆いて、終わりではもったいないです。

易の結果は、あくまでも、質問と質問者の占った時点での意識状態や波動を反映したものです。

その中には、今の質問者がとるべき態度や取り巻く環境、このまま進んだ場合の未来だけでなく、その問題に対しての、宇宙や高次元の存在からもたらされる指針や導きも含まれています。

だから、まずは、最初に出た卦のキーワードやイメージ、宇宙からのメッセージ、意味といったものをじっくり読んでみてください。

そして、今の状況、今の在り方、今の進み方などと、どのように関係しているのかを探ってみることです。

さらにいえば、易には「変わる」という意味があります。

「易占いで暗示される未来に絶対なる」というわけではありません。

その質問に対してのスタンスやあなた自身の意識が変われば、未来も易占いの結果も異なるものになります。

だから、厳しい結果が出たときは、

「結果が悪い」

「うまくいかない」

ということにフォーカスするよりも、

「どこに問題があるのか」

「改めるべきところ、見直すべきところはどこなのか」

という視点で易を読み込んでみましょう。

厳しい卦といえば、困難や逆境を示す「水雷屯」「坎為水」「水山蹇」「沢水困」のいわゆる「四大難卦」です。

これらにはすべて、「苦しみ」「悩み」「穴」を意味する「水」があり、現在の状況や行く手に困難や苦労があることを暗示しています。

これらの卦を得たとしたら、何かしら深い悩みがあるか、今なくても、進む先に出てくる、と読むことができます。


たとえば、占って得た卦が「水雷屯」だとしましょう。

水雷屯は厚い氷雪の下に木の芽があり、地表に芽吹くことができません。

すなわち「伸び悩み」を意味するので、この卦を得たときは物事が思うように進みません。越えなくてはいけない壁があったり、努力の割には成果があがらなかったり、実力が十分ではない、時期尚早、状況が整っていないということも考えられます。

ですので、まずは、それを質問者の状況などに当てはめてみてください。

そして、四大難卦の一つとはいっても、この卦はずっと停滞が続くわけではなく、春になれば氷が解けて、地上に草木が芽吹くように、いずれ道は開ける可能性も意味します。

だから、厳しい卦だからダメということではありません。

ただし、タイミングを待つこと、しかも、力を蓄えながら。それが重要であると告げています。

今すぐ、望む結果を得るのは難しいが、通達する見込みがゼロではないのです。

この卦を得て、困難に耐え、実力を磨く努力ができるか、機が熟すのを待つことができるか、それを再検討することで、未来もまた変わってきます。

このように、厳しい卦が出たときも、

「そうか、今はこういうときか。自分の実力はまだまだなんだ」

と自覚して、焦りを手放したり、実力が伸び悩んでいる原因を探ったりすることに意識を向ければ、それまでは見えなかった問題点に気づくことができるでしょう。

そうすると、固定化していた観念や意識にちょっとした変化が加わります。

そのまま進んでいたら「易の卦の暗示する厳しい結果」を迎えることになるかもしれませんが、問題点や障害に気づくことで、道を変えることができます。

まっすぐ進んでいたら、事故にあっていたけど、立ち止まり、進む方向を変えたことにより、違う結果へとたどりつくといったイメージです。

どうしても同じことを占いたいときは

前の項でも述べましたが、結果に納得できないからといって何回も同じ質問で占うのは御法度です。

「山水蒙」の卦辞には「初筮告。再三瀆。瀆則不告」とあります。

これは「初めて占った結果だけが有効で、その後同じ内容で占っても、神様は正しい答えを教えてくれませんよ」という意味です。

つまり、同じことを何度も占っても、無意味ということです。

どうしても同じことについて尋ねたいのであれば、まずは、最初に得た易の結果をよくよく読み解き、指針やアドバイスをもとにスタンスを見直すことから始めましょう。

そして、だんだんと状況が変わってきたときに再度易を立てるのがよいでしょう。

たとえば、先ほどの例のように、「水雷屯」を得た後、勉強のやり方を見直して、以前よりも実力がついてきた、停滞やグズグズしていた状況が動き出したといったときです。

おそらくそれは、今日、明日といった短い期間(スパン)ではないはずです。

易の結果は、質問者の意識状態や波動に合ったものが表れますが、ここでいう「意識」とは、顕在意識ではなく、潜在意識のことです。

これは、自分でも気づいてない無意識の想いや刷り込まれた信念、習慣や心の癖のようなものも含むので、そう簡単には変わりません。

だから、同じことについて再度占う場合は、事柄にもよりますが、少なくとも三カ月から半年は空けたほうがよいでしょう。

また、最初に占った卦の変爻によって、考える方法もあります。

易の卦は、初爻が事の始まりで、上爻が終わりです。

これをひと月に当てはめて、初爻を得たのなら、上爻まで進むには、五カ月が必要ということとなります。

それくらい経つと、尋ねたことに関する状況が終わるとみなし、その頃にもう一度占うというやり方です。

もし、どうしても、今すぐに同じことについて聞きたいという場合は、まったく同じ質問ではなく、違う角度で尋ねることです。

たとえば、恋愛で、

「この人と結婚できますか？」

と占った結果が望みと違うものであれば、

「ほかの恋人を探したほうがよいですか？」

「この人以上に私にとって良い結婚相手は現れますか？」

といった感じです。


それらの複数の結果を総合的に判断すると、宇宙があなたに今、何を伝えたいのか、きっとわかるはずです。

宇宙から答えが返ってきやすいたずね方

「自分が出したものが返ってくる」

それが、宇宙の法則です。

だから、正しい答えを受け取りたいのであれば、真摯な気持ちで、宇宙に問いを投げかけることです。

エネルギーは意図に従って動きます。

「良き方向に導かれるための正しい答えを受け取る」と意図し、宇宙を信頼してから行うことも大切です。


また、易を立てる前に、何についての答えを得たいのか、占的（占う目的）をハッキリさせます。

自分の行動の進退（進むべき、やめるべき）の是非を問いたいのか。

それとも、質問に対する先々の見通しを得たいのか。

あるいは、自分の取るべきスタンスや在り方を尋ねたいのか。

できれば、占う前にノートに書いたり、ハッキリと口に出したりするとよいでしょう。

その際は、自分で易の解釈がしやすい問いかけであることも重要です。

たとえば、結婚するかどうかを迷っている場合は、

「私はこの人と結婚したほうがいいですか？　それともやめたほうがいいですか？」

という質問よりも、

「私はこの人と結婚したほうがいいですか？」

とシンプルに聞いたほうが解釈しやすいでしょう。

前者の質問方法でも、嫁入りを意味する「風山漸」や、妻や母を意味する「風火家人」が出たなら、爻にもよりますが、結婚話を進めてもよさそうだと解釈できます。

反対に、「艮為山」のように「止まって無事」という意味なら、どうやら進めないほうがよさそうだと解釈できます。

しかし、吉凶相半ばするような卦を得た場合は、判断に迷うことがあります。

ですので、ハッキリとした答えがほしいときは、「往けば吉」（進んで吉）「往けば凶」（進むのはよくない）と質問と答えが一致するような形で、シンプルに尋ねるのがよいのです。

たとえば、

「結婚しないほうがいいですか？」

という問い方よりも、

「結婚したほうがよいですか？」

という質問のほうがシンプルです。

というのも、前者のように否定形で問いかけて、「往けば吉」と出た場合「結婚しないほうが吉」とシンプルに読めばよいのですが、初心者のうちは、「結婚したほうがいいのかな？」と迷って逆に解釈してしまう可能性があるからです。

ただし多くの場合、易の卦を解釈しているうちに、良い、悪いだけではない、深い答えが導きだされるはずです。

易占いにおけるタブー

宇宙から正しい答えを受け取り、あなたと易との間で適切な信頼関係を結ぶためには、以下のような状況で占うことは避けたほうがよいでしょう。

●宴席で、酔った状態で遊び半分で占う
●動揺し、混乱している状況のときに、心を落ち着けず、精神を統一しない状態で占う
●同じことを何度も占う
●何でもかんでも、自分で考えたり、状況を判断したりせずに、易の結果に依存する
●頼まれていないのに自分以外の人のことを勝手に占う（「あの二人は別れますか？」「付き合っていますか？」など）

また、易占いでは占うことがタブーとされているものがあります。
それらを占っても正しい答えを得ることは困難です。
以下のような質問は避けるのが賢明でしょう。

〈易占いおよびそれ以外の占いにおいても、占うことがタブーであるとされること〉

●死ぬ時期や寿命など、生命に関わること
●他人を陥れたり、不幸にしたりする方法
●時が経てば結果がわかることや、試験や就職の合否のみを占うような当てもの的なもの
●ギャンブルに関すること
●法律や犯罪に関わること

易には「変わる」という意味があり、試験の合否などの結果は、あくまでも「今の意識状態のままいけば」ということが前提になります。

結果そのものを占うよりも、「合格するにはどうすればよいですか?」「この学校を受験したほうがよいですか?」と聞き方を変えたほうが適切な答えを導きやすくなります。

また、競馬でどの馬が勝つか、宝くじを買ったら当たるかなどのギャンブルに関する質問を占いでするのは、タブーとされています。

それらは、当てもの的な占いの部類に入ります。

法律や裁判に関すること、犯人を探すといったことは専門家に任せるべきことです。ただし、当事者として、指針などを占うことはタブーには該当しません。

また、ギャンブルに限らず、あまりにも易に傾倒し、何でもかんでも、占うようになったときに、目を覚まさせる意味で、占いが外れたと感じるような出来事が起きることもあります。

易の結果を使って、人生をより良い方向へと創造したいのであれば、モラルをもって真摯な気持ちで宇宙に問う。

そういう姿勢が正しい答えを得るカギです。

ある易の流派では、易を立てて、お告げを受け取ったら、必ずその指針に従い、実行しなくてはいけないと決められているそうです。

そこまで易の卦を絶対視するかどうかは個人の判断にゆだねられますが、それくらい真剣に真心をもって易を立てれば、それに合った答えがやってくるともいえます。

変爻と之卦で未来の流れを知る

易占いで最初に出す卦のことを、「本卦」と呼びます。

本卦は、占った事柄を判断する上で、基本となるものです。

質問に対する宇宙からのアドバイスや、現在の状況、質問者自身の立場や在り方など、さまざまなことを示しています。

対して、「変爻」とは、コインで占った際に、一つだけ違う種類のコインが出た爻のことを示します。

その爻によって、事の成り行きやさらに細かいアドバイスを得ることができます。

ここでは変爻を用いた未来の見通しを読む方法を、もう一つお伝えしましょう。

本卦の変爻の陰陽をひっくり返してできた卦を、「之卦」（または、いくか）といいます。

之卦は、今後起こりうる可能性を暗示しています。

ただ、あくまでも可能性であり、必ずしもその方向に向かうとは限りません。

また、之卦は「伏卦」とも呼ばれ、裏に隠された事情や秘められた問題点などを、詳しく探る場合などにも使用されます。


たとえば、「㉟火地晋」の四爻を得たとします。

この卦の四爻は陽ですが、それを陰にすると、「㉓山地剝」に変わります。

これが之卦となります。


山地剝のキーワードは、「崩れゆく山」です。

火地晋の四爻は、強い陽爻が三つの陰の上に載っています。

基盤や土台など、支えるものが弱いのに、上り、進んだ状態ですので、しっかりとした土台がないまま進むと自ら崩れるようなことが起こりうると読みます。

つまり、この卦は、質問者が質問に対して、十分な実力や基盤を持っていない状態であるという裏事情や隠れた問題点を示しているのです。


之卦の結果は、あくまでも、今後起こりうる可能性を暗示しているにすぎません。

そこに必要以上にとらわれる必要はないですが、方針やあり方を見直す上では重要なヒントが示されていたりします。

易の解釈に慣れてきたら、本卦や変爻とあわせて読んでいくとよいでしょう。

〈本卦〉
㉟火地晋

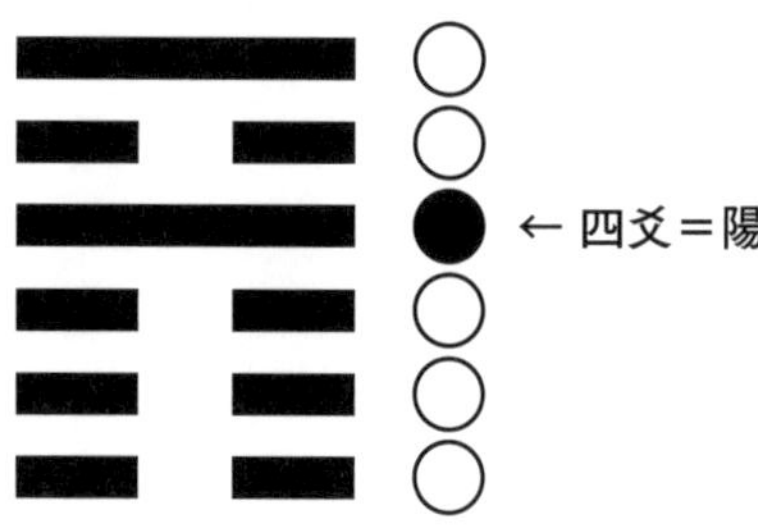

変爻である四爻の陰陽をひっくり返す

〈之卦〉
㉓山地剝

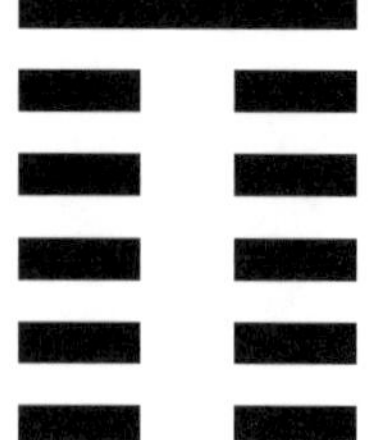

← 四爻＝陰

出てきた卦の意味がイマイチよくわからない場合

易を立てて、卦を出したものの「意味がよくわからない」「解釈に悩む」というのはよくあることです。

代表的なパターンとしては、卦自体は大吉なのに、爻辞が良くないとき。進退を占った場合なら、これは進んでいいのか、それとも今はやめておくべきなのか悩ましいですよね。

また、変爻から、之卦を出して読む場合も同じようなことが起きたりします。

このような場合の考え方をお伝えしましょう。

まず、易の原則として、得た卦がその質問に対する本質的な答えです。
爻辞は、今の立場や状況、今後のゆくえなどを暗示するものとなります。

たとえば、「㉟火地晋」は日の出を意味し、これから上昇していく吉卦です。

もし、仕事について占ったのなら、

「その仕事は、前途有望で、先々発展していくものであり、希望を持って進みなさい」

というのがその問いに対する直接の答えです。

そして、それが四爻だった場合。

その爻辞は「不当に高い位置に昇り進もうとする。危うい」で、一見、卦辞とは矛盾するような感じもします。

しかし、これが意味するところは、四爻は陰の位にあたりますが、この卦では陽爻なので、力強く進むあまり、実力以上に頑張りすぎたり、やりすぎたりする心配がある、これを改めなければ危険であるということです。

つまり、仕事は発展し、前進しそうだが、身の程知らずな欲や自己過信によってトラブルを招かないように注意する必要があると解釈すればよいのです。


逆に、卦自体は前進を後押しするようなものでなくても、爻は吉や大吉のようなものもあります。

たとえば、仕事や習い事など、何かを始めようというとき、易を立てて「❺水天需」の上爻を得たとします。

水天需は、恵みの雨を待つ卦です。

だから、今すぐ計画を進めることに対しての答えは、「待ちなさい」（＝ノー）です。

しかし、上爻は卦の終わりなので、待つのはそう長くないと読めます。

また、水天需の「待つ」は、いずれは進むことを前提としています。

天に雲（水）があり、まもなく雨が降りそうな卦であり、川を渡るための渡し舟を待つ象でもあるので、「今後も永遠に始めてはいけない」「やめたほうがいい」ということでは決してありません。

単に、今はまだタイミングではなく、今の状態で進めば困難に見舞われる、だが、時機を得ればうまくいくという卦なのです。


では、動き出すのはどのようなときか？

それに対するアドバイスが爻辞です。

上爻の爻辞は、「思わぬ賢人三人の客がある。吉」。

困難に陥って困っていたら、賢く力ある人物に出会い、彼らの力を得て、窮地を脱することができるということです。

すなわち、今すぐ独力で進むのではなく、賢い人のアドバイスに従ったり、有力者の力を借りたりして進むとよいと判断できます。

自分ではなく人のことを占うときの注意点

人のことを占うときは、まず、その人の許可を得ましょう。

頼まれてもないのに、勝手に易を立てるのはタブーです。

そのうえで、人を占うときは、その人が本当に知りたいこと、解決したいことは何なのかに焦点を当てて、それを理解してから易を立てることが重要です。

そのためには、占う前に、「筮前の審事」をしっかりとする必要があります。

「筮前の審事」とは、易を立てる前に質問者から、占ってほしい事柄について、じっくりと話を聞くことです。

○今の状況や立場、いきさつ、関わっている人々について
○気がかりなこと
○本当に相談したいこと、答えを得たいこと

これらのことを聞いたうえで、得た卦や爻辞を読むのと、そうでないのとでは、解釈が

まったく異なってきます。

たとえば、

「仕事のことを占ってください」

といっても、本当に知りたいのは、お金のことかもしれません。

「新しい出会いがあるでしょうか？」

という問いは、今の恋人との関係に悩んでいて、いっそのこと別れたほうがよいのだろうか？　と迷っている場合もあります。

ですから、単に、

「仕事のことですね」

といって占うのではなく、

「今はどんなお仕事についているのですか？」

と尋ねながら、質問者の本音、本心、本望を引き出し、受け取った易の卦と照らし合わせていきましょう。

すると、易の卦を通して、今、宇宙がその人に何を伝えたいか（＝易の卦）が見えてきて、その人のより善い未来や幸せにつながるアドバイスができるでしょう。

そうすれば、たとえ厳しい卦を得たとしても、

「ショック！　ガッカリ」

で終わらず、占いの結果を前向きに活かしてもらうことができます。

易占い上達の秘訣

易占いを上達させるには、易を立て、得た卦の基本的な解釈や爻辞を読み解き、質問と照らし合わせる。それを記録し、その結果がどうであったかを振り返る。

このような実践を繰り返すことです。

実占（実際に易を立てて占うこと）を繰り返すことで、六十四卦の意味も自然と頭に入ってきますし、その後の展開を知ることで、易のアドバイスが何を伝え、何を戒めていたのかをより深く知ることができます。

その際に注意したいのは、「当たるも八卦、当たらぬも八卦」を前提にしないほうがよいということです。

易を学んでいた初期の頃、師匠に、

「得た卦は絶対です」

と教わりました。

つまり、得た卦が「はずれる」ということはないということです。

実際にやっていくと、「はずれた」「当たらなかった」という事象は出てくるかもしれません。

たとえば、易の結果は厳しかったけれど、実際はうまくいった、反対に、良い卦が出たのにそうならなかった、というようなことです。

しかしそれは、「はずれた」というよりは、解釈を誤った、もしくは、易の伝える指針に従ったり、反対に従わなかったりした結果であると考えるのです。

また、そのような結果になるのは、何度も占ったり、タブーと呼ばれることを占ったりしたせいであるかもしれませんし、いいかげんな気持ちや遊び半分で占っていたかもしれません。

まずは、自分にもたらされた卦を信頼しましょう。

そして「はずれた」と感じるような事象が起きたときは、

「自分はどこを読み違えたのだろう?」

と、易経を読み込み、六十四卦について深く考察していきましょう。

そうやっていくと、易占いの腕が上達し、易は必要なときに頼れるアドバイスを得られる最高のパートナーになってくれます。

不安や恐れを乗り越えていくには

将来の見通しがハッキリしないとき
悩みが頭から離れないとき
どうしてよいのかまったくわからないとき……
不安に駆られてしまうこともありますよね。
易占いはそういうときにこそ助けになります。

といっても、悩みが深いときには、良い結果が出ても、

「本当だろうか」

と信じることができなかったり、
逆に悪い結果なら、

「やっぱり！」

とさらに落ち込んでしまったり。

その結果、易を立てても、何の助けにも気休めにもならないこともあるでしょう。

そういうときには、「占う」のではなく、易を通して、宇宙や高次元の存在と対話をするというスタンスで易と向き合うことです。

その際は、他の人を占うときのように、「筮前の審事」をしっかりと行います。

自分自身を質問者に見立て、現状や周囲の人々との関係やこれまでの経緯などを振り返り、自分にとって気がかりなことや、最も恐れていること、また、不安や懸念は何なのか整理します。

これだけでも、少し冷静になることができるでしょう。

不安や恐れでいっぱいなとき、その感情にもとづいて行動を起こすと、たいていの場合、「しなくてもいいこと」をしてしまいます。

そして、不安や恐れの感情のもとに起こした「しなくてもいいこと」の後始末のほうが、実は厄介だったりします。

それによって、事態がさらに悪化したり、そのままなら解決したことが新たな問題を引き起こしたりします。

いったん冷静になることで、それを避けることができますし、また、事実とそうでない単なる妄想や恐れを明らかにすることができます。

たとえば、「絶対に合格したい、しなくてはいけない」という試験に不合格となり、「このままではお先真っ暗だ」と絶望しているとします。

しかし、事実は「試験に不合格」で、「このままではお先真っ暗」は、単なる恐れや思い込みです。逆に不合格になったことで、別の道が開ける可能性もあるのです。

不安や恐れでいっぱいのときは、自暴自棄になったり、衝動的に行動を起こしたりするよりも、宇宙に尋ねてみてください。

「これからどうしたらいいでしょう?」

と。

そうして、深呼吸をして、無になってコインを振ってみてください。

易はあなたを最善の道、本来の生き方へと戻すようなメッセージをくれるはずです。

おわりに

最後までお読みいただき、ありがとうございました。

占いは私たちが自分自身を知り、未来についての見方を広げる手段です。

易占いは、自然の摂理に基づいて運命や未来を占う古代の知恵です。

本書は、易占いを通じて自分自身や周りの世界を深く理解し、宇宙や高次元からのメッセージを受け取り、運命を切り拓くための手助けとしていただくことを目的としています。

実際に易占いをしてみて、いかがでしたでしょうか？

解釈が難しいと感じられた方もいらっしゃるでしょうし、「ご自分の状況が卦に反映されている！」など、さまざまな驚きや発見があった方もいらっしゃるのではないでしょうか。

私も最近、あることについて占ってみました。

得た卦は、「雷天大壮の三爻」でした。

「雷」にも「天」にも「動く」という意味があり、この卦が出たときは、勢い盛んで、前進したくなります。

いてもたってもいられず、行動を起こしたくなりますが、自分の力を過信したり、状況が整っていないのに焦ったりして、事を仕損じたりしやすいときです。

三爻の爻辞が伝えるのは、

「勢いよく物事を進めて結果を出そうとするが、自信過剰で失敗しやすいので、前進は見合わせましょう」

というメッセージです。

この卦を見た瞬間、苦笑いしてしまいました。まさしく私自身の現状を映し出していて、自分でも、思い当たるフシがあったからです。

このように易占いは、単に未来を予測するだけでなく、自分の思いや感覚と高次元の意思が一致しているかどうかを確認するのにも優れた手段です。

ぜひ、あなたにとって、最適な方法を見つけだし、よりよい人生を創造するためにお役立てくださいね。

この本が、皆様の人生に豊かな知恵と幸福をもたらすことを願っています。

最後になりましたが、この本を手に取ってくださった皆様、本書を書く機会を作ってくださったヒカルランドの小澤祥子様に深く御礼申し上げます。

光海

二〇二三年五月吉日

参考文献

『易学大講座』1巻〜8巻／加藤大岳著／紀元書房
『易占の神秘』熊崎健翁著／紀元書房
『周易講義』1巻〜4巻／横井伯典著／日本開運学会
『易経』上・下／岩波文庫／岩波書店

著者略歴

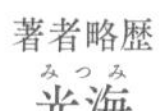

神秘学研究家、日本占星学会主任講師、エネルギーワーカー
幼少期からエネルギーに敏感で、見えない世界に興味を持つ。
伝記が好きで、人生や運命に影響を与える目に見えない要素、
周期的なサイクル、シンクロニシティ、運命学や占術について研究を重ねる。
20代前半に出会った、『信念の魔術』（C・M・ブリストル（著）ダイヤモンド社）という本に
影響を受け、信念と潜在意識を活用して人生を切り開くことに興味を持ち、
アファメーションやイメージング、瞑想、チャクラヒーリングなどを
日々の生活に取り入れるようになる。
その効果を実感する一方で、長年探究してきた占いや運命学が自分を制限したり、
ネガティブな信念体系を作るのではないかという疑問や葛藤を抱く。
多くのホロスコープを読み解く中で、持って生まれた運の良しあしよりも、
本来の性質や個性を活かし、発揮していることが成功者に共通していることに気づき、
それが最強の開運方法であり、豊かな人生を送るカギであるという認識に至る。
現在は、古代神秘主義思想にもとづいた宇宙の法則、スピリチュアル占星術、チャクラ、
易等を研究し、惑星のエネルギーとつながるアクティベーションワークや占星術講座、
ハイアーセルフとつながる講座、オラクル・カードリーディングセミナーなどを開催。
本当の自分を知り魂の本質を生かして、より良い人生を創造するための
個人セッションも行っている。
人生のテーマとミッションは、人が本当の自分（魂の本質）を発揮し、
最高の人生を創造するための情報や叡智、〈覚醒のメッセージ〉を宇宙とつながって届けること。
2023年、活動名をエルアシュールから光海に改名。
エルアシュールとしての著書に『魂のブループリント』
『星で見つけるあなたの豊かさの引き寄せかた』
『魂のブループリントノート』
『人生が変わる「見えない存在」とつながる本』など多数。

HP
https://synastryhouse.com/

最高最善の人生を叶える

宇宙が導く易占いBOOK

第1刷　2023年6月30日

著者
光海
発行人
石井健資
発行所
株式会社ヒカルランド
〒162-0821 東京都新宿区津久戸町3-11 TH1ビル6F
電話03-6265-0852 ファックス03-6265-0853
http://www.hikaruland.co.jp info@hikaruland.co.jp
振替00180-8-496587
ブックデザイン
鈴木成一デザイン室
イラスト（六十四卦）
梅守風帆
校正
麦秋アートセンター
本文・カバー・製本
中央精版印刷株式会社
DTP
株式会社キャップス
編集担当
小澤祥子

 ISBN978-4-86742-252-6

〈新企画！〉

宇宙の法則で望む自分を生きる！
光海の神秘学＆人生哲学サロン

講師：光海（神秘学研究家）

神秘学研究家の光海先生による待望のお話＆交流サロン、開催です！星読み、易、人生哲学、宇宙の法則、エネルギーや見えない存在たちの不思議な世界……そのときどきの宇宙の流れに即した旬な情報を毎回シェア。ご参加者さまご自身もリラックスして会話にご参加いただけます。美味しいお茶とスイーツを堪能しながら、スピリチュアルトークを満喫しましょう♪

開催日は、いずれも占星術鑑定により【大開運日】を選定。天空に満ちる発展的エネルギーを取り入れるためのアクティベーション（活性化）ワークもおこない、ご参加者さまの変容をサポートいたします。

神秘の世界の初心者から上級者まで、どなたも大歓迎！　今後も定期的に開催予定です。

日時：
　第１回　2023年８月２日（水）
　第２回　2023年10月22日（日）
　開場 13：00　開演 13：30　終演 16：30
料金：22,000円（税込）
会場・申し込み：ヒカルランドパーク

詳細・お申し込みはこちら

ヒカルランドパーク
JR 飯田橋駅東口または地下鉄 B１出口（徒歩10分弱）
住所：東京都新宿区津久戸町3−11 飯田橋 TH1ビル 7F
TEL：03−5225−2671（平日11時−17時）
E-mail：info@hikarulandpark.jp　URL：https://hikarulandpark.jp/
Twitter アカウント：@hikarulandpark
ホームページからも予約＆購入できます。

〈出版記念セミナーのお知らせ〉

最高最善の人生を叶える！
宇宙が導く易占い超入門

講師：光海（神秘学研究家）

易は、森羅万象を統べる宇宙の法則です。古来、数々の君主やリーダーたちが活用してきた古代中国の叡智を使いこなして、自ら運命を切り拓く秘訣を学びましょう！　複雑な体系をもつ易ですが、実はたいへん親しみやすく、日々のさまざまな課題のガイダンスを得るのに絶好のツールでもあります。易がまったく初めての方も大歓迎！　初歩から丁寧にレクチャーいたします。一日で易占いの基本がバッチリ身につくまたとないチャンス、奮ってご参加ください♪

内容：易の基本知識、コインを用いた易占いの鑑定実習、六十四卦の解釈例、変爻（へんこう）で未来の流れを読む方法、易をもっと上手に使いこなすための秘訣、等

★著者の光海先生によるサイン会も開催します。

詳細・お申し込みはこちら

日時：2023年７月15日（土）　開場 12：30　開演 13：00　終演 16：00
参加方法：会場参加／ZOOM 生配信（会場・ZOOM ともに事後配信あり）
料金：16,500円（税込）
持ち物：書籍『宇宙が導く易占い BOOK』（テキストとして使用。会場販売あり）、10円玉×５枚＋100円玉×１枚（易占いの実習で使用します）、筆記用具
会場・申し込み：ヒカルランドパーク

★光海先生の個人セッションも開催決定！

日時：2023年９月８日（金）
会場：イッテル珈琲（東京・神楽坂）
詳細は神楽坂ヒカルランドみらくる HP をご覧ください。

自然の中にいるような心地よさと開放感が あなたにキセキを起こします

神楽坂ヒカルランドみらくるの1階は、自然の生命活性エネルギーと肉体との交流を目的に創られた、奇跡の杉の空間です。私たちの生活の周りには多くの木材が使われていますが、そのどれもが高温乾燥・薬剤塗布により微生物がいなくなった、本来もっているはずの薬効を封じられているものばかりです。神楽坂ヒカルランドみらくるの床、壁などの内装に使用しているのは、すべて45℃のほどよい環境でやさしくじっくり乾燥させた日本の杉材。しかもこの乾燥室さえも木材で作られた特別なものです。水分だけがなくなった杉材の中では、微生物や酵素が生きています。さらに、室内の冷暖房には従来のエアコンとはまったく異なるコンセプトで作られた特製の光冷暖房機を採用しています。この光冷暖は部屋全体に施された漆喰との共鳴反応によって、自然そのもののような心地よさを再現。森林浴をしているような開放感に包まれます。

みらくるな変化を起こす施術やイベントが 自由なあなたへと解放します

ヒカルランドで出版された著者の先生方やご縁のあった先生方のセッションが受けられる、お話が聞けるイベントを不定期開催しています。カラダとココロ、そして魂と向き合い、解放される、かけがえのない時間です。詳細はホームページ、またはメールマガジン、SNSなどでお知らせします。

神楽坂ヒカルランド みらくる Shopping & Healing
〒162-0805 東京都新宿区矢来町111番地
地下鉄東西線神楽坂駅２番出口より徒歩２分
TEL：03-5579-8948 メール：info@hikarulandmarket.com
不定休（営業日はホームページをご確認ください）
営業時間11：00〜18：00（イベント開催時など、営業時間が変更になる場合があります。）
※ Healing メニューは予約制。事前のお申込みが必要となります。
ホームページ：https://kagurazakamiracle.com/

神楽坂ヒカルランド
《みらくる Shopping & Healing》
大好評営業中!!

宇宙の愛をカタチにする出版社　ヒカルランドがプロデュースしたヒーリングサロン、神楽坂ヒカルランドみらくるは、宇宙の愛と癒しをカタチにしていくヒーリング☆エンターテインメントの殿堂を目指しています。カラダやココロ、魂が喜ぶ波動ヒーリングの逸品機器が、あなたの毎日をハピハピに！　AWG、音響チェアなどの他、期間限定でスペシャルなセッションも開催しています。まさに世界にここだけ、宇宙にここだけの場所。ソマチッドも観察でき、カラダの中の宇宙を体感できます！　専門のスタッフがあなたの好奇心に応え、ぴったりのセラピーをご案内します。セラピーをご希望の方は、ホームページからのご予約のほか、メールで info@hikarulandmarket.com、またはお電話で03-5579-8948へ、ご希望の施術内容、日時、お名前、お電話番号をお知らせくださいませ。あなたにキセキが起こる場所☆神楽坂ヒカルランドみらくるで、みなさまをお待ちしております！

不思議・健康・スピリチュアルファン必読！
ヒカルランドパークメールマガジン会員とは??

ヒカルランドパークでは無料のメールマガジンで皆さまにワクワク☆ドキドキの最新情報をお伝えしております！　キャンセル待ち必須の大人気セミナーの先行告知／メルマガ会員だけの無料セミナーのご案内／ここだけの書籍・グッズの裏話トークなど、お得な内容たっぷり。下記のページから簡単にご登録できますので、ぜひご利用ください！

◀ヒカルランドパークメールマガジンの登録はこちらから

ヒカルランドの新次元の雑誌「ハピハピ Hi-Ringo」
読者さま募集中！

ヒカルランドパークの超お役立ちアイテムと、「Hi-Ringo」の量子的オリジナル商品情報が合体！　まさに“他では見られない”ここだけのアイテムや、スピリチュアル・健康情報満載の１冊にリニューアルしました。なんと雑誌自体に「量子加工」を施す前代未聞のおまけ付き☆持っているだけで心身が“ととのう”声が寄せられています。巻末には、ヒカルランドの最新書籍がわかる「ブックカタログ」も付いて、とっても充実した内容に進化しました。ご希望の方に無料でお届けしますので、ヒカルランドパークまでお申し込みください。

量子加工済み♪

お待たせしました
Vol.2 刊行！

ヒカルランドパーク
メールマガジン＆ハピハピ Hi-Ringo お問い合わせ先

- TEL：03－6265－0852
- FAX：03－6265－0853
- E-mail：info@hikarulandpark.jp

• メルマガご希望の方：お名前・メールアドレスをお知らせください。
• ハピハピ Hi-Ringo ご希望の方：お名前・ご住所・お電話番号をお知らせください。

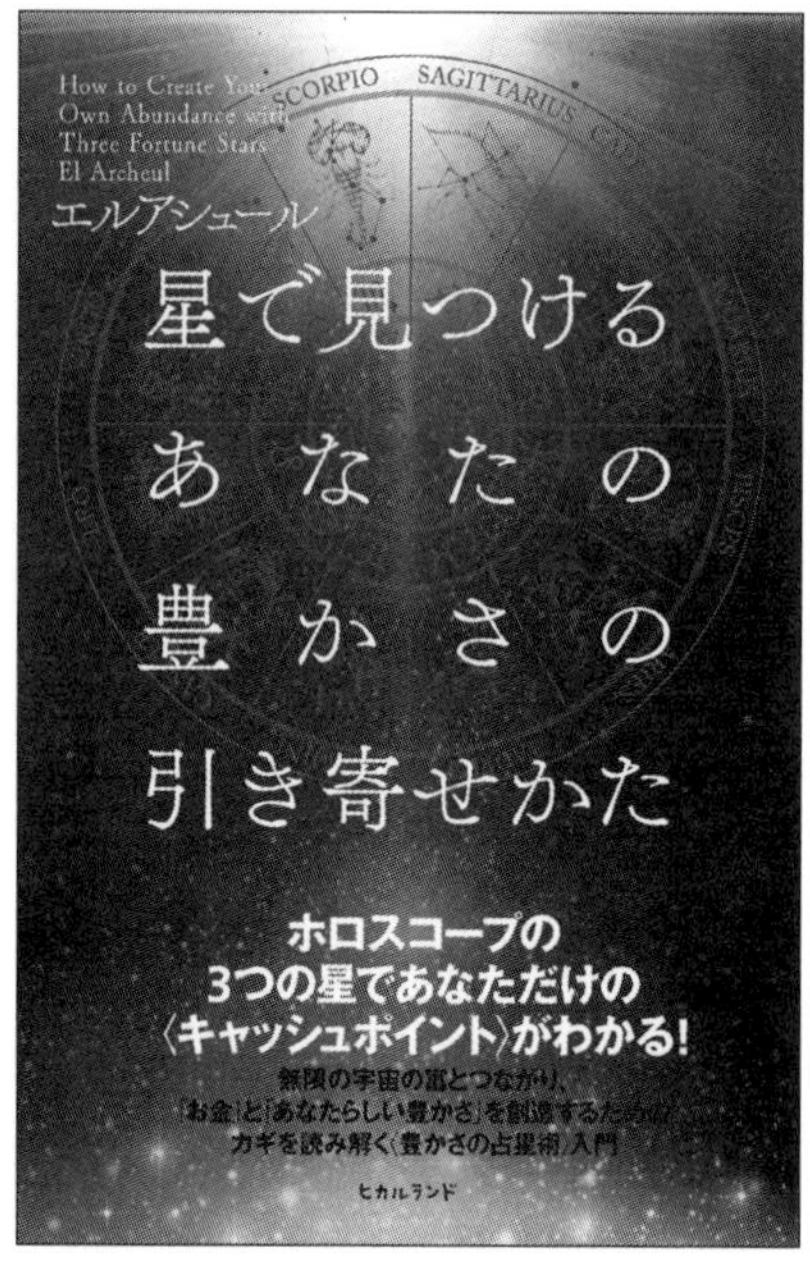

星で見つけるあなたの豊かさの引き寄せかた
著者：エルアシュール
四六ソフト　本体 2,000円+税

ホロスコープの３つの星であなただけの〈キャッシュポイント〉がわかる！　はじめてでも簡単。無限の宇宙の富とつながり、「お金」と「あなたらしい豊かさ」を創造するための鍵を読み解く〈豊かさの占星術〉入門。愛、喜び、豊かさ、収入、価値創造、幸運、財運、金脈、秘められたパワー……人生に富をもたらす「金星」「木星」「冥王星」の力を使って、宇宙のリズムに乗り、望むものを現実化しましょう。

魂のブループリントノート
７週間で自分本来のパワーを目覚めさせる
著者：エルアシュール
Ａ５ハード　本体 2,200円+税

あの『魂のブループリント』がノートになって帰ってきた！　魂に刻まれた本当の自分は「パーフェクト」です！　自分本来の魂を生きると宇宙と共鳴・共振し、すべてがうまくまわり出します。さぁ、星をよみ、汝を知り、あなたの運命を呼び覚ましましょう。

宇宙が描いた設計図
魂のブループリント
魂に刻まれた《本当の自分》を知れば人生はずっと楽になる
著者：エルアシュール
四六ソフト　本体 1,815円+税

【大人気､重版７刷！　ホロスコープであなたの魂のプランを読み解く方法を完全解説するロングセラー書籍】私たちがこの地球に生まれる前、宇宙で自ら描いてきた《魂のプラン》、それが「魂のブループリント」です。あなたがいま、人生に苦しみを抱えているとしたら、それは自ら決めてきたブループリントを生きていないから……でも、魂に刻まれたプランをホロスコープで解読し、宇宙全体の秩序を司る神意識《ソーラーロゴス》のエネルギーを取り込むことで、誰でも《本当の自分》を発動させることができるのです。宇宙の決まりは「全部むくわれる」です！　あなたが宇宙で決めてきたプランを生き始めた途端、「諦めた夢」「砕かれた希望」「捨ててしまった人生」すべてが輝きのバイブレーションに変わります。